U0521903

本书是国家社科基金青年项目"'一带一路'背景下中国与一体化组织的外交政策研究"（项目编号：16CGJ017）的成果

本书获2022年第三批中国社会科学院创新工程学术出版项目资助

地区一体化组织与"一带一路"倡议

Regional Integration
Organizations and the
Belt and Road Initiative

贺之杲　著

中国社会科学出版社

图书在版编目（CIP）数据

地区一体化组织与"一带一路"倡议/贺之杲著.—北京：中国社会科学出版社，2023.10

ISBN 978 - 7 - 5227 - 2682 - 3

Ⅰ.①地… Ⅱ.①贺… Ⅲ.①国际经济一体化—研究②"一带一路"—国际合作—研究 Ⅳ.①F114.41②F125

中国国家版本馆 CIP 数据核字（2023）第 199486 号

出 版 人	赵剑英
责任编辑	侯聪睿
责任校对	王 潇
责任印制	王 超

出　　版	中国社会科学出版社
社　　址	北京鼓楼西大街甲 158 号
邮　　编	100720
网　　址	http://www.csspw.cn
发 行 部	010 - 84083685
门 市 部	010 - 84029450
经　　销	新华书店及其他书店
印　　刷	北京明恒达印务有限公司
装　　订	廊坊市广阳区广增装订厂
版　　次	2023 年 10 月第 1 版
印　　次	2023 年 10 月第 1 次印刷
开　　本	710×1000　1/16
印　　张	16.25
插　　页	2
字　　数	251 千字
定　　价	89.00 元

凡购买中国社会科学出版社图书，如有质量问题请与本社营销中心联系调换
电话：010 - 84083683
版权所有　侵权必究

前　言

作为一个具有重要地缘政治和经济价值的地缘空间，地区承载着中国协调内外两大循环发展战略的任务。"一带一路"倡议和人类命运共同体理念等中国外交战略可在地区这个巨大的、多层级的、相互交织的空间场域中有效地推进。首先，地区的自主性不断增强，在全球治理中承载着更多角色，因为地区治理与国家治理、全球治理密切相关。其次，地区在中国外交战略布局中的地位明显上升，已从碎片化的地区战略转变为统一的地区战略。最后，中国与地区一体化组织的关系是"一带一路"倡议在全球各地区的重要承接带和窗口，是中国推进多边主义外交的关键抓手。中国与地区一体化组织关系的优化升级是全方位、多层次、多元化开放合作格局的题中之意，是发展新型大国关系和完善全球治理体系的外在延伸，是将双边外交与多边外交、区域多边主义与全球多边主义的有机结合，从而更有效地服务中国国家战略。

地区一体化组织是一个国家拓展外交战略空间和提升国际影响力的重要依托，能够为不同国家或力量的发展与国际活动提供更宽广、更灵活的空间。地区一体化组织不同于一般性的国际组织，其标准有四个，一是，"一带一路"沿线的一体化组织；二是，某个地区发挥重要影响力的一体化组织；三是，中国与之交往密切的一体化组织，并内嵌于大国外交、周边外交和发展中国家外交的逻辑；四是，不仅拥有较高的制度化，还有一定程度自主性的一体化组织。欧洲、东亚和非洲均是"一带一路"倡议合作的优先和重点地区，也嵌套于大国外交、周边外交和发展中国家外交的三重逻辑。欧盟拥有发达成熟的市场体系和超大规模的市场容量；东盟拥有优越的地缘位置、较为开放的市场和相对稳定的政治环境；非盟是发展中国家最为集中的区域一体化组织，也是"一带一路"倡议的自然和历史延伸。一体化组织受到内部权力结构和域外大国影响的程度越高，中国与一体化组织共建"一带一路"倡议面临的障碍就越多。中国与治理能力更强的一体化组织需要加强多边拉动双边的对接合作，形成"多边+双边"的互动格局；中国与治理能力较弱的一体化组织需要加强双边拉动多边的对接合作，以推动"双边+多边"的互动格局。

中国大力拓展与地区一体化组织的关系，不仅能为中国开辟对外战略的地区平台，还能反哺双边外交和多边外交。中国与各个地区既有的一体化组织兼容对接不仅可以有效降低合作成本、扩大规模效应，而且与该地区国家的双边关系互为补充，通过"双边+多边"外交战略的组合参与地区事务，建立多层级的、开放包容的、网络化的关系网络。第一，中国与一体化组织的关系是多维度的、灵活的、差异化的，而不是单一的、静态的和一刀切的。尽管中国在各个地区推进"一带一路"倡议的方式存在共性，但也存在明显差异。中国与一体化组织的外交政策差异性主要取决于特定地区一体化组织的制度化水平，具体包括域外大国影响力度的差异、地区认同和规范的差异，以及地区内部结构的差异。中国与一体化组织应进一步加强制度化、规范化的互动进程，完善自身角色定位及话语权建设能力，构建中国开展一体化组织外交的基本原则和可行路径。第二，中国与一体化组织的关系是开放的、包容的，而不是封闭的、排斥的。中国与一体化组织的合作机制是开放的，需要在不同合作机制和国家之间的协调。在推进"一带一路"倡议时，中国遵循"共商共建共享"原则，努力使中国与一体化组织的外交关系成为开放性、包容性的全球和地区合作倡议，而非排他性、封闭性的"小圈子"。第三，中国与一体化组织的关系是务实的、实践导向的，而不是抽象的、主观意志导向的。中国与一体化组织的对接合作并不停留在概念上，而是扎扎实实的行动。在聚焦和提升务实合作水平的同时，中国也要从维护地区一体化组织的合作积极性出发，做好政治、安全与经济的统筹。在高质量推进"一带一路"倡议的实践过程中，通过借鉴并丰富地区主义思想和方法，使"一带一路"倡议的理论内涵和认识观念丰富起来，最终指向一种具有中国特色的混合型地区一体化路径。

总之，地区一体化组织是中国推进"一带一路"倡议和全方位外交战略的重要平台依托，是衔接双边外交与多边外交的纽带；也是服务于中国与大国、周边和发展中国家的双边关系。中国与一体化组织共建"一带一路"倡议的研究拓展了中国双边外交与国际组织外交的理论维度，深化了中国与一体化组织外交关系研究的理论视野。同时，中国深化与一体化组织的关系还有助于推动"一带一路"倡议的高质量建设，促进和完善新型大国关系、全球治理和人类命运共同体的战略设计。

目　录

导　论 ……………………………………………………………（1）

第一章　地区一体化组织及其国际地位 ……………………（13）
　　第一节　地区一体化及地区主义的发展脉络 ……………（13）
　　第二节　地区一体化组织的功能及国际角色 ……………（25）
　　第三节　地区一体化组织的比较分析框架 ………………（34）

第二章　比较地区主义视角下的"一带一路"倡议 …………（47）
　　第一节　中国对外战略平台的多维性 ……………………（47）
　　第二节　"一带一路"倡议的理论和政策意义 ……………（54）
　　第三节　"一带一路"倡议的地区属性 ……………………（61）
　　第四节　地区一体化组织与"一带一路"倡议的对接 ……（67）

第三章　"一带一路"背景下的中国—欧盟关系 ……………（77）
　　第一节　欧盟及其发展历程 ………………………………（77）
　　第二节　大国外交逻辑下的中国—欧盟关系 ……………（86）
　　第三节　欧盟对"一带一路"倡议的认知演变及合作路径 …（93）
　　第四节　影响欧盟参与共建"一带一路"的因素 …………（110）

第四章　"一带一路"背景下的中国—东盟关系 ……………（128）
　　第一节　东盟及其发展历程 ………………………………（128）

第二节　周边外交逻辑下的中国—东盟关系 …………………（138）
　第三节　东盟对"一带一路"倡议的认知演变及合作路径 ……（148）
　第四节　影响东盟参与共建"一带一路"的因素 ………………（163）

第五章　"一带一路"背景下的中国—非盟关系……………（177）
　第一节　非盟及其发展历程 ………………………………（177）
　第二节　发展中国家外交逻辑下的中国—非盟关系 …………（192）
　第三节　非盟对"一带一路"倡议的认知演变及合作路径 ……（202）
　第四节　影响非盟参与共建"一带一路"的因素 ………………（214）

结　论 ………………………………………………………（226）

参考文献 ……………………………………………………（240）

导　论

自"一带一路"倡议提出以来，关于该倡议的地区主义、多边主义、全球主义、世界主义的理论争论层出不穷。地区主义和多边主义逻辑一直暗含在"一带一路"倡议的推进进程中。地区在中国外交战略布局中的战略地位明显上升，已从碎片化的地区战略转变为统一的地区战略。因此，如何将多边化地区平台组合成一个整体是中国未来外交战略的难点之一，这背后的核心问题其实是如何协调双边合作与多边合作，促进地区主义向全球多边主义过渡，并推进全球经济一体化。中国大力拓展与地区一体化组织的关系，为中国开辟对外战略的地区平台，反过来充实双边外交和全球多边外交。在高质量推进"一带一路"倡议的实践过程中，"一带一路"倡议的理论内涵和认识观念也随之丰富起来，在借鉴并完善地区主义理论和方法的同时，最终指向一种具有中国特色的混合型地区一体化路径。

一　理论和实践缘起

"一带一路"倡议奉行开放的地区主义和务实的跨地区主义，一定程度上打造沿线地区一体化新格局。首先，"一带一路"倡议致力于中国周边地区的经济一体化，助推和深化中国与"一带一路"共建国家的经贸投资、基础设施、人文交流等领域的互利合作。其次，"一带一路"倡议延伸到亚欧地区，主要涉及欧亚经济联盟和上海合作组织所覆盖的地区和国家，进一步打造亚欧地区的经贸关系和基础设施联通。再次，"一带一路"倡议将通过中东欧地区板块进入欧洲核心市场，将中国与亚洲、欧洲联结起来。最后,"一带一路"倡议扩散到非洲等地区,构建起一个连通各大经济板块的链条。中国以既有的合作框架为平台,通过政策沟通、设施联通、贸易畅通、资金融通和民心相通,以点带面、从线到片地开展合作,其中不仅包括中国与共建国家的合作,还包括共建国家间的合作,更包括中国、共建国家以及第三方国家的合作,努力构建开放性、多层次、系统性的合作格局。

(一)地区研究在国际关系理论中的潜在动力

目前,全球面临多重挑战,国际社会提出不同的解决路径,比如多边主义、双边主义和单边主义等路径,这三者是相互关联但又复杂交织的三个概念。① 在实践中体现为单边式的霸权行动、合作式的大国共治、多边式的全球治理。其一,单边主义是霸权国家的首选行动方式,② 霸权行动是国际格局的产物,当霸权国拥有足够的权力与权威时,它会"消除全球霸权所面临任何感受到的挑战"。考虑到霸权的独占性,美国往往不顾盟友的利益或诉求,去追求自身的国家利益。因此,单边主义行动通常缺乏合法性,继而损害国家(软)实力。其二,双边主义是大国在政策优先的基础上,并根据具体情况改变其目标和优先次序。大国共治通常被认为是两极格局的产物,"大国对外功能出现分异以及大国不会因争夺对小国的独占权而发动对另一个大国的战争",③ 是促使大国实现并保持共治状态的关键因素。再加上,"小国接受两个大国共治的收益和成本不匹配",这说明大国与小国从供给与需求两方面促成大国共治的局面。其三,鉴于当前世界政治及其特定结构条件(权力分配和主权原则的扩散)所面临的挑战,多边主义是国际行为体必不可少的外交战略选项。并且,多边主义的价值规范和原则已载入《联合国宪章》,是全球范

---

① Atsushi Tago, "Multilateralism, Bilateralism, and Unilateralism in Foreign Policy", *Oxford Research Encyclopedias*, 2017, https://oxfordre.com/politics/view/10.1093/acrefore/9780190228637.001.0001/acrefore-9780190228637-e-449.

② William Wallace, "US Unilateralism: A European Perspective", in Stewart Patrick and Shepard Forman, eds., *Multilateralism and US Foreign Policy: Ambivalent Engagement*, Boulder, CO: Lynne Rienner, 2002, pp.141-164.

③ 杨原、曹玮:《大国无战争、功能分异与两极体系下的大国共治》,《世界经济与政治》2015年第8期。

围内公认的具有宪法价值的唯一普遍性原则声明。随着西方国家提倡的秩序理念与决策模式出现问题，包括欧洲在内的全球社会显现出越来越极化的迹象，美西方国家所主导的秩序受到挑战，其无法继续提供有效的制度与理念。

因此，我们可以将视线转向地区层面。地区一般被视为介于国家和全球之间的中间层次或过渡层次，不仅是一个物质意义的地理区域，还是一个社会互动的特定空间。[①] 地区平台是地理位置相近国家共同解决相关问题的重要场合。同一地区内的国家历史文化和观念规范更为相近，彼此间的相互依赖更高，更容易形成共同利益，助推地区内国家利用地区平台实现地区治理。地区平台可以较容易地满足地区内国家的利益诉求，毕竟全球治理面对的行为体更为多元和分散。地区一体化将成员国的差异性利益和多元性认同纳入地区主义的平台中，更容易实现政策的趋同和规则的融合。

地区所处的内外部形势与过去完全不同，地区的性质和地位发生了较大改变。首先，地区的自主性不断增强，在全球治理中承载着更多的角色。考虑到国际关系是在一个空间背景中对国家和其他相互作用的行为体进行研究，以及未来国际体系可能越来越分化为几个大的地区，地区治理及一体化组织将扮演重要角色。其次，地区治理与国家治理、全球治理密切相关。地区平台是联结国家治理与全球治理的纽带，通过地区主义的发展实现国家主义与全球主义的共存与协调。[②] 一方面，地区治理是全球治理的重要补充，不仅充实全球多层治理的地区维度，还促进全球治理体系的不断完善；另一方面，地区治理超越传统的国家治理的局限，有助于提升国家治理的有效性。最后，经过数十年的发展，地区研究已经出现了质的飞跃。从理论上来看，地区主义从新地区主义到地区间主义，再到比较地区主义，成为国际关系研究的重要领域。从实践来看，中国高校设立了大量区域与国别研究中心，在一定程度上助推了地区研究向精细化发展。

---

① 耿协峰：《新地区主义与亚太地区结构变动》，北京大学出版社2003年版，第23页。
② 卢静：《全球治理：地区主义与其治理的视角》，《教学与研究》2008年第4期。

(二) 地区平台在中国外交战略中的关键地位

关于中国如何与国际社会互动存在诸多争论，其中主要涵盖内向型的战略选项与外向型的战略选择，即一种小国思维与大国思维的碰撞，韬光养晦与有所作为的侧重。内向型战略的基本逻辑是国家应内视自身状况，解决自身问题，提升自身实力，只有解决好自身问题，才能保证在国际舞台上的影响力与话语权，这种观念偏好符合韬光养晦的逻辑。外向型的战略选择基于全球层面趋于同质化，强调国家对外政策的积极主动性，不仅体现在改造国际政治经济秩序的意愿上，也体现在国家积极承担相应责任上，这种观念符合奋发有为的逻辑。内向型与外向型定位均有其存在的合理性，中国需要提出一个明确公开正式的地区战略（或一体化组织外交战略）来均衡内向型和外向型的外交战略。也就是说，我们是否能够基于世界由地区构成的基本假定，进而强调中国外交战略立足在地区层面，首先立足于自身所处的地区和周边地区，如中国积极融入东亚、中亚地区合作，其次强化地区间的联系，如中欧、中非等地区战略伙伴关系的建构。

既有研究尚未对地区或者地区一体化组织与"一带一路"的推进和高质量建设进行有效分析。因此，我们需要从理论的角度更好地解释"一带一路"倡议所产生的物质、观念和制度因素的复杂性。可以肯定的是，观念因素和物质因素在"一带一路"倡议的理论推演和实证分析过程中相互交织、相互竞争。因此，我们有必要推出一系列理论视角和方法论来构建"一带一路"倡议，从而使"一带一路"倡议的物质和理念维度能够被完全纳入。中国政策制定者在设计"一带一路"的蓝图时，已经从许多现有的地区一体化进程中吸取了经验和教训。可以肯定的是，"一带一路"倡议在一定程度上借鉴了欧盟、东盟、北美自由贸易区、欧亚经济联盟等一体化组织的经验，构建新的国际合作模式。然而，将"一带一路"仅仅视为旧地区主义的继承和新地区主义的延伸是错误的。一方面，"一带一路"倡议与其他一体化进程存在较大差异，特别是"一带一路"倡议并不致力于构建健全的制度架构、承担超国家机构监督责任和塑造成员身份的排他性；另一方面，"一带一路"倡议并不是增加相关国家在国际贸易谈判中的影响力、吸引外国投资的工具，而是一条普惠共赢的发展路径。"一带一路"倡议的前景更加具有开放性、包容性和灵活性，不一定需要制度化。

(三)"一带一路"建设的比较地区主义维度

"一带一路"倡议经过几个重要发展阶段，从"一带一路"倡议到建设"一带一路"、共建"一带一路"，再到高质量建设"一带一路"。"一带一路"倡议的核心是通过"五通"促进区域经济发展，并不聚焦地缘政治利益。"一带一路"倡议通过战略、政策、项目将亚洲、欧洲和非洲联结起来。"一带一路"倡议构成了一种混合地区主义，它似乎在很大程度上弥合了新旧地区主义的鸿沟，有针对性地融合了旧地区主义和新地区主义的双重维度。① 在推进"一带一路"倡议时，中国倡导"共商共建共享"原则，努力使"一带一路"成为开放的、包容的全球和地区合作倡议，而非排他的、封闭的"小圈子"，是双边的、多边的、区域性的和次区域性的合作机制，而非单边的合作机制。

同时，我们也要注意到"一带一路"沿线覆盖的地区和国家众多，政治、经济、社会文化各不相同。更重要的是，各个地区的一体化程度存在较大差异。对此，"一带一路"倡议呈现出整体灵活性的特征，其对不同参与方持开放态度，也对合作路径持开放态度，遵循不干涉内政原则、极简制度主义、尊重主权原则等新地区主义规范和路径。"一带一路"倡议遵循务实和渐进的路线图，"开放还要循序渐进、先易后难、以点带面、积少成多"，② 从线到片，从中国周边地区到欧亚联盟地区再到欧洲地区，逐步形成区域大合作的局面，各国在经济开放的基础上增强战略互信。

"一带一路"倡议蕴含着一些功能主义理论元素，特别是市场驱动的、基于特定部门的和渐进式的一体化进程和方式。③ 与此同时，跨地区、跨国家的基础设施项目可以降低货物、人员、商品的自由流动成本，

---

① Andreas Grimmel and Li Yuan, "The Belt and Road Initiative: A Hybrid Model of Regionalism", Working Papers on East Asian Studies, University of Duisburg-Essen, No. 122/2018, https://www.econstor.eu/bitstream/10419/179974/1/1024922987.pdf.

② 习近平:《论坚持推动构建人类命运共同体》，中央文献出版社2018年版，第167页。

③ Ben Rosamond, *Theories of European Integration*, Basingstoke: Macmillan, 2000, pp. 50–73.

并带来新的投资流动和跨境交易，增加对融资和其他类型服务的需求。跨地区、跨国家的流动水平的提高将增加对跨地区、跨国家的规则协调和监管的需求。"一带一路"共建国家将通过加强政策协调不断适应需求，将全球主义与地区主义结合起来，进一步推进更大范围、更高水平和更高层次的全球和地区合作。这种演进逻辑在某种程度上与一体化进程的功能和政治外溢相似，遵循（新）功能主义的路径。因此，"一带一路"倡议是中国推进地区合作、完善全球治理的一种混合模式，融合了旧地区主义和新地区主义的因素，呈现出具有中国特色的地区一体化模式。这也为本土化的研究范式提供理论和实践的切入点，既要在研究路径、理论建构和案例分析开展平等对话，更要从国家发展和外交战略全局的高度思考比较地区主义。

二　选题意义

（一）理论意义

中国与地区一体化组织的关系研究不仅拓展了中国双边外交与国际组织外交、双边外交与多边外交的理论视野，还深化了中国与一体化组织关系研究的理论维度。本项研究不囿于单纯描述中国与一体化组织的关系，而是从"一带一路"背景及比较地区主义理论视角，构建中国与一体化组织关系的分析框架，以比较地区主义和国际组织外交为切入点，分析域外大国、地区权力结构以及地区认同等因素对一体化组织制度化水平的影响，阐释其科学内涵和创新意义。

地区因素对大多数国家处理外交事务以及内部事务的方式起到了重要的调节作用。尽管如此，很少有研究将地区作为主要分析层次或分析单元，或者从比较地区（主义）的视角来解释国家间关系或者地区间关系甚至全球事务。这可能由于定义、概念、理论和实证问题阻碍了地区层面的系统研究、比较研究的发展。本书希望提供一个有助于发展比较地区（主义）分析的理论框架。地区在国际关系中日益获得优势地位，大多数国家都会选择通过地区层次来缓和或者应对全球挑战。从理论上来看，地区研究在国家主义、地区主义、全球多边主义之间搭建了沟通平台，呈现出威斯特伐利亚体系与后威斯特伐利亚体系的重合状态。

"一带一路"倡议兼具地区主义、全球主义的属性，是双边外交与多边外交的外延。同时，"一带一路"倡议提供公共产品需要一定的平台。考虑到地区一体化组织既是自主的行为体，又是物质和观念层面上的结构，一体化组织的作用不仅是一种约束，它还可以改变行为体的偏好。因此，地区一体化组织将成为中国提供公共产品、提高政策支持和加强规范扩散的重要合作平台。中国与一体化组织的对接程度取决于域内国家的利益博弈、域外大国影响程度和地区认同程度。鉴于协调平衡一体化组织内部和外部利益相关方的重要性日益凸显，在中国与一体化组织对接合作的过程中，我们既要侧重地区内的主要国家，又要协调域外大国的关系。

（二）政策意义

地区一体化趋势仍不断前行，再加上"一带一路"倡议的推进，中国开展与地区一体化组织的关系将开辟一条实现中国国际利益与战略诉求的新平台，衔接多边外交与双边外交的新渠道。在此背景下，本书探讨中国通过开展与地区一体化组织的外交，以保证"一带一路"建设的顺利开展，并为中国丰富新型大国关系、完善全球治理和构建人类命运共同体的战略设计有所助益，将具有十分重要的现实意义。

随着国内政治社会结构的演进和国际社会的变迁，中国对自身的定位及对国际社会的认知不断改变，并决定着中国外交战略的制定与发展。中国的外交战略需要平台支持，一方面，强调大国双边外交；另一方面，积极在全球性国际组织施加影响力。除此之外，中国还积极关注地区平台，即重视与地区一体化组织的外交关系。2014年3月31日习近平主席访问欧盟总部，并强调从战略高度看待中欧关系，共同打造和平、增长、改革、文明四大伙伴关系；2015年1月8日，中国—拉美和加勒比海国家共同体论坛首届部长级会议举行，习近平主席发表《共同谱写中拉全面合作伙伴关系新篇章》；2020年12月，中国与非盟签署共建"一带一路"合作规划，这是中国和区域性国际组织签署的第一个共建"一带一路"规划类合作文件，表明中国与非盟关系的日益紧密，且双方将以"真实亲诚"的理念和正确义利观来建设中非关系；2021年是中国和东盟建立对话关系30周年，中国与东盟的合作已成为亚太区域合作机制中最为成功和最具活力的典范。总而言之，中国正积极布局地区一体化组织，并将中国与一体化组织的关系融入"一带一路"高质量建设、新型大国关系、全球治理的完善以及人类命运共同体的构建。

（三）创新之处

本书属于理论性与应用型相结合的研究，兼具学术研究价值和政策应用价值。中国与地区一体化组织的关系是中国外交战略的一个重要维度，地区一体化组织是中国开展外交战略的重要平台。本书并未停留在对中国与一体化组织的对外政策的描述性、单一性分析上，而是力求从比较地区主义理论视角对中国与一体化组织外交关系进行理论建构和实证分析。首先，中国一体化组织外交战略概念的提出有助于统合中国与众多地区一体化组织的外交关系，以比较分析地区一体化组织的治理能力为切入点统领中国与一体化组织的外交关系。其次，中国与地区一体化组织关系的基本特点、影响因素、互动模式需要在理论层面系统梳理和构建。最后，中国与地区一体化组织关系要融入中国整体外交战略布局之中，尤其是融入"一带一路"的共建过程中，继而为中国与地区一体化组织的关系进行角色定位和战略选择。为此，本书通过"横向"和"纵向"相结合的方法分析了中国与欧盟、东盟、非盟的关系梳理、认知变化、对接合作，以及面临的问题。最后，本书将中国与欧盟、东盟和非盟的关系纳入高质量共建"一带一路"倡议及人类命运共同体之中，并据此提出相关的路径选择。

三 基本结构

（一）研究思路

本书的研究对象是中国与地区一体化组织的关系，主要从理论和实践两个维度分析中国与地区一体化组织开展外交关系的可能性与必要性、互动模式与比较路径选择，具体包括制定对地区一体化组织的路线方针和战略以及开展具体的对外交往活动，如推进"一带一路"倡议、完善全球治理体系、构建人类命运共同体等。具体而言，在比较地区主义视角下分析地区一体化组织的发展模式与组织形态，对中国与地区一体化组织的发展演进路径和运行模式特点进行实证性过程追踪和水平性比较。

针对一体化进程及中国与地区一体化组织外交所面临的挑战,分析如何全方位提升中国地区一体化组织外交战略能力。最后从中国"一带一路"倡议与外交战略大棋局出发,探讨如何提升中国与地区一体化组织高质量共建"一带一路"。

中国对外战略的开展需要基于不同的平台。"一带一路"倡议的战略构想与全球治理合作需要中国加强与地区一体化组织的互动与合作。中国全面和深入开展与地区一体化组织的外交关系,利用一体化组织的杠杆作用发挥自身的经济、政治等能力提升全球治理的效用,塑造世界秩序的轨迹。中国与地区一体化组织的交往关系是归纳和演绎中国国际关系理论的一个有益补充。地区平台是中国融入、影响国际社会的路径,"一带一路"倡议是当前的现实反映。中国与某一地区的某一国家关系好,不代表与地区内其他国家的关系好。但是如果中国与某一地区的地区组织打交道,中国外交政策所产生的效益、合法性和声誉有望得到提升。中国仅有大国双边外交是不足以立足国际政治舞台的,而通过"一带一路"倡议大力拓展同一体化组织的关系,可以为中国开辟开展对外战略的地区平台。因此,只有构建良好的战略互动平台,才能确保"一带一路"倡议顺利推进;而"一带一路"倡议的实施为中国开展与一体化组织外交提供了一个战略机遇。

(二) 研究方法

本书采取分析折中主义的方法,因为我们不能仅凭一种理论或方法就能理解"一带一路"倡议的多面孔。若将权力的物质和观念维度纳入中国与一体化组织外交关系的分析之中,这种复杂和多维现象需要折中主义分析。[1] 鉴于国际关系理论的不可通约使国际关系范式研究陷入困境,[2] 有的学者建议采取结合现实主义、自由主义和建构主义的理论

---

[1] Emilian Kavalski, ed., *China and the Global Politics of Regionalization*, Farnham: Ashgate, 2009, p.6.

[2] "不可通约"是指一种理论范式中专门的概念、术语、标准与其他理论范式中的概念、术语、标准不可置换,因为不同理论范式是依据不同的本体论和认识论假定建构起来的。详见:李少军:《怎样认识国际关系大理论研究?》,《国际关系研究》2018年第3期。

路径，或者采取跨学科的折中主义路径。① 所谓分析折中主义，指的是试图辨析、转化并有选择地使用不同理论和叙事中的概念、逻辑、机制、解释等要素的研究方式。② 彼得·卡赞斯坦（Peter Katzenstein）认为，"了解世界政治中的地区主义的复杂性，需要分析折中主义"。③ 解释新地区主义兴起和发展需要一种"折中主义"或者范式互补的路径，④ 融合不同范式可以更全面地梳理和解释一体化进程的多样性和趋势性。比如，杰里米·加利克（Jeremy Garlick）提出用复杂折中主义（complex eclecticism）分析"一带一路"倡议。⑤ 国际关系研究的现实主义、新制度主义、建构主义，一体化研究的功能主义和自由政府间主义，比较政治学的治理理论等理论流派为地区化、一体化、地区主义、比较地区主义和地区间主义提供了不同的解释，有助于我们全面综合地思考一体化组织在全球治理、地区治理和国家治理结构和进程中的作用和功能，也有助于我们构建一种复合的、具有重要政策实践意义的中层理论。

本书遵循理论构建与实证分析结合的研究路径。首先，在梳理地区概念、一体化、地区主义、比较地区主义和一体化组织概念的基础上，从"横向"比较视野分析主要地区一体化组织的制度构架、组织形态。其次，在梳理中国国际组织外交、中国地区战略的基础上，提出中国一体化组织外交概念，并把地区一体化组织研究纳入比较地区主义的理论

---

① Tang Shiping, *The Social Evolution of International Politics*, Oxford: Oxford University Press, 2013; Alfred Gerstl and Ute Wallenböck, "Introduction: Making Analytic Sense of the Belt and Road Initiative: a Plea for multi-and Trans-disciplinary Approaches and Eclecticism", in Alfred Gerstl and Ute Wallenböck, eds., *China's Belt and Road Initiative: Strategic and Economic Impacts on Central Asia, Southeast Asia and Central Eastern Europe*, Abingdon: Routledge, 2020, pp. 1–20.

② Rudra Sil and Peter J. Katzenstein, *Beyond Paradigms: Analytic Eclecticism in the Study of World Politics*, Basingstoke: Palgrave Macmillan, 2010, pp. 1–19.

③ Peter Katzenstein, *A World of Regions: Asia and Europe in the American Imperium*, Ithaca, NY: Cornell University Press, 2005, p. 41.

④ Ralf Roloff, "Interregionalism in Theoretical Perspective: State of the Art", in Jürgen Rüland, Heiner Hänggi, Ralf Roloff, eds., *Interregionalism and International Relations: A Stepping Stone to Global Governance?*, London: Routledge, 2005, pp. 22–23.

⑤ Jeremy Garlick, *The Impact of China's Belt and Road Initiative: From Asia to Europe*, Abingdon: Routledge, 2020, p. 62.

框架,"纵向"比较中国与一体化组织外交的阶段性发展和演进特征。最后,在分别梳理欧盟、东盟和非盟等一体化组织的发展演变过程的基础上,分析中国与上述三个地区一体化组织的外交关系,探讨中国与欧盟、东盟、非盟共建"一带一路"的机遇与挑战。本书将案例研究置于各个地区一体化进程中,在一个更为广泛的比较背景下思考中国与一体化组织的互动,并且将欧洲地区主义、亚洲地区主义、非洲地区主义放在较相似的时间段进行比较分析,落脚在中国与不同地区一体化组织的关系。

(三) 研究框架

本书共三个部分,分为七个章节,第一部分是导论,提出选题依据和研究意义,确定研究思路和基本结构。第二部分包括第一章至第五章内容。第一章围绕地区一体化组织及其国际地位展开论述。首先,在梳理和比较地区、一体化、地区主义和比较地区主义几个核心概念的基础上,分析地区一体化组织的概念内涵和发展脉络。其次,分别从民族国家和地区治理标准分析地区一体化组织的功能及国际角色。最后,通过分析地区内部结构因素、域外大国(美国)影响程度、地区认同和规范因素三个关键变量,分析不同地区一体化组织的治理能力差异。第二章分析了比较地区主义视角下的"一带一路"倡议,突出"一带一路"与地区一体化组织的理论关联度。首先,梳理中国对外战略的演变以及多维度性,认为中国与地区一体化组织的关系反映的是国际组织外交与地区战略的衔接,是双边外交与多边主义外交的结合。其次,总结"一带一路"倡议的理论和实践意义,即其不仅带来国际关系理论的创新,也带来国际关系实践的发展。再次,提出"一带一路"倡议的地区属性。最后,在此基础上提出中国与地区一体化组织高质量共建"一带一路",包括对接合作、提供公共产品和推进中国外交战略。本书的第三章、第四章和第五章是实证分析部分,分别选取欧盟、东盟和非盟作为研究对象。这三章分别梳理欧盟、东盟、非盟的发展历程及其理论解读,以及中国与欧盟、东盟、非盟的关系,然后提出欧盟、东盟、非盟参与"一带一路"倡议的认知变化和对接合作议题,重点分析域外大国(美国)、地区内部结构以及地区认同和规范等因素对欧盟、东盟和非盟在共建

"一带一路"倡议过程中的差异性。第三部分是结论,这部分对中国与地区一体化组织关系的未来进行了展望和研判,总结中国与地区一体化组织关系的大国外交、周边外交与发展中国家外交三重逻辑,以及提出中国开展同地区一体化组织关系的思路和路径。

第 一 章

地区一体化组织及其国际地位

不同地区拥有在各自的地区特性、地区结构、地区体系与地区环境,大国关系和国际事务大致在特定的地区框架平台上发生和展开。伴随着一体化进程的不断深入,地区一体化组织作为新的权威应运而生,逐渐成为特有的行为体角色。地区一体化组织作为一种新的治理和制度形式,日益影响着国际社会的运行逻辑与发展形态。一方面,地区一体化组织具有法律人格,在对外关系中享有为达成其战略目标、执行其职能所必需的行动能力;另一方面,地区一体化组织是国际合作与一体化的产物,既是自主的行为体,又是物质和意义层面上的结构。自主行动能力意味着一体化组织有自己的目标和价值追求,结构约束能力意味着一体化组织不仅对其成员国发挥约束作用,还可以改变成员国的偏好和行为规则。本章节关注的地区一体化组织是建立在一体化进程之上的组织形态。本章节重点关注地区一体化组织的兴起、一体化组织的功能和一体化组织的国际地位。

第一节 地区一体化及地区主义的发展脉络

地区一体化是国家间互动形态谱系中的一环,也是在国家框架下进行互动的产物。一体化一般被认为是"说服来自不同国家的政治行为体将它们的效忠、期望和政治活动转向一个新的中心的过程,这个中心的组织机构拥有或要求掌握对已经存在的各民族国家的管辖权"[1]。随着逐

---

[1] [美]詹姆斯·多尔蒂、[美]小罗伯特·普法尔茨格拉夫:《争论中的国际关系理论》,阎学通、陈寒溪译,世界知识出版社2003年版,第549页。

渐形成新的政治中心和权威,一体化组织成为国家角色的新竞争者。因此,超国家、次国家的地区成为新的治理单元,并需要在"地区构成的世界"中拥有一席之地。其中,一体化组织的地位更为显要,治理体系和治理能力也相对更加完善。但是,随着人们对"地区性"①及其主观和话语性质的关注越来越多,在概念上客观地衡量"地区性"就越难。下文着重分析地区、地区主义、地区一体化以及比较地区主义的概念以及演变,地区如何出现,如何改变或影响国际秩序以及相关的治理形式。

一 地区及一体化

地区是以共有的特性、内部的互动以及共享的观念为特征。当谈到地区一体化、地区主义和地区化的概念时,地区概念不仅涉及地区参与者,还包括地区合作结构,其不仅拥有经济含义,还包括历史和文化等内容维度。地区化通常被理解为一个地区内国家之间所有交往行为的整体活动,表现为地区经济、政治和社会互动的强化。地区一体化是复杂的政治经济社会转型过程,其核心特征是同一个地理区域内独立主权国家之间的关系得到加强,同时相关国家的共同(外交)政策的趋同或至少某种程度上的一致。②

(一) 地区概念的多维性

地区(region)源于拉丁语 Rego,意思是引导或转向(to steer)。地区最初的含义是与治理联系在一起,而不是划定边界。目前,地区概念拥有多重涵义,包括地理空间、经济互动、制度或政府管辖权、社会或文化特征,等等。同样,地区范围也是多样的,可以大,也可以小;可以是一个国家的一部分,也可以是不同国家的集合体;可以是公认的重要经济、社会文化、战略实体单元,也可以是所在区域内国家及其民众争论的实体单元。地区的界定是多元的,从地理概念到规范概念,从物

---

① Björn Hettne and Fredrik Söderbaum, "Theorising the Rise of Regionness", *New Political Economy*, Vol. 5, No. 3, 2000, pp. 457–472.

② Christopher M. Dent, *East Asian Regionalism*, London: Routledge, 2008, p. 7.

质存在到社会建构的地区。①

尽管地区的重要性已被普遍接受，但关于地区概念的意义或操作性尚未达成共识。20 世纪 70 年代，威廉姆·汤普森（Whilliam Thompson）对地区的分类大致涵盖了从大型地理区域（非洲、亚洲或欧洲等地区）到注入政治意义的地缘政治空间（如中东欧地区、后苏联地区）的范围。② 前者强调的是元地区（meta-regions），指的是覆盖某一个大陆的地缘意义上的区域，世界分为亚洲、欧洲、非洲、美洲等地区。从传统地理学的角度来看，这些地区都涉及众多次区域，欧洲可以分为西欧、南欧、北欧、中东欧、东南欧，亚洲可以分为东亚、东南亚、南亚、西亚、东北亚，非洲可以分为西非、北非、南非、东非、中非。后者往往指的是地区概念，主要基于理论考虑或政治身份认同对元地区进行修改，地区基于不同理由被分割为诸多分类。因此，地理范围的界定呈现出范围的泛化、区域的重叠、边界的模糊、概念的演变等显著特点。比如，亚洲从亚洲地区扩散到亚太地区，再演变为印太地区；欧洲从西欧地区扩散到中东欧地区，再扩展到乌克兰、摩尔多瓦等欧洲边缘地带，甚至可能延伸到博斯普鲁斯海峡。欧安组织（OSCE）将欧洲界定为从温哥华到符拉迪沃斯托克的地域范围，按照这个划分标准，加拿大、美国、俄罗斯以及所有前苏联国家都属于欧洲范畴。北约（NATO）将跨大西洋区域作为一个地区。亚太经合组织（APEC）涵盖的是太平洋地区。

对地区类型和特征的界定可谓各具特色，但普遍观点是把地区视为一种介于国家和全球之间的中间层次。同时，正如人们把国家和全球整体当作理论思考和政策分析的空间一样，地区也越来越被视为理论构建和政策实践的特定空间，③ 并据此构建国际关系理论和实践国家政策

---

① Luk Van Langenhove, *Building Regions: The Regionalization of the World Order*, London and New York: Routledge, 2011, p. 3; Fredrik Söderbaum, "Early, Old, New and Comparative Regionalism: The Scholarly Development of the Field", KFG Working Paper Series No. 64, 2015.

② William R. Thompson, "The Regional Subsystem: A Conceptual Explication and a Propositional Inventory", *International Studies Quarterly*, Vol. 17, No. 1, 1973, pp. 89 – 117.

③ 耿协峰：《新地区主义与亚太地区结构变动》，北京大学出版社 2003 年版，第 23 页。

行为以及产生知识增量的新语境。因此，地区研究正从一个地理意义上、被动的、客体维度的地区，转向一个经济社会意义上的、主动的、主体维度的地区，而这个过程伴随着一体化与地区化进程的演变和发展。

（二）一体化及地区化

一体化的概念是指单元从完全隔离或部分隔离的状态过渡到完全统一或部分统一的状态。一体化的定义必然与合作、协调等其他概念相关。一体化既是一种状态也是一个过程，[1] 一体化既包括正式的制度安排，也包括非正式的一体化状态；既包括积极一体化，也包括消极一体化，前者强调共同政策的制定，后者强调障碍的消除。因此，一体化是积极一体化和消极一体化的混合物，[2] 这既取决于不同的时间维度，也取决于一体化的雄心程度。丹尼尔·福瑞（Daniel Frei）认为一体化分为三个维度。一是，作为共同政治决策的一体化，体现在制度维度，这需要观察一体化组织内部已经建立的机构、决策过程及特征，以及涉及的合作领域；二是，作为共同意识的一体化，体现在社会心理维度，这需要观察成员国民众是否存在共同身份；三是，作为社会相互依赖的一体化，体现在交换维度，这需要观察社会之间的包容性，以及企业等行为体的跨境合作。[3]

约瑟夫·奈（Joesph Nye）在20世纪60年代末曾指出，地区化是"民族国家与一个不愿成为一体的世界之间的折中方案"[4]。比约恩·赫特（Björn Hertte）认为地区化的程度分为五个层面，分别是地区空间、地区

---

[1] Bela Balassa, *The Theory of Economic Integration*, Homewood, Ill: Richard Irwin, 1961, p. 1.

[2] Fritz W. Scharpf, "Balancing Positive and Negative Integration: The Regulatory Options for Europe", MPIfG Working Paper 97/8, November 1997. https://pure.mpg.de/rest/items/item_1235610_4/component/file_2366402/content.

[3] Daniel Frei, "Integrationsprozesse: Theoretische Erkenntnisse und Praktische Folgerungen", in Werner Weidenfeld ed, *Die Identität Europas: Fragen-Positionen-Perspektiven*, Bonn: Carl Hanser, 1985, pp. 113 – 131.

[4] Joesph S. Nye, *Intentional Regionalism: Selected Readings*, Boston, MA: Little Brown, 1968, p. V.

复合体、地区社会、地区共同体、地区制度性政体。① 任何一个地区一体化组织都有几个部分：核心部分、边缘部分、介入部分。② 温迪·杜布森（Wendy Dobson）认为一体化是国家间互动的最紧密形态，因为一体化会使国家政策汇集到超国家层面，从而形成共同政策。③ 从更大规模来看，一体化意味着内部边界的逐步消失和新的外部边界的逐渐出现，独立主权国家的相互作用带来大规模的领土差异化。这种复杂的社会变革可能意味着某种永久性的制度结构变化。

地区化既是地区内国家寻求合作的一种路径，也是对全球化的一种政治应对。也就是说，地区合作存在两种维度，一种是以国家主导的地区合作，这是冷战背景下基于安全考虑的合作形式；另一种是以市场主导的地区合作，这是在全球化时代基于经济考量的合作形式。两者存在的分野是国家主导的法理上的话语（state-led de jure discourses）与市场主导的事实上的话语（market-led de facto discourse）。④ 但是这个两分法并不是足够的。前者对一体化的解读是基于国家主义视角，认为在政府间博弈的正式批准的推动下，地区一体化进程能够取得一定的进步；同时，也提出了关于政治与经济、国家与市场、正式与非正式权威之间的关系问题。后者认为地区一体化可以驾驭国际贸易和投资的经济利益。金融危机引发人们对金融放松管制和经济自由化作为最佳发展路径的质疑，特别是对国际货币基金组织和世界银行强加的金融危机解决方案所带来的缺陷和不公平的拷问。因此，全球化促进地区一体化的发展，同时地区一体化促进全球化的扩散，两者不仅是竞争关系，也是共生关系。

---

① Fredrik Soderbaum and Timothy Shaw eds., *Theories of New Regionalisms: A Palgrave Reader*, pp. 27 – 29; Bjorn Hettne and Fredrik Soderbaum, "Theorising the Rise of Regionness", in Shaun Breslin et al. eds., *New Regionalism in the Global Political Economy*, London: Routledge, 2002, pp. 39 – 45.

② William R. Thompson, "The Regional Subsystem: A Conceptual Explication and a Propositional Inventory", *International Studies Quarterly*, Vol. 17, No. 1, 1973, pp. 89 – 117.

③ Wendy Dobson, *Economic Policy Coordination: Requiem or Prologue?*, (*Policy Analyses in International Economics*), Peterson Inst for Intl Economics, 1991, p. 30.

④ Richard Higgott, "Regional Worlds, Regional Institutions: Towards the Regional Economic Institutionalisation of East Asia?", CSGR Working Paper 280/16, 2016, https://warwick.ac.uk/fac/soc/pais/research/csgr/papers/280 – 16.pdf.

二 地区主义与比较地区主义

地区主义已成为当今全球政治的结构性组成部分。最初,地区主义被认为是减少对国际经济依赖的被动防御性机制。随着地区主义研究的发展,新地区主义被认为是确保自身进入全球市场的更具竞争力的一种方式,而不以实现地区保护主义作为目标。同时,新地区主义也逐渐转向比较地区主义研究,聚焦不同地区的合作进程和政策动向。比较地区主义强调地区主义的复杂性和多层次性,国家和非国家行为体以及制度和过程等在双边、地区及全球层次都存在多维互动关系。[①] 比较地区主义视角下的一体化组织存在不同形式的地区治理结构、地区网络、制度形式等。

(一) 地区主义的发展历程

地区主义是介于国家主义与全球主义之间的一种理念、政策和模式,是积极指导和加强一个地区内的国家之间相互依存的工具。[②] 地区主义一直是当代国际关系的关键特征之一。地区主义是一种在特定地缘空间中的高标准多边主义。[③] 关于地区主义的研究也经历了几个阶段。第一波浪潮发生在20世纪50年代后期,地区主义作为国际关系研究的一个子领域获得快速发展的动力。在第一波地区主义浪潮中,欧洲一体化扮演引领者的角色。在欧洲一体化进程的开端,体现出更明显的政治动机——将欧洲一体化建设为一个和平项目,但随着一体化的发展,经济利益成为决定性的因素,特别是随着单一市场以及经济和货币联盟的建立,欧洲

[①] Fredrik Söderbaum and Timothy M. Shaw, eds., *Theories of New Regionalism: A Palgrave Macmillan Reader*, Palgrave Macmillan, 2003, pp. 212–214; Fredrik Söderbaum, "Early, Old, New and Comparative Regionalism: The Scholarly Development of the Field", KFG Working Paper Series No. 64, 2015, pp. 19–23.

[②] Christopher Brook, "Regionalism and globalism", in Christopher Brook and Anthony McGrew, eds., *Asia-Pacific in the New World Order*, London/New York: Routledge, 1998, p. 231.

[③] 庞中英:《中国的亚洲战略:灵活的多边主义》,《世界经济与政治》2001年第10期。

国家在增强其经济实力的同时,还抵消了北美竞争者的压力。① 在传统的经济一体化中,这意味着要推进一系列目标:自由贸易、关税同盟、共同市场、经济联盟,从部分部门优先主义到成立经济和货币联盟。第二波浪潮出现在20世纪80年代后期,随着国际政治经济学的发展,以及冷战的结束与全球化时代的到来,"新地区主义"在20世纪90年代兴起,关注全球化与地区化机制的关系,助推了地区主义的发展。同时,新地区主义的发展推动了欧洲以外地区的一体化进程,丰富了一体化和地区主义的多样性。新地区主义旨在建立一个多视角的、综合性的分析框架,来解释新一波地区合作。但新地区主义只是一个分析框架,尚未上升到完备理论的层次,存在无法提供严密论证的假设和因果机制、无法进行充分的经验研究等缺陷。

(新)地区主义研究在中国也经历了波浪式发展。20世纪90年代中期以来,地区主义研究开始成为一支崛起的"偏军",② 特别是2006年至2012年期间,新地区主义研究快速发展。③ 但是有学者认为地区主义热度明显减退,如有学者撰文指出地区主义浪潮陷入低谷,④ 东亚主义走向衰落或失败的边缘。⑤ 随着"一带一路"倡议的提出和高质量推进,地区主义研究又有新的发展动力,不仅集中于政策分析,也需要在政策基础上进行提炼和理论创新。比如,地区主义仅仅是大国权力政治的工具,还是说地区主义有可能在不同国家利益和具有自主性的超国家的制度化治理形式之间找到甚至主动创造出各种更加动态的多边平衡,解决这一理

---

① Michael Hart, "A Matter of Synergy: The Role of Regional Agreements in the Multilateral Trading Order", in Donal Barry and Ronald C. Keith, eds., *Regionalism, Multilateralism, and the Politics of Global Trade*, Vancouver/Toronto: UBC Press, 1999, p. 26.
② 王逸舟、袁正清:《中国国际关系研究(1995—2005)》,北京大学出版社2006年版,第34页。
③ 耿协峰:《重塑亚洲观念:新地区主义研究的中国视角》,《外交评论》2018年第2期。
④ 庞中英:《地区主义浪潮陷入低谷》,《人民论坛》2012年第3期。
⑤ 李巍:《东亚经济地区主义的终结?——制度过剩与经济整合的困境》,《当代亚太》2011年第4期。王学玉、李阳:《东亚地区主义的停滞——以地区性国际社会缺失为视角的分析》,《国际观察》2013年第5期。

论问题对比较研究而言是非常必要的。① 新地区主义实践的核心特征是"政治、经济、社会、安全、生态等多个领域地区化发展进程的综合性与开放性、地区化发展路径的趋同性、地区间发展对比的不均衡性、地区实体国际角色的主体化"。②

作为一个中层理论视角，地区主义试图分析一体化的发展以及地区合作的兴起。但是，各地区之间的比较研究仍缺少一个综合性的分析框架。随着地区化的发展以及一体化的深化，地区主义出现相互竞争的局面，地区主义的多样性更加凸显，存在相互重叠或者部分竞争的概念或标签。新地区主义在形式和方法上的一个关键特征是多种形式的地区（主义）共存。这些概念包括后霸权地区主义（post-hegemonic regionalism）、后新自由主义地区主义（post-neoliberal regionalism）、非正统的地区主义（heterodox regionalism）、差异性一体化（differentiated integration）、多孔化的地区秩序（porous regional orders）、地区世界（regional worlds）、收敛型地区（converging regions）、网状型地区（networking region）、超越地区主义（beyond regionalism）、持续渗透型的地区主义（persistent permeability regionalism）等。③ 赫特提出了不同层次的地区化世界秩序，比如跨地区主义、地区间主义和多边地区主义。④ 斯蒂芬·黑格特（Stephan Haggard）将地区主义分为四种类型，即事实上的地区主义、法律上的地区主义、工具性地区主义和认知性地区主义，分别指市场主导的经济一体化、国家主导的制度合作、基于共同利益的共同政策，以及共有文化。⑤ 这些概念显示地区主义研究的多样化和复杂化，也为比较地区主义研究奠定基础。

（二）比较地区主义

比较地区主义建立在全球治理结构与进程中的地区治理维度发展的

---

① ［意］马里奥·泰洛：《欧洲国际关系理论的发展与中欧对话》，肖莹莹译，《世界经济与政治》2020年第1期。
② 郑先武：《区域间主义治理模式》，社会科学文献出版社2014年版，第24—32页。
③ Fredrik Söderbaum, "Early, Old, New and Comparative Regionalism: The Scholarly Development of the Field", KFG Working Paper Series No. 64, 2015.
④ 郑先武：《新地区主义理论：渊源、发展与综合化趋势》，《欧洲研究》2006年第1期。
⑤ 魏玲：《发展地区主义与东亚合作》，《国别和区域研究》2019年第1期。

基础之上。比较地区主义不仅涉及从制度到认同的内部变量，还面临错综复杂的外部变量，如全球化的演进与域外大国的影响等。比较地区主义理论需要一种复杂的、多案例的综合方法，才能提高比较地区研究的精密度和可信度。① 为什么比较、如何比较是比较地区主义的核心议题。尽管如此，系统的实证研究尚未形成，在比较分析各种类型的地区一体化组织方面，既有研究缺乏学术研究与地区特性的结合、理论间的对话和领域间的互动。作为一项研究议程，比较地区主义力图建立综合、折中的理论体系，一方面，需要拓展研究领域，突破方法论的困境，特别是提炼研究变量和改善研究假设；另一方面，需要在解释力与简约性之间实现平衡，避免比较地区主义理论模型的复杂化。②

为了更好地推进比较地区主义研究，一些机构和学者寻找一种工具来监测地区一体化并评估其影响，比如说地区一体化指标体系（SIRI）③。比较地区主义研究的重镇是联合国大学比较地区一体化研究所（UNU-CRIS）以及柏林自由大学奥托·苏尔政治学研究所（FUB-OSI），比如后者出版了《比较地区主义牛津手册》④。国内也有一些学者关注地区主义的差异与不同。比如，仇发华区分了欧洲和亚洲的地区主义，认为前者是结构性地区主义，后者是开放性地区主义。⑤ 当然也存在其他地区比较研究，比如王勇辉比较了非洲经济合作与东亚货币区，⑥ 王志试图建立一个更综合的分析框架。⑦ 对一体化程度的评估引入了类型学的方法，比如贝拉·巴拉萨（Bela Balassa）的分阶段方法。阿莱克斯·沃雷赫兰科（Alex Warleigh-lack）初步建立了一个比较地区化的理论框架，在比较研

---

① 邢瑞磊：《比较地区化理论评析：一种方法论的视角》，《欧洲研究》2010 年第 8 期。
② 王志：《比较地区主义：理论进展与挑战》，《国际论坛》2017 年第 6 期。
③ Philippe De Lombaerde, *Assessment and Measurement of Regional Integration*, NewYork: Routledge, 2006, p. 9.
④ Tanja A. Börzel and Thomas Risse, eds., *The Oxford Handbook of Comparative Regionalism*, Oxford: Oxford University Press, 2016, p. 1.
⑤ 仇发华：《结构性地区主义与开放性地区主义—西欧与东亚的比较》，《当代亚太》2011 年第 2 期。
⑥ 王勇辉：《非洲经济一体化与东亚货币地区主义的比较分析》，《社会主义研究》2009 年第 4 期。
⑦ 王志：《比较地区主义：理论进展与挑战》，《国际论坛》2017 年第 6 期。

究方法的基础上实现了宏观与微观的结合。沃雷赫兰科认为地区化是"一个明确的,但不一定正式制度化的过程,是为协调参与国规范、决策程序、政策类型、政策内容、政治机会结构、经济与认同等问题,同意在地区层次形成一个新的集体优先事项、规范与利益的过程,并可能随着环境的变化而不断演进或停滞"①。他区分了不同类型的地区化,包括结构地区化(structured regionalization)、主导式地区化(dominance regionalization)、安全地区化(security regionalization)、网络式地区化(network regionalization)、多重地区化(congioned regionalization)等。② 地区化不是一个静态的结果,是一个动态概念,以及一个正在进行的演进过程。地区化可以用于不同性质和发展逻辑的地区构建过程中。阿米塔夫·阿查亚(Amitav Acharya)和江忆恩(Alastair Lain Johnston)出版了《塑造合作:比较视野下的区域国际组织》③,费恩·劳伦(Finn Laursen)出版了《比较地区一体化:欧洲及超越》④,这些著作从比较视野下分析地区一体化和地区主义。

比较地区分析从三个指标体系来衡量,一是,一个地区是否存在一个或多个地区性大国;二是,如果存在,地区性大国是否有能力和意愿谋求维持或创建地区秩序;三是,此类尝试是否补充或独立于全球等级秩序。⑤ 从方法论来看,比较地区主义仍遵循比较研究的分析路径,强调解释性分析,而非简单的描述。阿兰德·李普塞特(Arend Lijphart)认

---

① Alex Warleigh-lack, "Towards a Conceptual Framework for Regionalisation: Bridging 'New Regionalism' and 'Integration Theory'", *Review of International Political Economy*, Vol. 13, No. 5, 2006, p. 758.

② Alex Warleigh-lack, "Towards a Conceptual Framework for Regionalisation: Bridging 'New Regionalism' and 'Integration Theory'", *Review of International Political Economy*, Vol. 13, No. 5, 2006, p. 760.

③ Amitav Acharya and Alastair Iain Johnston, eds., *Crafting Cooperation: Regional International Institutions in Comparative Perspective*, Cambridge: Cambridge University Press, 2007, pp. 1 – 10.

④ Finn Laursen, *Comparative Regional Integration: Europe and Beyond*, Routledge: London, 2010, pp. 1 – 5.

⑤ Thomas J. Volgy, Paul Bezerra, Jacob Cramer and J. Patrick Rhamey, "The Case for Comparative Regional Analysis in International Politics", *International Studies Review*, Vol. 19, 2017, pp. 452 – 480.

为比较研究方法是一种检验变量之间假设的经验关系的方法。[①] 比较研究方法的研究步骤包括分类并区分变量，收集资料，对资料和变量进行解释。简单地讲，比较研究方法是"异中求同，同中求异"，侧重建构中层理论，而不是宏大理论（Grand Theory）和整体理论（Holistic Theory），[②]理论的检验标准是其解释能力和预测能力，以及政治学研究的重点——政策导向和决策咨询。宏观理论是抽象和简洁的，可能无法有效解释某些具体问题。[③] 沃尔弗拉姆·凯撒（Wolfram Kaiser）和基兰·帕特（Kiran Patel）强调需要将欧洲作为世界地区的一部分，从而真正进行比较地区主义研究，因为世界上存在多种形式的地区合作和地区一体化。[④] 一方面，强调一组国家之间的关系在什么程度上和哪些方面与这些国家与世界其他地区之间的关系存在显著差异；另一方面，说明从国家构成的世界到地区构成的世界的转变也变得更加复杂。这就是安德鲁·赫里尔（Andrew Hurrell）所说的将一个国家构成的世界转变为多个地区构成的世界的过程。[⑤]

比较地区主义存在三种研究路径，一是，过于强调不同地区的区域合作的差异；[⑥] 二是，过于凸显欧洲经验或欧洲一体化模板；[⑦] 三是，将

[①] Arend Lijphart, "The Comparative Method", in Louis J. Cantori and Andrew H. Ziegler Jr., eds., *Comparative Politics in the Post-Behavioral Era*, Lynne Rienner Publisher, 1988, p. 59.

[②] 张浚：《比较研究：一种跨文化的政治学分析方法》，《政治学研究》1997年第1期。

[③] ［英］罗德·黑格、［英］马丁·哈罗普：《比较政府与政治导论》，张小劲等译，中国人民大学出版社2007年版，第99页；［美］加里·金、［美］罗伯特·基欧汉和悉尼·维巴：《社会科学中的研究设计》，陈硕译，格致出版社2014年版，第17—21页。

[④] Kiran Klaus Patel and Wolfram Kaiser, eds., *Multiple Connections in European Cooperation International Organizations, Policy Ideas, Practices and Transfers, 1967–1992*, London and New York: Routledge, 2018, pp. 5–15.

[⑤] Andrew Hurrell, "One World? Many Worlds? The Place of Regions in the Study of International Society", *International Affairs*, Vol. 83, No. 1, 2007, pp. 127–146.

[⑥] 欧洲一体化的主要特征是法制、制度、超国家性、封闭性，亚洲一体化的主要特征是规范、非约束性、政府间性、开放性。Wang Hongyu, "Comparative Regionalization: EU Model and East Asia's Practice for Regional Integration", *Journal of Global Policy and Governance*, Vol. 2, No. 2, 2013, pp. 245–253.

[⑦] Mark Beeson, *Regionalism & Globalization in East Asia: Politics, Security & Economic Development*, Palgrave Macmillan, 2014, p. 6.

不同地区一体化置于比较分析的平台,寻找共同点和差异。① 从地区的发展模式来看,欧盟的制度化程度更高,超国家组织的自主性更高。在扩大过程中,欧盟设置详细而严格的入盟标准、评估程序等,保证新入盟国不会给一体化进程带来剧烈变化。东盟的制度化程度正在改善,但成员国对主权让渡的敏感性导致超国家组织的权限较低。东盟保持了协商一致的原则,无法实现欧盟特定多数决策机制带来的有效性,尽管欧盟的决策程序也饱受质疑。在扩员过程中,东盟遵守不干涉内政的原则,没有设置新成员入盟的标准和程序。当然,东盟扩大的动机主要源于地区局势的变化,特别是地缘安全与地缘经济的变化。鉴于欧盟作为区域一体化最成功的案例,目前占主导的比较地区主义分析多以欧洲一体化为比较参照系基础,存在"欧洲中心论""欧洲例外论"的问题。然而,在过去的几十年中,新的地区一体化实践增加了地区化进程的多样性和范围。

关于旧地区主义、新地区主义与比较地区主义的特点,如表1-1所示。

表1-1　　　　旧地区主义、新地区主义与比较地区主义

分类	旧地区主义	新地区主义	比较地区主义
世界秩序背景	两极冷战格局	后冷战格局的全球化和新自由主义	多极化、多元世界秩序
国家、地区和全球治理模式	规训民族主义(欧洲)或促进民族主义(南方)	规训、抵制、促进经济全球化	地区构成的世界,后霸权、后新自由主义、异质化的地区主义,地区作为全球治理的一部分
组织形式、行为体	国家中心主义、正式和硬地区主义	多部门、国家和非国家行为体参与,正式和非正式,硬和软地区主义	多部门、多元行为体,组织形式和设计的多样性

---

① Giovanni Capannelli and Carlo Filippini, "Economic Integration in East Asia and Europe: Lessons from a Comparative Analysis", *The Singapore Economic Review*, Vol. 55, No. 1, 2010, pp. 163 – 184.

续表

分类	旧地区主义	新地区主义	比较地区主义
本体论	地区一体化、地区组织，地区界限清晰	本体论多元主义，包括地区主义、地区化和地区组织	地区的重叠、多孔化，概念多元主义，地区、主义、地区网络、地区治理
认识论	实证主义、理性主义、物质主义主导	理性主义、建构主义、批判理论，物质主义和观念认同，认识论上的冲突	认识论多元主义及其对话
方法论	欧洲主导、僵化比较	本位主义和欧洲中心主义，作为平行案例的比较	越来越多的比较研究

资料来源：Fredrik Söderbaum, "Early, Old, New and Comparative Regionalism: The Scholarly Development of the Field", KFG Working Paper, No. 64, October 2015, https://www.polsoz.fu-berlin.de/en/v/transformeurope/publications/working_paper/wp/wp64/WP-64-Soederbaum.pdf.

因此，比较地区主义承认地区和地区主义存在多样性。在现实主义话语下，地区像民族国家一样是单一的、从属于国际体系之下的单元。因此，地区主义往往与霸权、势力范围等概念联系在一起。在自由主义话语下，地区存在多元化的发展模式，如联邦主义、政府间主义等。地区主义往往与相互依赖、功能主义和制度主义等概念相关联。比较地区主义的比较对象是地区组织、制度，还是地区治理，是比较作为地缘政治空间的地区，还是比较作为战略对接平台的地区都有待思考。不管如何，比较地区主义需要建立在同一时空视角、同一逻辑实践和同一政策偏好的基础上进行考察。

第二节 地区一体化组织的功能及国际角色

地区一体化组织是国际舞台上的重要力量，其不仅充当衔接地区内部国家之间以及世界大国之间的互动平台，还塑造一个有效性与合法性共存的国际行为体角色。地区一体化组织的国际行为体角色建立在民族国家和治理体系的比较基础之上,落脚在一体化组织的功能作用。虽然地区一体化组织拥有大国的属性,包括人口、资源、技术和军事能力,但往往缺乏将这些属性有效组织起来的能力,以及运用或者重组这些属性的集体意愿。同时,地区一体化组织并非是一个涵盖安全、政治、经济"全方位"的地缘战略行为体。尽管如此,地区一体化组织为区域内国家进行合作和解决共同关心的议题提供了重要平台和博弈空间。其一,一体化组织可以协调区域内国家的利益及政策;其二,一体化组织可以一定程度上消减区域内国家的差异性;其三,一体化组织推动了地区内货物、人员、服务、资本的自由流动;其四,一体化组织拥有较大程度的自主性。因此,地区一体化组织构建起复合相互依赖的地区经济、安全、社会和政治合作网络。

一 地区一体化组织的内涵

我们越来越生活在"地区构成的世界"[①] 之中,地区组织和制度对全球治理、国家战略和个体生活都具有至关重要的影响。地区构成的世界的关键指标是大量地区组织的出现和扩散,以及已经存在的地区组织更加制度化和自主化。地区组织尤其是一体化组织正作为日益复杂的全球多层治理体系结构的一部分发挥作用。

(一) 一体化组织的定义

一体化组织兼具一体化属性与组织属性。一方面,一体化组织的权限在很大程度上是国家赋予的,其运作机制必须为成员国负责;另一方面,一体化组织具有独特的组织结构与决策过程,甚至组织身份认同和文化规范,其政策和政治独立于成员国。更重要的是,一体化组织具有自我学习、自我成长的特征。随着一体化组织结构和功能的日益复杂,一体化组织越来越呈现出自主性和组织属性的特征。

---

① Björn Hettne, "Regionalism and world order", in Mary Farrell, Björn Hettne and Luk Van Langehove, eds., *Global politics of regionalism: Theory and practice*, London: Pluto Press, 2005, p. 277; Jeffrey D. Sachs, "A World of Regions' project syndicate: A world of ideas", Project Syndicate, May 25, 2011, http://www.project-syndicate.org/commentary/a-world-of-regionson.

我们需要区别政府间组织与一体化组织。政府间组织主要由主权国家或其他政府间组织组成的组织，是为实现特定目的和任务而建立。政府间组织不同于简单的国家集团或国家联盟，也不同于国际条约。政府间组织根据条约、宪章或其他协议成立和运行，其职能、成员资格、目标和范围各有不同，并通过组织宗旨、原则及活动章程体现出来，且须符合公认的国际法准则。政府间组织拥有一套常设的组织机构，具有国际法人资格。政府间组织常见的类型包括全球性组织与区域性组织、一般性政府间组织与专门性政府间组织。全球性政府间组织包括联合国及其专门机构、世界银行和国际货币基金组织等，还包括非联合国机构的全球性政府间组织，如海牙国际私法会议和国际农业研究磋商组织等。区域性组织包括北约、欧盟、非盟、东盟等。一般性政府间组织主要从事政治、经济、社会等方面的活动。专门性政府间组织主要从事某一特定议题，如基于文化、语言、族裔、宗教或历史的组织，经济组织，卫生和人口组织等。

不同于一般性的国际组织或地区组织，一体化组织是联邦国家与国际组织的中间体，拥有更多的权力，比如行使规则制定、裁决（adjudication）和执行权力，并在较大程度上拥有独立性和自主权，政府间或国家机构将权威授予超国家层面。[①] 一体化组织获得自主性范围更大，其自主权是综合性的，有法律和制度保障，可以有效解决成员国之间的合作与协调问题。为了更好理解一体化组织的发展轨迹，我们需要在三个相互关联的历史维度对其进行分析。首先是功能维度，由于客观的经济社会需求，如国际竞争、国家边界外的市场扩展、跨国环境问题或金融风险等，现有的制度结构承受较大压力甚至要求改变。[②] 其次是政治维度，由于需要应对上述结构功能压力，不同利益主体必然争夺稀缺的制度和法律优势。最后是文化维度，由于相互竞争，合法治理的理念需要证明或抵制制度和法律上的变化。一体化组织的功能、政治和文化的三重维度

[①] Laurence R. Helfer and Anne-Marie Slaughter, "Toward a Theory of Effective Supranational Adjudication", *The Yale Law Journal*, Vol. 107, No. 2, 1997, pp. 273 – 391.

[②] Oran R. Young, *International Cooperation: Building Regimes for Natural Resources and the Environment*, Ithaca; London: Cornell University Press, 1989, pp. 1 – 9.

相互作用，落脚在一体化组织演进的历史维度上。可以通过对制度和法理演变进行历史性的探索。① 因此，一个组织不仅要满足结构—功能和政治上的要求，还要符合不断演变的合法性维度的要求。

总的来看，一体化组织是经成员国授权，能够承担某一种或几种国家主权职能的国际行为体。作为一种跨国政治联盟，一体化组织超出了国际条约通常赋予的政治一体化水平。一体化组织成立的基础是各主权国家主动让渡出一部分主权，将一些事务的处理权交给超国家组织，其成员国的权力和影响力超越国界或利益，需要分享决策权并就有关超国家组织的议题进行表决，即使未获得所有参与国的同意，仍可作出具有强制力的决议。一体化组织可以行使制定、裁决和执行各种规则的权力，其优势在于社会和经济政策的协同，以及在国际舞台上的强大影响力。鉴于一体化组织具有超国家性质，超国家一体化组织大多是在经济全球化过程中跨国家、跨地区的经济共同体或经济协作组织大规模迅速发展而带来政治合作的产物。② 因此，一体化组织是具有超国家特征的地区一体化组织，选取的地区一体化组织的标准有四个：一是，"一带一路"沿线的一体化组织；二是，某个地区发挥重要影响力的一体化组织；三是，中国与之交往密切的一体化组织；四是，不仅拥有较高的制度化，还有一定程度自主性的一体化组织。

（二）一体化组织的困境

一体化组织治理困境与大国地缘政治博弈加剧同步。地区主义研究本身也将进行更新和完善，其伴随着一体化进程的变化而变化，比如有些地区合作机制会得到加强，有些会被创立，有些则会被改组，不排除

---

① Peter L. Lindseth, "Between the 'Real' and the 'Right': Explorations Along the Institutional-Constitutional Frontier", in Maurice Adams, Ernst Hirsch Ballin and Anne Meuwese, eds., *Constitutionalism and the Rule of Law: Bridging Idealism and Realism*, Cambridge: Cambridge University Press, 2017, pp. 60 – 93.

② Peter L. Lindseth, "Supranational Organizations", in Jacob Katz Cogan, Ian Hurd and Ian Johnstone, eds., *The Oxford Handbook of International Organizations*, Oxford: Oxford University Press, 2016, pp. 152 – 170.

有些将消亡。① 从整体来看，地区一体化进入调整期，陷入多速甚至部分停滞的状态，地区一体化组织内部分化严重。一体化组织内部面临着再国家化与政治极化的双重压力，"否决政治"随之成为常态，政治共识和妥协的空间越来越有限，使得一体化组织完善治理体系和提高治理能力将面临更大阻力。换句话说，当地区一体化组织无法诉诸一体化所取得的成就时，就不得不面对再国家化和去一体化的挑战，更不要说外部面临地缘政治回归和大国博弈加剧等国际格局的变化。

地区一体化多向多速发展的趋势逐渐成为新常态。随着一体化进程的持续扩大和深化，以及成员国之间政治和经济差异性趋势增强，一体化组织面临更大的挑战，这不仅削弱了一体化组织在国际舞台上的讨价还价能力，而且加剧了成员国之间以及超国家机构与成员国之间的冲突。这需要我们重新思考地区政治秩序的变迁及动力、一体化进程中的差异性路径以及地区政治秩序和政治合作的基本规则。② 差异性一体化一直被视为解决发展差距的一种关键路径，因为它可能增加团结并产生重新分配的效果。此外，在基于共识决策的一体化组织中，一旦达成一致，差异性一体化会促进经济一体化进程。即使成员国之间的进展非常不均衡，领导者和追随者的良性互动、不同组织机构之间的共存都可以作为促进合作的积极因素，既促进了灵活性，也适应了多样性。我们需要将差异性一体化视为一种正常现象，是一体化进程的新常态。③

异质性是差异性一体化的关键因素，即成员国之间的异质性越高，差异性一体化的可能性就越大。政策领域的差异性一体化和领土维度的差异性一体化只会随着一体化进程的扩大和深化而增加。当一体化深化到一定程度，成员国便难以通过功能性因素或现实主义考量让渡主权至

---

① 张宇燕：《"十四五"时期我国的外部环境及影响》，《中国社会科学报》2020年11月11日。

② 贺之杲、巩潇泫：《经济收益、规范认同与欧洲差异性一体化路径》，《世界经济与政治》2021年第2期。

③ Hungdah Su, "Politics of Differentiation: Enhanced Cooperation in the EU and the Pathfinder in APEC", *Asia Europe Journal*, Vol. 5, No. 1, 2007, pp. 51 – 66; Alex Warleigh-Lack, "Differentiated Integration in the European Union: Towards a Comparative Regionalism Perspective", *Journal of European Public Policy*, Vol. 22, No. 6, 2015, pp. 871 – 887.

一体化组织。尤其当一体化组织的治理遭遇困境时，无法用行政手段维持内聚力，无法解决经济与社会系统问题。差异性一体化会产生离心效应并导致碎片化。菜单式和选择退出机制会带来一体化进程中的次区域机构激增，加剧已存在的发展不均衡问题，并使一体化框架下的协议变得无关紧要。同时，差异性一体化也会增加外部参与者对资源的竞争，反过来会进一步造成一体化组织内部的碎片化。因此，一体化组织需要吸纳足够的民众有效参与，又积极引导民众支持一体化组织的政策；既要塑造集体身份认同，又要把大众忠诚维持在必要水平之上。

二 纵向比较下的地区一体化组织

地区一体化并非是新鲜事物，在历史上曾出现过诸多一体化的制度形式。[①] 就像韦伯式的国家，一体化组织通常是毗邻领土的，是地理意义上的地区；就像民族国家正主导着领土集合程度，地区正将承担着地区空间的治理，涉及诸多如经济贸易、生态环境、安全、基础设施、危机管理、教育等议题；就像民族国家有大国与小国、成熟国家与失败国家的分野，一体化组织在广度和深度上也存在着巨大差异；就像民族国家有生命周期，一体化组织是被创造的，也会有兴衰与存亡。

（一）国家治理标准下的一体化组织

地区构成的世界秩序是国家构成的世界秩序转型的一部分。世界秩序变迁见证着国家分分合合的复杂历史，这其中伴随着国家边界的不断变迁。同时，国家主要特征与威斯特伐利亚体系的结构问题相互交织，比如国家领土的差异、国家间事实上的不平等和国家间管理冲突的困难等。此外，国家治理体系面临着内外部压力，比如全球化及全球治理带来的新议题，西方民主治理模式的困境等。从社会层面来看，民族国家是对社会变化的一种回应。目前主流的观点认为国家是内部治理和外部治理的主要责任主体。福山认为"国家构建是建立新的政府制度以及加

---

① 关于联盟存在诸如邦联（Staatenbund）、联邦（Bundesstaaten）、国家联盟（Staatenverbund）、同盟（Eidgenossenschaften）、联合会（Leagues）、共同体（Commonwealths）、同盟（Unions）、联合体（Associations）、公约（Pacts）、联盟（Confederacies）、委员会（Councils）等不同术语。

强现有政府"①。但是，国家面临着新的竞争治理单元，如信息技术带来网络空间的发展。因此，只有当国家和其他治理主体（如一体化组织）采取创新合作的思维和行动方式时，我们才能在多极化世界和新一轮全球化中实现有效的全球治理。地区一体化深度和广度的不断发展在一定程度上证实了地区合作制度化的合理性和有效性。

民族国家的合法性问题已在规范层面和理论层面被广泛讨论，主要涉及民族国家如何成为合法的实体，以及合法性来源等。但关于地区一体化组织的合法性问题讨论较少。在全球化与碎片化的背景下，地区一体化组织遇到国际组织和民族国家以及次国家行为体的挤压，面临合法性和合法化的双重困境。作为一个缺少暴力强制力量的行为体，地区一体化组织的合法性对其生存和发展格外重要。一般来看，一体化组织的合法性依赖于程序合法性和实质合法性。从程序合法性来看，大部分一体化组织是成员国通过自愿选择创立的，政治结构与过程在较大程度上受到成员国的影响。也就是说，一体化组织也具有社会契约的特征，处于"自然状态"的成员国为了自身的完善而自愿达成协议。但是一旦成员国构建地区组织，一体化组织的结构和决策规则经常会受到质疑，因为一体化组织很少按照标准的民主投票程序运作，某些一体化组织（如欧盟）的有效多数决策反映了其对权力的考虑。此外，一体化组织往往被认为是精英操控的，以"消极共识"（permissive consensus）维系组织的发展，但"民众的反叛"困扰着一体化组织的民意基础。② 从实质合法性来看，大部分一体化组织推动的价值和追求的目标是地区社会和国际社会所赞赏的。然而，当地区一体化组织不能有效地实现其目标或者当这些目标看来是服务于特定的利益而不是广泛支持的价值时，它们的实

---

① ［美］弗朗西斯·福山：《国家构建：21 世纪的国家治理与世界秩序》，郭华译，学林出版社 2017 年版，第 7 页。

② Liesbet Hooghe and Gary Marks, "A Post-functional Theory of European Integration: From Permissive Consensus to Constraining Dissensus", *British Journal of Political Science*, Vol. 39, No. 1, 2009, pp. 1–23.

质性权威经常会受到挑战。① 地区一体化组织的有效性也是考虑因素之一，国际和国内观众会判断地区一体化组织的有效性。但考虑到地区一体化组织任务复杂多样且难以衡量，有效性的判断格外困难，因为有效性会涉及政策有效性、后果有效性和影响有效性等。

一体化组织的出现并不意味着民族国家的衰落。正如威斯特伐利亚体系是欧洲创造并向外扩散的秩序形态，正在出现的一体化组织提供了一种可能性，即一种不同于民族国家的结构秩序。因此，从马克思主义视角来看，这种结构类型与现代阶级国家秩序并存，共同构成一种新的体系对抗工具。国家构建和地区一体化都是为权力或控制权而竞争的政治项目的体现，旨在塑造政治统治的领土、制度和职能范围。② 因此，国际关系与比较政治学对理解地区制度组织形成与发展的意义是重要的，因为民族国家利用地区组织管控跨国议题，如贸易、资源稀缺、环境衰退和恐怖主义等。我们从制度和组织的角度来看，任何一个民族国家无法单独应对类似跨国问题。为此，地区一体化组织能够提供一个解决跨国问题的地区制度框架。但是类似于民族国家，一体化组织有着独立自主的利益诉求，但也面临资源匮乏、认同不足和机制低效的问题。

（二）地区治理标准下的一体化组织

地区一体化涵盖多种形式。从治理的角度来看，学者们主要关注（宏观）地区层面在复杂的多层治理环境中可能扮演的角色。相关理论方法和实际案例均表明，地区层面可能会维持并提高其在全球治理架构中的重要性。但是，对于某些因果关系或趋势并不一定达成共识。例如，尚不清楚地区经济一体化是否有助于多边经济治理，地区是否是提供某些公共产品的最佳层次，一体化组织是否有助于地区和全球政治稳定，是否能缓解不发达和消除贫困，是否有助于善治和民主治理，地区间主义在国际关系中是否将变得越来越重要等。

地区治理是依托地区性的政府间组织或非政府组织，合作处理全球

---

① ［美］迈克尔·巴尼特、［美］玛莎·芬尼莫尔：《为世界定规则，全球政治中的国际组织》，薄燕译，上海人民出版社2009年版，第244页。

② Shahar Hameiri, "Theorising Regions through Changes in Statehood: Rethinking the Theory and Method of Comparative Regionalism", *Review of International Studies*, Vol. 39, No. 2, 2013, p. 313.

性和地区性议题的机构、机制、过程、规则、关系的综合。随着地区组织研究的深入,组织(学)研究关注的是地区组织的程序性和功能性层面,它们超越最初的授权,甚至发展出崭新的规则和程序以及需要应对的新问题。还有学者将地区组织作为官僚机构,具有自身内在的逻辑和行为倾向。① 一体化组织通过其塑造的规则来创立新的行为模式,形成新的利益格局,界定新的共同目标和任务,并在地区乃至全球层面传播和扩散新的社会组织模式。一体化组织不仅执行国家之间的国际协议,它们作出的权威性决议影响着区域内的公共和私人领域。一体化组织还广泛地深嵌于国内治理,管制与监督某些国家特权范围的议题。一体化组织并不只是一些规则或者结构的被动集合,而是积极施动者。但是我们仍要思考一体化组织的自主性来源,如运用权力的方式、可能表现出来的功能紊乱类型以及演变的趋势等。有的学者运用委托—代理(principal-agent)的分析模式探讨地区组织的自主性问题。② 有的学者从官僚结构的视角来分析一体化组织,认为一体化组织主要通过理性的、技术的、公正的和非暴力的方式实现其目标和使命。③

一体化组织的治理涉及多个议题,一体化组织也并非局限于初始的经济假设,其逐渐扩散到安全、环境等议题。但是,这并不意味着经济是一体化组织发展的主要议题,而是可能的关键机制。一体化组织的形成与发展建立在其向成员国及其民众提供相应的福利与利益之上。一般而言,一体化组织的核心是经济维度,但并不排斥安全、政治维度。如果一体化组织能够向其成员国提供大量经济、金融、教育等福利,其可能会替代民族国家成为权威的拥有者与公共物品的主要提供者。地区治理的出现说明国家自身或全球层面无法有效解决经济、社会、安全等问

---

① [美] 迈克尔·巴尼特、[美] 玛莎·芬尼莫尔:《为世界定规则:全球政治中的国际组织》,薄燕译,上海人民出版社2009年版,第3页。
② Imelda Maher, Stijin Billiet and Dermot Hodson, "The Principal-agent Approach to EU Studies: Apply Liberally but Handle with Care", *Comparative European Politics*, Vol. 7, No. 4, 2009, pp. 409–413.
③ Tana Johnson and Johannes Urpelainen, "International Bureaucrats and the Formation of Intergovernmental Organizations: Institutional Design Discretion Sweetens the Pot", *International Organization*, Vol. 68, No. 1, 2014, pp. 177–209.

题。但是，我们要观察地区治理的有效性和合法性。

总的来看，地区的构建会促使地区秩序产生，并推动地区治理的出现和发展。地区秩序指的是特定区域中地区化和地区主义的各种组合。如同国内或者国际秩序，地区秩序建立在两个因素之上，一是，一套明确规定了允许采取行动的界限且被各国接受的规则；二是，规则受到破坏时强制各方自我克制的一种均势。① 秩序的维系必然涉及对国家行为的约束和限制，对危机和冲突事态的管理，以及对国家间力量对比变化的包容性回应。在此基础上产生的国家间互动关系中的稳定性和可预见性，通常被视为与国际秩序和地区秩序联系最为紧密的两个基本特征。② 随着地区秩序的稳定与发展，地区治理的诉求随之而来。地区治理是一种社会协调的制度化模式，可以在地区层面的一个或多个议题领域内产生约束性规则以及公共产品服务。在全球治理的重要性出现下降趋势和国家治理出现各类问题时，各种形态的地区可能会填补治理的空白。地区不是主权国家，但是地区治理似乎与国家内部事务密切相关。在可预见的未来，民族国家仍将是重要的治理场域，但也面临着各种竞争性的地区治理模式的补充，地区治理模式将与民族国家治理模式共存。

第三节 地区一体化组织的比较分析框架

作为一个地缘政治空间和社会构建空间，地区是解释国际政治理论与实践的分析层次或分析单元。定性研究往往聚焦一个或两个地区的研究，定量研究往往使用地区作为控制变量来解释国家间的冲突或合作关系。地缘政治背景对大多数国家处理内部和外部事务的方式构成了强大的调节和过滤作用。也就是说，大多数国家在地区层面而不是全球范围

---

① [美] 亨利·基辛格：《世界秩序》，胡利平、林华、曹爱菊译，中信出版社 2015 年版，第 XVIII 页。

② Randall L. Schweller, "The Problem of International Order Revisited", *International Security*, Vol. 26, No. 1, 2001, pp. 169–170.

内开展大部分政治、经济和外交关系。① 我们需要以比较地区的视角来解释国家间关系,② 对特定地区的深度研究或对多个地区的比较研究是一项至关重要的研究工作,它为研究者提供了对不同国家社会的洞察力。

一 地区一体化组织的治理能力

一体化进程是一个走向趋同、统一的过程,但是在这个进程中,不同地区的一体化路径存在差异性,就算同一个地区在不同时期也存在差异性。也就是说,在"求同"或"趋同"的过程中,每个地区"存异"的程度不同。"求同"是推进一体化发展的动力,这就涉及一系列标准、规则等。地区一体化具有不同路径和内在逻辑,包括移除经济障碍的一体化、确保公共产品供给的一体化和汇聚主权议题的一体化等。尽管这些路径可能是相对独立衍生的,但往往在推进过程中变得相互交织起来,这表明从国家构成的世界转向地区构成的世界变化更加复杂。③ 地区治理形式具有多样性,各个地区的治理体系和治理能力千差万别、层次不一,这不仅体现在不同地区的治理形式,比如欧洲治理构架和东亚治理构架等;还体现在同一个地区体系的不同政策议题的治理形式,比如安全、环境或经济治理需要不同的治理程序等。在对地区治理进行类型化分析之前,我们需要去探究两个问题。一是,何种类型的地区治理可能会出现;二是,地区是否是最为有效的治理单元。下面我们就地区比较的三维度进行梳理,具体见表 1-2。

---

① Thomas J. Volgy, Paul Bezerra, Jacob Cramer, Jr. Patrick Rhamey, "The Case for Comparative Regional Analysis in International Politics", *International Studies Review*, Vol. 19, No. 3, 2017, pp. 452–480.

② Menno Vellinga, *The Dialectics of Globalization: Regional Responses to World Economic Processes: Asia, Europe, and Latin America in Comparative Perspective*, New York: Routledge, 2000, pp. 5–10.

③ Andrew Hurrell, *On Global Order: Power, Values, and the Constitution of International Society*, Oxford: Oxford University Press, 2007, pp. 1–24.

表1-2　　　　　　　　　　地区比较的三维度

维度	地区内比较	地区间比较	跨地区比较
政体	比较地区内政治实体	比较不同地区的实体	比较地区间关系的制度
政策	比较地区内政策	比较不同地区的政策	比较地区间关系的政策
政治	比较地区内政治	比较不同地区的政治	比较地区间关系的政治

资料来源：笔者自制。

对不同地区的比较既要分析地区内的国家互动，又要分析地区内国家与域外大国的互动，还有一体化组织与成员国的互动，不仅涉及物质维度，还涉及规范维度。因此，不同地区的治理能力存在差异性和变动性，同一个地区的治理能力在不同时间节点也存在差异性和变动性。地区一体化组织是国际合作高度制度化的结果。欧盟、东盟、非盟、阿盟等是在地区治理中发挥重要作用的地区性国际组织。一体化组织在许多方面存在差异，其中差异性的最重要指标是成员国合作强度不同和一体化程度不同。欧盟的一体化程度最高，成员国已将大量权力转移到欧盟超国家机构。东盟的一体化程度中等，成员国在所有政策领域进行了合作，但不愿将权限转移到东盟共同机构。非盟的一体化程度最低，非盟一直以欧盟为学习榜样，但尚未达到高程度的一体化水平。比较分析一体化组织是极具挑战性的，不仅亚洲、非洲和欧洲地区的一体化程度存在明显差异，而且一体化组织的内部和外部因素也各不相同。欧盟、东盟和非盟在地域规模、经济发展、人均国内生产总值和人类发展指数等指标方面都存在巨大差异。

地区一体化组织在各个地区所起到的作用越来越大。有观点认为，非洲、亚洲的地区组织的自主性程度弱于欧洲，因为这些地区的国家对国内政权的担忧阻碍了试图削弱国家主权的尝试。[1] 还有研究强调欧盟的

---

[1] Jeffrey Herbst, "Crafting regional cooperation in Africa", in Amitav Acharya and Alastair Iain Johnston, eds., *Crafting Cooperation: Regional International Institutions in Global Politics*, New York: Cambridge University Press, 2007, pp. 129–44; Michael Barnett and Etel Solingen, "Designed to Fail or Failure of Design? The Origins and Legacy of the Arab League", in Amitav Acharya and Alastair Iain Johnston, eds., *Crafting Cooperation: Regional International Institutions in Global Politics*, New York: Cambridge University Press, 2007, pp. 180–220.

某些模式成为非盟、东盟的模板,一方面,是欧盟制度和规范的扩散;另一方面,是这些地区的成员国和利益攸关方的需求。[①] 东盟在亚洲地区经济合作与地区安全对话中发挥领导作用,开放性地区化路径为亚洲建立了基本的安全合作机制,但东盟的缺点是地区一体化趋势的割裂,经济一体化与安全一体化进程、格局的不吻合,以及域外力量的存在。东盟秘书处不是东盟的决策机构,也无法代表东盟国家与其他国际组织或国家进行贸易谈判。由于强调民族国家、被殖民历史或者其他国家的干预、发展中国家地位,东盟没有建立强大的超国家机构,反而高度重视共识决策原则,绝大多数重要决定都由东盟国家做出。因此,阻碍整体执行能力的浅层融合(东盟)与具有高度超国家主权的深度融合(欧盟)之间存在巨大差异,更不要说其他一体化组织。非盟在维护地区安全、调解地区冲突方面发挥着积极的作用,如其在减贫、一体化建设、非洲联合自强等领域发挥的作用越来越大,是地区治理与全球治理相辅相成的典范。虽然以欧盟为榜样,但是非盟存在目标制定不合理、政策执行不及时等缺陷,加之内部部分国家政局不稳、国家治理能力不足都制约了地区治理的进程与效果。

地区一体化组织治理能力影响一体化组织的国际地位,治理能力主要通过制度化水平表现出来。不同一体化组织的治理能力存在差异,这背后主要是由地区内部权力结构、域外大国对地区一体化的影响程度以及地区认同程度来决定的。正如任何一种地区秩序都是三种力量的结合,地区权力的博弈、域外大国的参与、规范行为的身份认同。这意味着地区不是固定不变的,一体化组织的制度化水平和治理能力也是变化的。这背后需要理解一个特定的地区是如何运转的、地区与国家是如何互动的,以及地区内国家间的互动是如何维系和变化的,这落脚在一体化组织治理能力的差异上。

---

① Alex Berkofsky, "Comparing EU and Asian Integration Processes The EU a role model for Asia?" European Policy Center, January 18, 2005, https://www.files.ethz.ch/isn/10941/doc_10972_290_en.pdf.

二 地区一体化组织治理能力的分析框架

地区一体化趋势与全球化、再国家化、碎片化共存。地区治理的经济维度与政治、安全维度可能重合，也可能不平衡，它们之间互相制约。地区一体化组织是兼顾政府间性质和超国家性质，不断成为地区和全球治理的重要行为体。"制度化""超国家性"等成为地区一体化的主要变量。[1] 一体化组织在民族国家构成的世界里成为占有一席之地的新治理单元。一方面，脱离民族国家的地区研究是不现实的。威斯特伐利亚体系仍是当前国际秩序的主流，民族国家的显要地位意味着国家边界的重要性，但存在三个内在局限——国家间的规模差异、国家间的不平等，以及管理国家间冲突的问题。另一方面，脱离国际社会的地区研究也是不现实的。国际秩序的变迁带来地区化的发展，地区化的发展也加速了国际秩序的变迁。

我们普遍强调各个地区呈现不同特征的发展轨迹。但是这种比较没有注意到地区化和地区主义是调适全球化发展的方式，不存在内容和性质的绝对差异，可能在形式上和时序上存在一定程度的不同。因此，地区研究不仅仅涉及经济一体化，还涉及地区主义和地区化评估的重要指标，需要将一体化组织的路径与未来重新置于新的背景之下去讨论。有的学者曾研究亚洲、欧洲和拉丁美洲对全球化的不同反应。[2] 还有的学者聚焦地区深化和制度差异。[3] 有的学者试图在新政治经济学下制定地区跨案例研究议程，有的学者关注非核心国家的地区主义，有的学者关注跨越南北边界的地区主义。[4] 沃尔特·马特利（Walter Mattli）认为地区一体化是一组跨越边界的国家将外部因素内部化的过程，这使得地区一体

---

[1] Ernst B. Haas, "International Integration: The European and the Universal Process", *International Organization*, Vol. 15, No. 3, 1961, pp. 366 – 392.

[2] Menno Vellinga, *The Dialectics of Globalization Regional Responses to World Economic Processes: Asia, Europe, and Latin America in Comparative Perspective*, New York: Routledge, 2000, pp. 31 – 64.

[3] Edward D. Mansfield and Helen V. Milner, eds., *The Political Economy of Regionalism*, New York: Columbia University Press, 1997, pp. 7 – 15.

[4] Andrew Gamble and Anthony Payne, eds., *Regionalism and World Order*, Basingstoke: Macmillan, 1996, pp. 3 – 7.

化成为能够跨越时间和空间的比较研究议题。① 欧洲一体化与其他地区一体化进程及地区秩序构建之间的时间差意味着一体化倡导者有机会学习欧盟的经验,效仿欧洲经验,政策学习和模仿政治可能成为一种较可行的方案。亚洲一体化水平的制度化程度较低似乎是一种有意的选择,避免了简单复制欧盟经验。欧盟作为地区一体化的实践模板实际上也是地区一体化理论研究发展的主要障碍之一。例如,将亚洲、非洲和拉丁美洲地区主义描述为"松散的"或"非正式的",这反映了一种目的论偏见。这种偏见源于一种假设,即地区组织的"制度化""超国家性"是基于欧洲一体化及欧盟制度化的定义。在比较分析一体化组织作为地区治理单元时,一个难题是如何处理欧洲的经验,因为欧洲具有诸多特殊性,欧洲一体化的经验与理论是否能够解释其他地区的一体化有待考证。威廉·华莱士(William Wallace)曾认为欧洲地区一体化不应该与其他地区的一体化项目相比较。②

每个地区存在着不同的国家特征、地区形态、地区机制和全球影响因素。具体来说,国家特征包括体制类型、社会民族异质性、长期存在冲突竞争、边界争端和国家力量,地区形态涉及大国的地位、地区力量的地位、全球等级制的影响程度和地区等级制的程度,地区机制包括合作框架的稳定发展、安全框架的稳定发展和扩散机制的发展,全球影响因素包括全球等级制、全球化进程和多极化特征,以及随之带来的冲突进程、合作进程和扩散进程。在分析地区合作的差异性上,存在诸多不同解释路径。有的观点强调地区差异因素、地区权力结构、域外大国因素、历史因素等,还有的观点认为地区内部的发展道路、政治互信、文化宗教、国家实力等因素存在较大差异。还有的观点认为生产网络存在差异,比如欧洲以水平分工和产业内分工为主的生产网络,以及属于发达国家之间的区域内贸易;亚洲建立在各个经济体不同比较优势基础之

---

① Walter Mattli, *The Logic of Regional Integration: Europe and Beyond*, Cambridge: Cambridge University Press, 1999, pp. 1 - 10.

② William Wallace, *Regional Integration: The West European Experience*, Washington, DC: Brookings Institution, 1994, p. 11.

上的垂直型分工，以及从属于发达经济体的市场需求。① 为更好地解释地区一体化组织治理能力的差异，下文将从地区内部权力结构因素、域外大国（美国）影响程度、地区认同和规范因素来解释不同地区一体化组织的治理能力（如图 1-1 所示）。

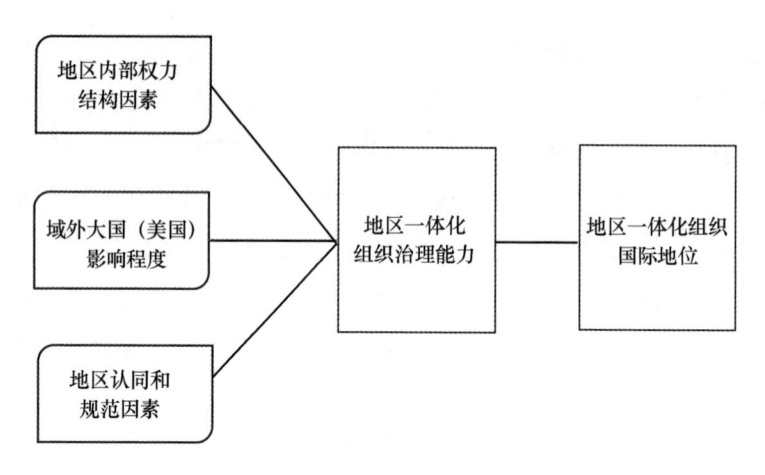

图 1-1　一体化组织治理强度分析框架

资料来源：笔者自制。

（一）地区内部权力结构因素

地区一体化组织治理能力的重要变量是地区内部权力结构，尤其是地区组织成员国国内政治与政策之间的关系。国内政治既涉及复杂的政府与社会关系，也受到国内政治经济和文化结构的影响。海伦·米尔纳（Helen Milner）提出国家精英面临的是双层博弈结构。② 在地区组织框架下，强大的国内力量对地区一体化释放出强烈需求，但一体化结果的供给是国家间讨价还价的产物，然后反馈到国内政治进程中。这个思考逻辑在一定程度上扭转了美国国际关系研究长期盛行的单一国家概念，超

---

① Sebastian Krapohl and Simon Fink, "Different Paths of Regional Integration: Trade Networks and Regional Institution-Building in Europe, Southeast Asia and Southern Africa", *Journal of Common Market Studies*, Vol. 51, No. 3, 2013, pp. 472–488.

② Helen V. Milner, *Interests, Institutions and Information: Domestic Politics and International Relations*, Princeton, NJ: Princeton University Press, 1997, p. 5.

越了传统外交概念,丰富了政府间交往的互动层次与模式。罗伯特·普特南(Robert Putnam)提出双层博弈,相关研究涉及国内偏好对国家创建国际组织的推动作用,不再局限于研究国际因素。① 基欧汉借鉴交易成本经济学和新功能主义的理论,认为国家之所以建立制度是因为它们在合作中具有共同利益。由于国家是理性的利己主义者,如果没有制度来指导合作,它们无法获得这些收益,比如降低交易成本、克服信息不对称等。② 安德鲁·莫劳夫奇克(Andrew Moravcsik)认为国际组织可以帮助某些类型的国家解决国内可信承诺的问题。③ 迈克尔·巴尼特(Michael Barnett)和芬尼莫尔认为国际组织是一个韦伯意义上的"官僚/科层组织",具备科层组织的本质特征,包括等级性、连续性、非人格性和专业性等。要理解国际组织的行为,需要从科层组织运作逻辑的视角出发。④ 考虑到国际组织的制度复杂性,它经常成为跨国和政府间网络的联结点,并成为政府、国际组织机构、非政府组织、私人行为体等代表与成员国合作的平台,以共同解决公共政策议题。

一体化组织的成员国一般为中小国家,多方下注,努力在大国博弈的夹缝中维护国家利益。面对大国时,中小国家不得不面对权力不对称性。一方面,中小国家通过政策调适和制度互动保证权力差距及其预期影响的稳定;另一方面,中小国家追求大国间的力量平衡。鉴于每个地区治理平台上均存在地区性大国,大国的影响范围和利益关切越来越影响和制约着中国与区域一体化组织的互动模式与路径选择。一体化组织有效的行为需要依赖强大成员国的支持,但为了部分成员国利益而修改决策时,地区组织的程序和实质合法性会被削弱。小国的结构性劣势决定了它们在国际关系中的需求和行为。较弱的军事实力使小国特别依赖

---

① Robert D. Putnam, "Diplomacy and Domestic Politics: The Logic of Two-Level Games", *International Organization*, Vol. 42, No. 3, 1988, pp. 427–460.

② Robert O. Keohane, *After Hegemony: Cooperation and Discord in the World Political Economy*, Princeton: Princeton University Press, 1984, pp. 12–17.

③ Andrew Moravcsik, "The Origins of Human Rights Regimes: Democratic Delegation in Postwar Europe", *International Organization*, Vol. 54, No. 2, 2000, pp. 217–252.

④ [美]迈克尔·巴尼特、[美]玛莎·芬尼莫尔:《为世界定规则:全球政治中的国际组织》,薄燕译,上海人民出版社2009年版,第26—29页。

和平的国际环境,或者至少是稳定的安全保障;较小的经济体量限制了小国与大国在经济上的讨价还价能力,使其更倾向于依赖贸易壁垒更低的国际贸易体系。小国更倾向于优先考虑少数但高度相关的外交政策议题,因为不对称的权力通常转化为重心不对称的政策。一般而言,单极体系在某种程度上降低了小国的议价能力,如大国竞争的缺乏会降低小国的地缘战略位置的价值。两极格局可能会使小国违背自己意愿被迫选边站。当然,小国也会随着时间的推移而选择对冲战略,从而应对其特定的脆弱性以及当前和未来大国竞争结构的不确定性。在极端的情况下,关注政权生存的小国可能会完全依赖大国的安全保障,其议价能力会降至最低限度。多极化格局为小国提供了更多样化的战略选择。同时,小国可以更有效地建立联盟,减少它们面对大国时的政策脆弱性,这反过来强化了地区环境的重要性,正如欧盟、东盟等一体化组织所塑造的地区结构那样。因此,小国对国际组织的好感在较大程度上是因为小国能通过国际组织减少与大国之间的不对称性。同时,多边交往还可以限制外交交易成本,并从更自由的贸易环境到更和平的国际关系中获得重要利益。作为多边合作的支持者,小国也可能受益于自身和平和中立的形象,从而在国际事务中获得道德力量。① 因此,一体化进程的政治目标之一是提高域内小国与域外大国交往时的讨价还价能力。

(二) 域外大国(美国)影响程度

国际社会正从"丛林世界"向"规则世界"进化,② 规则之争、制度之争成为大国竞争的核心元素。地区主义及一体化组织所强调的规则制度日益成为大国博弈的工具。地缘政治和地缘经济都影响到地区主义的发展。比如,"亚太"到"印太"的变化不仅是地缘意义上的变化,也是美国关于亚洲地区主义战略内涵和主导逻辑的变化。各个地区的权力结构与秩序规范都处于调整阶段和转型时期,中美围绕各个地区的竞争将会持续存在。在拜登政府扭转特朗普政府的战略收缩之后,美国重回

---

① Baldur Thorhallsson and Sverrir Steinsson, "Small State Foreign Policy", *in Oxford Research Encyclopedias*, Oxford University Press, 2017, p.10

② 李巍:《国际秩序转型与现实制度主义理论的生成》,《外交评论》2016年第1期。

全球治理舞台，多边化的区域合作平台是美国战略重心之一；但美国执行的是一种选择性多边主义，是伪多边主义。

我们需要思考国际变量如何影响地区组织成员国的诱因结构（incentive structures）[1]，比如投资流动、意识形态、其他地区组织的发展以及地区组织在国际组织或制度中的地位等。西方国家倾向于用自己内部秩序的组织原则组织自身与外部世界的关系，因此地区国家往往被纳入西方大国的发展轨道，形成"中心—边缘"的非对称相互依赖关系。现实主义为导向的国际组织研究认为需要强大的国家来建立国际合作，这是援引经济史学家查尔斯·金德尔伯格（Charles Kindleberger）的观点，即缺乏全球领导地位导致国际合作下降。[2] 与之相关的是霸权稳定论，即霸权通过建立国际制度、创立国际规则来实现世界经济政治的稳定。[3] 在这个模式之下，霸权创造国际制度和规则，小国会遵守相应规则，从而提高霸权统治的效率，节约资源并在一定程度上防止衰落。罗伯特·考克斯（Robert Cox）也持相似的看法，认为19世纪社会冲突的胜利者创立国际组织，使得大国得以统治国际体系中的其他国家。[4] 但是，约翰·艾肯伯里（John Ikenberry）持相反的观点，认为大国创建国际机制是约束自我，通过"战略克制"以减轻较小国家的恐惧。[5] 以上观点均是强调国际组织的创建源于世界政治中权力不对称，其以"仁慈"或"恶意"的方式服务于大国的利益。卡赞斯坦、基欧汉和克拉斯纳对国际组织的基础和功能进行了全新演绎，认为霸权稳定论仅解释了国际组织的供给，没有提及国际组织的需求理论，并且霸权稳定论无法解释为

---

[1] Jorge F. Garzón, "Multipolarity and the Future of Economic Regionalism", *International Theory*, Vol. 9, No. 1, 2017, pp. 101–135.

[2] Charles P. Kindleberger, "International Public Goods without International Government", *The American Economic Review*, Vol. 76, No. 1, 1986, pp. 1–13.

[3] Duncan Snidal, "Coordination versus Prisoners' Dilemma: Implications for International Cooperation and Regimes", *American Political Science Review*, 1985, Vol. 79, No. 4, pp. 923–42. 樊勇明：《霸权稳定论的理论及政策》，《现代国际关系》2000年第9期。

[4] Robert W. Cox, "Social Forces, States and World Orders: Beyond International Relations Theory", *Millennium-Journal of International Studies*, Vol. 10, No. 2, 1981, pp. 126–55.

[5] G. John Ikenberry, *After Victory: Institutions Strategic Restraint and the Rebuilding of Order After Major Wars*, Princeton, NJ: Princeton University Press, 2001, p. 53.

什么国际体制在霸权衰落时反而会不断增长。① 面对霸权国与崛起国的竞争，地区成为大国博弈的"中间地带"。域外大国的竞争烈度和对大国依赖结构塑造了一体化组织的行为选择区间，继而塑造一体化组织的治理能力。

（三）地区认同和规范因素

地区认同指的是"若干地理上接近并相互依存的国家在观念上与本地区其他国家的认同以及将自身视为地区整体一部分的意识"②。地区认同是地区国家及其民众对地区共同体的一种归属感，涉及地区性（regionhood/regionality）。③ 地区构成的多元世界意味着存在多种地区身份认同，也可能有助于代替单一的民族国家身份认同。建构主义和反思主义（reflectivist）挑战了理性主义假设，比如主体和客体、事实和价值、国家中心主义的本体论等，并强调了规范和身份认同的作用。反思主义特别关注结构转型以及地区主义实践的对象和目的，如地区主义是否代表了经济全球化的政治回归，或者地区主义是经济全球化和霸权主导的一种表现。就如本尼迪克特·安德森（Benedict Anderson）将国家视为一个想象的政治共同体④，那么地区也是一个想象的政治共同体或政治空间。地区的概念经常与民族国家、主权、全球化等概念纠葛在一起。地区主义概念往往被国家主义所吞噬，或者更多关注民族主义带来的差异性而不是地区主义带来的同一性。就算认识到地区主义带来的同一性，我们也认为地区主义无法凌驾于民族主义，并有意或无意地忽视地区主义及其带来的地区秩序，因为我们现在处于建立在威斯特伐利亚体系之上的国际秩序。所以，地区主义所蕴含的多元化和多样性是被大家普遍认可的，但是同一性和统一化往往被大家质疑和挑战。

---

① Peter J. Katzenstein, Robert O. Keohane and Stephen D. Krasner, "International Organization and the Study of World Politics", *International Organization*, Vol. 52, No. 4, 1998, pp. 645–685.

② 刘兴华：《地区认同与东亚地区主义》，《现代国际关系》2004年第5期。

③ Luk Van Langenhove, "Theorising Regionhood", UNU/CRIS e-Working Papers, W–2003/1, 2003, https://cris.unu.edu/sites/cris.unu.edu/files/W–2003–1.pdf.

④ Benedict Anderson, *Imagined Communities: Reflections on the Origin and Spread of Nationalism*, London and New York: Verso, 1991, pp. 6–7.

早期一体化可以视为基于经济利益的福利叠加进程，随着一体化进程扩展到非经济领域，规范认同政治的地位在逐渐提升。地区主义及其一体化进程正从客观性议题变为主观性议题。当前的地区一体化进程不仅面临着经济层面的偏好冲突，还面临着规范层面的认同冲击。根据托马斯·里斯（Thomas Risse）的观点，政治认同首先与特定政治共同体即秩序相关，然后界定了边界、形成内外之分。① 一体化组织的政治和社会规范认同关切的是地区政治和经济秩序以及边界，如一体化组织成员在多大程度以及在什么条件下遵守团结一致等。认同政治还涉及共同体话语与民族主义话语，这更关乎一体化组织未来身份的分歧，即要一个多元文化、世界主义的一体化组织还是民族主义的一体化组织。政治争论还涉及边界和身份认同问题，即"我们"与"他者"的区别。各国基于历史经历、文化特性等因素培育出的对待外来者的不同态度影响着其政策实践，当差异性的理念及实践与一体化组织共同政策相遇时，会促使各国对一体化组织及一体化进程本身形成不同的判断。②

尽管各地区出现了共享治理和经济结构的共同偏好，但地区还没有通过共同的价值观和身份来界定。近期的趋势表明国家认同、全球抱负或者收益成本计算都比地区认同更为重要。但是，在当今社会，个体不能仅遵循利益最大化的理性原则，还必须遵守规范规则的约束，不仅拥有工具理性，还要有价值理性。正如在当今的全球经济一体化阶段，经济层面的相对剥夺感与文化层面的异化感使成员国对地区一体化的态度更加复杂，它们面临着实现社会资源再分配和获得社会认可的双重压力。当然，规范认同比经济利益更为迟滞。但价值观念和规范认同不是一成不变的，甚至可能在某个时间节点成为关键因素。危机背景下民众的地区认同发生了变化，在受危机影响较为严重的国家，民族国家认同呈现

---

① Thomas Risse, *A Community of Europeans? Transnational Identities and Public Spheres*, Ithaca: Cornell University Press, 2010, p. 26.
② 贺之杲、巩潇泫：《经济收益、规范认同与欧洲差异性一体化路径》，《世界经济与政治》2021年第2期。

递增趋势，支持欧洲认同的民众趋于减少。① 经济利益和社会认同并不是严格对立的，一体化进程的经济维度隐含着一体化组织应然状态的规范认同维度，表现为国家主义与一体化主义、左翼的后现代和右翼的现代性以及左翼规制资本主义和右翼市场自由主义等的分化。地区认同和国家认同并非截然对立，存在着融合统一的可能性。

国际规范互动正成为国际秩序变迁的重要内生动力。地区间规范互动是国际规范互动的重要维度，并落脚在地区一体化组织间的规范互动。一体化组织经常在国家和全球影响之间进行调节，使得地区层面的行动更加有效或更具有合法性。但是除了地区之外，在国家之上与全球之下，诸多治理形式或构架存在并发挥影响。对地区的理解应参照卡赞斯坦提及的"金发姑娘原则"（goldilocks principle），地区就像金发姑娘一样，既不会太热也不会太冷，恰到好处。② 虽然地区主义具有多样化的特征与趋势，但地区主义的本质涵盖五个维度，即"自发的地区化、地区意识或地区认同、地区国家间合作、国家推动的经济一体化和地区聚合一体"。③ 面对地区一体化组织的多样性，中国与一体化组织的互动也不是同质的，但反映的是中国期望通过一体化组织实现地区与全球的联动，重视国际组织外交与地区战略的有效衔接，促进双边外交与多边主义外交的良性发展。

---

① Alina Polyakova and Neil Flgstein, "Is European Integration Causing Europe to Become More Nationalist? Evidence from the 2007 – 2009 Financial Crisis", *Journal of European Public Policy*, Vol. 23, No. 1, 2016, pp. 60 – 83.

② Peter J. Katzenstein, Robert O. Keohane and Stephen D. Krasner, "International Organization and the Study of World Politics", *International Organization*, Vol. 52, No. 4, 1998, pp. 645 – 685.

③ 耿协峰：《呼唤新地区主义研究的中国视角》，《教学与研究》2005 年第 11 期。

第 二 章

比较地区主义视角下的"一带一路"倡议

伴随着国内、国际局势的变迁，中国外交在理念层面，战略政策层面及机制、制度层面都面临着重大调整。中国外交战略更加广泛深入地参与乃至构建地区和国际秩序。中国外交战略从"刺激—应对"的外交模式转变为"积极塑造"的外交模式。中国的总体外交布局出现明显变化，在发挥既有双边外交机制的基础上，更侧重通过多边外交来展示大国形象。在这个过程中，中国越来越重视国际组织和一体化组织的作用，并在较大程度上间接或直接促进了中国与地区和全球政治、经济、安全体制的构建。"一带一路"倡议已成为一个囊括文化、经济、生态、科技、社会发展的系统性工程，是各参与方通过互联互通实现互利共赢携手发展的合作平台，也是中国提供全球治理方案和建设新型国际秩序的平台和路径，更是中国推动构建人类命运共同体和推进国际秩序构建的具体举措。中国与地区一体化组织的关系是中国外交转型和共建"一带一路"倡议的议题之一。中国与地区一体化组织围绕"一带一路"倡议共同建设与推进，可推动外界对中国在国际社会中的良好认知，循序渐进、系统全面地引导新型大国关系、周边外交和发展中国家外交的发展，推进全球治理体系的经济秩序、政治秩序、安全秩序的创新与完善，最后落脚在人类命运共同体的构建。

第一节　中国对外战略平台的多维性

随着国际社会更加多元，国家间相互依赖更加深化，中国外交将更注重系统整体的设计，不囿于个别局部问题而制定国家政策，通过多维度和多层面的外交布局，立足从长远和机制化的方式来推动中国对外政策，不仅从与自身相关的利益看待国际关系，也从与国际社会多数国家相关的利益来看待和处理国际关系。① 中国与不同地区（地区合作论坛或者地区组织）建立了合作机制，作为中国与相关国家的双边合作机制的一种补充。国际组织外交与整体外交均是中国对外政策多维度性的体现，而中国与一体化组织的关系是衔接国际组织外交与整体外交的纽带。

一　中国的国际组织外交

中国的国际组织外交经历了观望、参与、学习和创新的发展阶段。这基本上遵照了中国外交理念和路径的发展轨迹，以及国际形势的变迁及发展进程。关于中国国际组织外交发展的历史阶段划分来看，李晓燕认为1971—1989年可概括为学习实践阶段，1990—1996年可概括为参与实践阶段，1997年以来可概括为创新实践阶段。② 刘宏松认为可分为1949年以前的尝试性接受、20世纪中叶的相对排斥、20世纪70—80年代的有限参与和20世纪90年代以来的积极参与等四个阶段。③ 江忆恩认为中国与国际组织的关系经历了从"体系的反对者"到"体系的改革者"，再到"体系的维护者"的转换。④ 王逸舟认为中国对国际组织的看法与角色是"从拒绝到承认、从扮演一般性角色到争取重要位置、从比较注重国内需求到更加兼顾国际形象"⑤。中国与国际组织的互动过程呈现出几个特点，如以经济为先导的参与路径，以联合国为中心的多种参与形式，以维护和尊重国家主权为基础的参与原则等。⑥ 张贵洪认为中国的国际组织外交经历了初步参与（1949—1970年）、有限参与（1971—

---

① 王帆：《新视野下的中国外交》，《瞭望》2017年第45期。
② 李晓燕：《中国国际组织外交的历史发展与自主创新》，《东北亚论坛》2020年第2期。
③ 刘宏松：《中国的国际组织外交：态度、行为与成效》，《国际观察》2009年第6期。
④ 江忆恩：《美国学者关于中国与国际组织关系研究概述》，《世界经济与政治》2001年第8期。
⑤ 王逸舟：《中国与国际组织关系研究：理论解释及现实难题的一种探究》，《世纪周刊》2001年第2期。
⑥ 王逸舟：《中国与国际组织关系研究的若干问题》，《社会科学论坛》2002年第8期。

1989年)、全面参与(1990—2007年)和转型时期(2008年至今)等四个发展阶段。① 塞缪尔·金(Samuel Kim)认为中国对待国际组织的态度从"体系的改革者"(System-transforming)转向"体系的维护者"(System-maintaining)和"体系的开发者"(System-exploiting)。总的来看,中国与国际组织的关系在不断深化和重构,中国的国际组织外交从建设性参与正转型为引领性参与。

中国开展国际组织外交呈现出几个特征,如调整对主权原则的理解、提升全球责任意识、设置国际组织议程、接受国际组织规范等。② 郭树勇认为中国国际组织外交坚持以联合国为中心开展活动,坚持多边主义和不干涉内政原则,积极维护发展中国家的合法权益,伸张国际正义和履行国际责任。③ 很多观点认为中国参与国际组织的重要任务之一是加强议程设置能力(agenda setting),"在既定的制度框架内,通过程序性的规则设置去影响决策的内容及过程",包括议题形成、议题传播和议题制度化三个阶段。④ 刘宏松认为中国国际组织外交"促进了国内经济发展和转型,增强了关系性权力,推动了地区治理网络的构建,改进了地区及全球治理结构的合理性"⑤。国际组织不仅是中国实现、维护国家利益的重要途径,而且是中国推进"一带一路"倡议的重要平台。王维伟认为国际组织是"一带一路"倡议的利益相关方,但是不同国际组织对参与"一带一路"建设的态度、参与程度、对接程度存在差异性。⑥

中国国际组织外交是中国特色大国外交的重要组成部分,也是中国多边外交的重要组成部分。中国通过参与国际组织能够将中国成功的治

---

① 张贵洪、王悦:《论当代中国特色国际组织外交的主要特点—以世界卫生组织为例》,《国际观察》2020年第4期。
② 刘宏松:《中国的国际组织外交:态度、行为与成效》,《国际观察》2009年第6期。
③ 郭树勇:《试论70年来新中国外交的主要特点》,《国际观察》2019年第4期。
④ 张发林:《化解"一带一路"威胁论:国际议程设置分析》,《南开学报(哲学社会科学版)》2019年第1期;张发林:《全球金融治理议程设置与中国国际话语权》,《世界经济与政治》2020年第6期;韦进深:《中国能源安全国际议程设置路径探析》,《国际展望》2015年第4期;任琳、黄薇:《全球经济治理中的议程设置问题》,《东北亚学刊》2014年第6期。
⑤ 刘宏松:《中国的国际组织外交:态度、行为与成效》,《国际观察》2009年第6期。
⑥ 王维伟:《国际组织对"一带一路"建设的参与》,《现代国际关系》2017年第5期。

理理念扩散到国际社会。保罗·帕帕约努（Paul A. Papayoanou）认为大国在某一地区内有强烈的经济利益或其他物质利益，以及建立合作的地区秩序的强烈偏好，使得它承担地区主义领导者的角色。[①] 但是，正如罗伯特·萨特（Robert G. Sutter）指出的，中国越来越内嵌于世界经济，经济全球化和一体化对中国对外关系带来重要影响，这也导致中国越来越多地参与相关的国际和地区组织。[②] 因此，中国参与国际组织是融入现有国际体系的重要渠道，中国接受相关国际规则和国际制度，有助于中国成为现有国际秩序的获益者和赢家；同时也成为推动国内改革的外部动因，有助于中国调整适应国际社会的国内政策和政治机构，继而促进中国经济社会领域的国际化；更是提升中国国家形象和提高中国国际地位的重要契机，乃至获得重塑国际制度和规则的机会。

中国特色的国际组织外交是中国多边外交的重要议题。中国不仅积极参与和对接国际组织，还努力成为国际组织的主导者或新型国际组织的发起者。中国外交战略总体布局突出了以国际组织为依托的多边外交，将其作为双边外交的补充和区域国别外交的桥梁。面对美国等西方国家对中国的规锁，特别是中美竞争的加剧，中国更需要利用国际组织的平台去增信释疑，不断释放善意并维护国家利益，这样既能应对外界关于"中国威胁论"的挑战，又能满足外界关于"中国责任论"的要求。从中国总体外交战略布局来看，国际组织是中国外交战略的重要平台和抓手。国际组织的组织架构和规则规范可以为中国外交战略提供较大的公信力与合法性。值得肯定的是，国际组织是中国外交战略推进的重要途径和平台。但当前，中国的国际组织外交，包括中国与国际制度的互动、中国与专业性国际组织的互动等，以及"一带一路"倡议与国际组织外交的结合仍有很大的研究空间。

[①] Paul A. Papayoanou, "Great Powers and Regional Orders: Possibilities and Prospects after the Cold War", in David A. Lake and Patrick M. Morgan, eds., *Regional Orders: Building Security in a New World*, University Park: The Pennsylvania State University Press, 1997, pp. 130 – 131.

[②] Robert G. Sutter, *Chinese Foreign Relations : Power and Policy Since the Cold War*, Lanham, MD: Rowman and Littlefield, 2007, p. 128.

二 中国整体外交中的一体化组织

中国的伙伴关系外交在数量、质量、区域分布等方面步入快速发展的新阶段。截至 2023 年 2 月，中国与 113 个国家和地区组织建立了伙伴关系，① 并与世界五大一体化组织（欧盟、东盟、非盟、阿盟和拉共体）全部建立了伙伴关系。② 地区合作机制是中国外交政策的一个重要平台，中国政府一直致力于发展与地区一体化组织的外交关系。2014 年 3 月 31 日，国家主席习近平访问欧盟总部，并强调从战略高度看待中欧关系，共同打造和平、增长、改革、文明四大伙伴关系；2015 年 1 月 8 日，中国—拉美和加勒比海国家共同体论坛首届部长级会议举行，国家主席习近平发表《共同谱写中拉全面合作伙伴关系新篇章》；2016 年 1 月 21 日，国家主席习近平在阿拉伯国家联盟总部发表题为《共同开创中阿关系的美好未来》的演讲；中非合作论坛的召开以及中国驻非使团的设立，表明中国与非盟关系的日益紧密，"真实亲诚"理念和正确义利观已投入中非关系的实践中。中国与不同地区的合作框架不仅包括中国与东盟合作机制（1996 年）和中国与欧盟合作机制（1998 年），还包括一些区域合作论坛，如中非合作论坛（2000 年）、中国—阿拉伯国家合作论坛（2004 年）、中国与中东欧国家合作框架（2012 年）、中国与拉丁美洲和加勒比国家共同体论坛（2015 年）以及澜沧江湄公河合作框架（2015 年）等。鉴于同一个地区存在多个机制，这需要中国与一体化组织加强统筹与协调多边合作机制的关系。

中国推进整体外交与中国传统文化一脉相承，东方与西方表现出不同的思维方式，形成东方的整体观与西方的局部观的分野。③ 国内学者关

---

① 当代世界研究中心：《努力为人类和平与发展事业贡献中国智慧、中国方案》，《人民日报》2023 年 2 月 24 日第 9 版。
② 王晨光：《中国的伙伴关系外交与"一带一路"建设》，《当代世界》2020 年第 1 期。
③ 王帆：《复杂系统思维的整体观与中国外交战略规划》，《世界经济与政治》2013 年第 9 期。

注整体外交或者整体合作外交。① 扈大威认为整体合作外交是以中国为一方，以某地区建交国及其所属区域组织为另一方，双方共同开展领导人会晤、各层级定期会议、经贸合作、人文交流等多种形式机制化合作的复合型外交。② 孙德刚认为整体外交指的是以中国为一方，以地区国家群体为另一方，在"1+多"框架下根据顶层设计和战略规划推进整体合作的外交理念、机制与政策。③ 孙德刚区分了中国同地区国家开展整体外交的几类观点，一是系统哲学论，源于中国的系统哲学思想；二是外交效率论，从提高中国外交效率出发；三是集体对话论，强调整体合作的多重属性；四是南南合作论，探索欠发达国家群体互联互通的模式。④ 郑先武提出区域间合作的中国模式，以中国为一方，以来自某一区域的大多数国家或区域集团为另一方的区域间的集体对话与合作机制建设。⑤

中国的整体外交不是大而全、功能重叠的机制集合体，而是若干专而精、分工协作、优势互补的多元机制。⑥ 与西方分而治之策略加剧地缘政治竞争、恶化地区内国家间的关系相比，中国采取的是合而治之策略，包括空间向度的统一性、时间向度的规划性、合作领域的广泛性和合作机制的联动性。⑦ 中国推动构建地区合作机制也与中国倡导的新型国际关系密切相关，中国选择某一区域的部分国家组成中国区域合作外交的一部分，这些合作框架并不优先纳入大国，而是在巩固现有双边关系的基础上，将自身定位为平等的合作伙伴。也就是说，根据地区国家一体化

---

① 张春：《中国对发展中地区整体外交研究》，《国际展望》2018年第5期；苏浩、周帅：《"新大陆时代"背景下中国的亚洲整体外交》，《边界与海洋研究》2017年第3期；张辉：《中国对发展中国家整体外交与新南南合作——基于中非和中拉合作论坛视角的探讨》，《国际展望》2017年第2期；孙德刚：《论新时期中国对中东国家的整体外交》，《国际展望》2017年第2期。

② 扈大威：《中国整体合作外交评析——兼谈中国—中东欧国家合作》，《国际问题研究》2015年第6期。

③ 孙德刚：《合而治之：论新时代中国的整体外交》，《世界经济与政治》2020年第4期。

④ 孙德刚：《合而治之：论新时代中国的整体外交》，《世界经济与政治》2020年第4期。

⑤ 郑先武：《构建区域间合作"中国模式"——中非合作论坛进程评析》，《社会科学》2010年第6期。

⑥ 王友明：《构建中拉整体合作机制：机遇、挑战及思路》，《国际问题研究》2014年第3期。

⑦ 孙德刚：《合而治之：论新时代中国的整体外交》，《世界经济与政治》2020年第4期。

成熟程度和各方对多边合作的期望值大小，中国与地区一体化组织的外交关系选择灵活的"多边+双边"混合形式，或者"1+N"的整体形式。① 但是，一般而言，机制化程度越高，合作的可信承诺会越高，路径依赖会越深，越容易达成长期合作。然而，较高的机制化程度，往往会产生制度僵局，不利于中国推进"多边+双边"的外交关系。

在2018年6月召开的中央外事工作会议上，习近平主席强调中国对外工作要坚持以新时代中国特色社会主义外交思想为指导，统筹国内国际两个大局，打造更加完善的全球伙伴关系网络，努力开创中国特色大国外交新局面。② 与此同时，效率和权力平衡是中国开展一体化组织外交的重要考虑。中国开展一体化组织外交在某种程度上是效率驱动的，因为中国国家领导人可以一次性会见某个区域中的大部分国家领导人，这减少了领导人会晤的成本，更有助于促进议题磋商和协调。与此同时，中国与一体化组织的集体会晤还可以签署联合声明，或组织各级政府和企业行为体的会晤。中国与地区一体化组织的关系将成为中国参与全球治理的重要实现形式。

中国开展整体外交既能保持合作的灵活性，又能保证谈判的有效性。中国的一体化组织外交不仅传播重要的官方概念和优先事项，还促进中国发展模式的扩散，或直接或间接地强调其他发展模式的局限性。随着中国在特定区域的投资和基础设施的发展，中国的一体化组织外交与政策扩散相结合，使得越来越多的国际受众接受了中国的治理模式与发展逻辑。中国正考虑更加灵活的合作机制，容纳更多的商业代表和民间社会力量参加。当然，中国无意于建立一个正式机构或者制度化的机制，而是尝试成立一种合作倡议与合作框架。但值得注意的是，这些合作倡议或者论坛往往是组织化的第一步。除了常见的主要地区论坛外，中国还推出一系列具体政策领域的相关合作框架，共同组成中国与一体化组织关系的综合图景。

---

① 龙静：《中国与发展中地区整体外交——现状评估与未来展望》，《国际展望》2017年第2期。

② 《习近平著作选读》（第二卷），人民出版社2023年版，第176—179页。

第二节 "一带一路"倡议的理论和政策意义

2013年，习近平主席出访中亚和东南亚期间，先后提出丝绸之路经济带与21世纪海上丝绸之路的倡议，致力于实现与"一带一路"共建国家的基础设施、贸易、金融等领域的互联互通，即"五通"。经过几年的发展与酝酿，2015年3月，发展改革委、外交部、商务部联合发布《推动共建丝绸之路经济带和21世纪海上丝绸之路的愿景和行动》，系统阐述了"一带一路"的时代背景、共建原则、框架思路、合作重点和合作机制等，意味着"一带一路"建设从理念转化为行动，从愿景转变为现实。2017年5月，中国成功举办第一届"一带一路"国际合作高峰论坛，29位外国元首、政府首脑及来自130多个国家的约1500名代表参会，达成了270多项成果。2019年4月26日，第二届"一带一路"国际合作高峰论坛在北京开幕，国家主席习近平发表题为《齐心开创共建"一带一路"美好未来》的主旨演讲。这是"一带一路"建设推向高质量发展的契机，更是国际合作与发展务实推进的新篇章。同首届论坛相比，第二届论坛在规模、内容、参与国家及成果方面都有明显提升。① 截至2023年6月，152个国家和32个国际组织加入"一带一路"大家庭。② 2023年10月18日，第三届"一带一路"国际合作高峰论坛的召开将推动共建"一带一路"进入高质量发展的新阶段。高质量共建"一带一路"以共商共建共享为原则，以和平合作、开放包容、互学互鉴、互利共赢的丝路精神为指引，以政策沟通、设施联通、贸易畅通、资金融通、民心相通为重点，已经从理念转化为行动，从愿景转化为现实，从倡议转化为全球广受欢迎的公共产品。

---

① 《图解："一带一路"倡议六年成绩单》，中国一带一路网，2019年9月19日，https://www.yidaiyilu.gov.cn/xwzx/gnxw/102792.htm.
② 《中国特色大国外交砥砺前行——写在中央外事工作会议召开三周年之际》，《人民日报》2021年6月24日第1版；中国一带一路网：《已同中国签订共建"一带一路"合作文件的国家一览》，www.yidaiyilu.gov.cn/p/77298.html.

一 "一带一路"倡议带来国际关系理念的发展

(一)"一带一路"倡议是灵活的、包容的、开放的

西方国家狭隘的价值观与行为模式带来的是诸如民主和平论或同盟理论。但是,"一带一路"不是一个制度或组织,是涵盖不同机构和机制的网络,是促进共建国家、地区和城市间合作与互联互通的文化、经济、政治的网络。"一带一路"强调倡议的包容性和合作共赢;强调与不同经济走廊、既有组织机构的密切关系;强调国内和社会经济维度。诺阿斯特丽德·诺丁(Astrid Nordin)和米凯尔·威斯曼(Mikael Weissmann)认为"一带一路"倡议将在重塑现有世界体系中提供更多的政治和经济杠杆,从而证明在地区和全球建立新的世界秩序的正当性。① 乔瓦尼·安东尼奥(Giovanni Andornino)认为"一带一路"倡议塑造了中国的领导者身份,并且以非霸权的方式整合现有世界秩序。② 海外政要、智库、学者、商界人士等对"一带一路"倡议的认知和评析总体呈现得较为积极、客观,并具有建设性,但也存在过度解读和曲解误读的情况。③

(二)"一带一路"倡议是共商、共建、共享的

西方国际关系理论强调弱肉强食、强者为王、赢家通吃的理念,尊崇实力与强权,其带来的是大国欺负小国、强国欺负弱国、不公平和不公正的局面。但是,"一带一路"倡议旨在促进经济要素有序自由流动、资源高效配置和市场深度融合,推动共建国家的经济政策协调,开展更大范围、更高水平、更深层次的区域合作,共同打造开放、包容、均衡、普惠的区域经济合作架构。④ 马里奥·埃斯特班(Mario Esteban)认为"一带一路"倡议是中国提升国际秩序中权力地位的战略,从规则接受者

---

① Astrid H. M. Nordin and Mikael Weissmann, "Will Trump Make China Great Again? The Belt and Road Initiative and International Order", *International Affairs*, Vol. 94, No. 2, 2018, pp. 231–249.

② Giovanni B. Andornino, "The Belt and Road Initiative in China's Emerging Grand Strategy of Connective Leadership", *China&World Economy*, Vol. 25, No. 5, 2017, pp. 4–22.

③ 贺方彬:《海外精英对"一带一路"倡议的认知及启示》,《当代世界与社会主义》2019年第4期。

④ 《经国务院授权 三部委联合发布推动共建"一带一路"的愿景与行动》,中央政府门户网站,2015年3月28日, http://www.gov.cn/xinwen/2015-03/28/content_2839723.htm。

转变为规则制定者。① 日本前首相安倍晋三（Abe Shinzo）认为"一带一路"对于维护世界的和平稳定、促进人类文明的多样性和持续发展具有深远的历史意义。② 中国秉持共商共建共享的全球治理观，将全球治理的主张转化为各方共识，形成一致行动。

（三）"一带一路"倡议是互利共赢的

西方国际关系理念强调零和博弈，存在"你失便是我得"的逻辑。但是，"一带一路"建设反对富国剥削穷国，反对强权政治和霸权主义，如"一带一路"的基础设施互联互通和经贸与投资联通合作，为参与国提供获得全球产业链和价值链的优势位置。党的十九大报告指出，"中国将高举和平、发展、合作、共赢的旗帜，恪守维护世界和平、促进共同发展的外交政策宗旨，坚定不移在和平共处五项原则基础上发展同各国的友好合作，推动建设相互尊重、公平正义、合作共赢的新型国际关系"③。中国在开展经贸合作、投资往来时，对东道国产业水平提升和经济社会发展都会做出贡献。根据对10个"一带一路"共建国家留学生的调查显示，大部分留学生对中国充满好感，认同"一带一路"倡议对世界的贡献，但对"一带一路"五通的具体内容及合作模式还不够了解。④ 根据中国—中东欧研究院（China-CEE Institute）2017年民调显示，在回答"如何看待'一带一路'倡议今后5年对发展中国与自己国家的经贸关系的影响"问题时，34%的民众认为会有积极影响，其中14%的民众认为会富有成效，只有5%的民众认为对本国没有影响。⑤

（四）"一带一路"倡议是创新的

西方国际关系理论，特别是现实主义，认为"不论采取何种措施，

---

① Weifeng Zhou and Mario Esteban, "Beyond Balancing: China' Approach Towards the Belt and Road Initiative", *Journal of Contemporary China*, Vol. 27, No. 112, 2018, pp. 487 – 501.

② 《推动中日关系得到新的发展》，《人民日报》2018年10月27日。

③ 习近平：《决胜全面建成小康社会 夺取新时代中国特色社会主义伟大胜利——在中国共产党第十九次全国代表大会上的报告》，人民出版社2017年版，第58页。

④ 刘晓麒：《"一带一路"沿线国家留学生对中国的认知调查——以10个国家为样本》，《中国青年社会科学》2019年第6期。

⑤ China-CEE Institute, "How The CEE Citizens View China's Development (2017)", July 2018, https://china-cee.eu/survey/.

都难以逃避邪恶的权力","国家之间的冲突是必然的"。① 但"一带一路"倡议带来的是国际关系民主化，参与国无论大小、贫富、强弱以及先进与落后，都要平等相待与协商，不让历史决定论的悲剧重演。新加坡南亚问题研究所研究员拉吉夫·查图维迪（Rajiv Chaturvedi）认为，"一带一路"构想体现了中国全球发展战略的调整与创新。②"一带一路"倡议将促进基础设施建设和互联互通，对接各国政策和发展战略，深化务实合作，促进协调联动发展，实现共同繁荣。中国的发展经验为"一带一路"共建国家提供了一种有别于西方发展模式的选择，拓展了发展中国家走向现代化的途径，给世界上那些既希望加快发展又希望保持自身独立性的国家和民族提供了全新路径，为解决人类问题贡献了中国智慧和中国方案。中国一直坚持走和平发展道路、推进互利共赢的开放战略，坚持正确义利观，树立共同、综合、合作、可持续的新安全观，谋求开放创新、包容互惠的发展前景，促进和而不同、兼收并蓄的文明交流，构筑尊崇自然、绿色发展的生态体系，始终做世界和平的建设者、全球发展的贡献者、国际秩序的维护者。③

（五）"一带一路"倡议是互学互鉴的

西方国际关系理念是一种典型的"文明的傲慢与偏见"，欧美国家以自由民主为普世价值向世界推广，继而单维度、自上而下地推广其制度模式。"一带一路"建设的互学互鉴，不仅存在于发展层面，还包括四个全面层面，即全面建成小康社会、全面深化改革、全面依法治国、全面从严治党层面。以全面从严治党为例，欧洲的反腐经验、政党政治也值得中国学习。比如，中国与欧洲的党际交流是开展最多，也是较为成熟的，包括执政党与在野党。通过"一带一路"倡议，中国与其他国家以平等身份进行互学互鉴和对话交流，不仅可以孕育出互补性的文化，还能将中国故事、中国声音传播出去，如中庸之道、和谐、阴阳、合作共

---

① John J. Mearsheimer, *The Tragedy of Great Power Politics*, New York: WW Norton, 2014, p. 1.
② 《国际社会对"一带一路"倡议的评价》，国务院新闻办公室网站，2014年8月11日，http://www.scio.gov.cn/ztk/wh/slxy/31214/Document/1377599/1377599.htm。
③ 习近平：《决胜全面建成小康社会 夺取新时代中国特色社会主义伟大胜利——在中国共产党第十九次全国代表大会上的报告》，人民出版社2017年版，第25页。

赢等理念和方式。塞尔维亚前第一副总理兼外交部部长伊维察·达契奇（Ivica Dacic）认为："'一带一路'倡议是一项改变世界图景的倡议，将在历史上因其对所有参与国家的全球联系和经济发展的积极贡献而被铭记。"①

二 "一带一路"建设带来国际关系实践的发展

（一）弥补国际秩序合法性的缺失

秩序与合法性是紧密联系在一起的。秩序的合法性涉及主体维度和客体维度，前者包括统治者、被统治者和旁观者（或观众），后者是指严格的程序限制。根据赫得利·布尔（Hedley Bull）的观点，政治秩序是"一种用以维系基本的、主要的或普遍的社会生活目标的人类活动模式"②。国际秩序是政治权威的系统排列和历史上分配合法的政治权力的规范认可方式。秩序的转型不仅体现在权力分配的变化，还体现在原则、规范的变迁上。如果中国拥有足够权力去塑造（国际或地区）秩序，合法性因素将在该秩序的构建、维持和解体中发挥显著作用。中国推进"一带一路"建设向其他发展中国家或发达国家提供一套有价值的政治秩序，反过来相关国家可能会承认"一带一路"倡议的正当性，并遵循"一带一路"倡议带来的秩序变化。

一直以来，西方中心主义确实为一些国际行为体提供了一种秩序架构与路径。但是随着新兴国家的快速崛起，它们为国际社会提供了一种新的秩序路径，或为地区社会提供了新的秩序架构，这给西方秩序的合法性基础带来外部挑战。当面临危机时，西方国家提供的经济一体化构想与安全治理理念受到域外观众的质疑，西方无法为既有的"等级关系"提供秩序，或其提供的秩序受到挑战，外部合法性基础被弱化。尤其是欧盟和美国的规则和制度安排无法激发其他国家对其的学习与模仿，反过来加剧了西方国家面临的多重危机。由此，国际秩序面临合法性缺失

---

① 伊维察·达契奇：《"一带一路"倡议的历史角色》，载陈新主编《塞尔维亚看"一带一路"和中国—中东欧国家合作》，中国社会科学出版社2019年版，第2页。

② Hedley Bull, *The Anarchical Society: A Study of Order in World Politics*, Palgrave, 2002, p. 4.

危机,随着"一带一路"建设的推进,中国理念与方案获得越来越多的支持者,甚至内化到共建国家的政策方针。"一带一路"建设成为西方主导国际秩序的有益补足,也为国际秩序转型提供新的动力源。通过"一带一路"倡议,"一带一路"共建国家可以实现经济发展与政治稳定,保证了国际秩序的相对稳定,有助于开展平等、包容和可持续的新型国际关系,进一步助推中国成为新型国际关系的倡导者和践行者。

(二)"一带一路"建设超越国际秩序的悖论

国际秩序的观念竞争与权力的多维理解意味着国际社会不存在单一普世的模式。在全球治理遇到困境的当下,国际社会行为体均针对全球治理提出不同的路径。欧盟在全球战略报告中指出,全球治理的前提是欧盟坚持问责、代表性、责任、有效和透明的原则,对现有体系进行改革而非简单维护。[①] 同时,如果欧盟要在全球治理中扮演塑造者、协调者和推动者的角色,就要既与国家和国际组织建立伙伴关系,也与私人部门和市民社会建立伙伴关系。美国全球治理战略是服务主导全球事务的战略目标,并扶植国际非政府组织发展,借参与全球治理之由插手地区事务。"一带一路"倡议的持续推进可能会助推美国主导的国际秩序转向多极化和多元化的国际秩序,促进国际秩序朝着更加公平正义的方向发展。一个公平合理的新国际秩序更有可能吸引愿意参与的国家,并且更容易获得国际社会的支持。为了避免国际社会的零和博弈,中国必须保证国际社会的包容性,中国在积极有所作为的情况下,还需保证战略克制,实施可靠的约束,进行有效的国际承诺,这样才会在一定程度上消除旁观者的担忧,并吸引更多的追随者和参与者。

"一带一路"倡议成为组织国际政治共有空间的新理念。中国是当前国际秩序的一部分,但随着"一带一路"倡议的推进,中国如何组织国际政治和全球经济的共同空间以及"一带一路"倡议将对国际秩序带来哪些贡献都是需要考虑的问题。经济合作有助于增加参与者之间的相互

---

① European Commission, "Shared Vision, Common Action: A Stronger Europe: A Global Strategy for the European Union's Foreign and Security Policy", June 2016, https://eeas.europa.eu/sites/default/files/eugs_review_web_0.pdf.

理解和信任。但是经济合作不足以建立一个更安全、更稳定的世界，我们需要创造一种新的国家间乃至地区间互动方式。正如"一带一路"高峰论坛中强调的，在共商共建共享基础上，本着法治、机会均等原则加强合作，秉持"平等协商、互利共赢、和谐包容、市场运作、平衡和可持续"的合作原则。①

（三）"一带一路"倡议是中国积极参与全球治理的表现

国际、地区和地方层面的危机反映出现有国际秩序的弱点，比如全球制度的治理能力不足、主导国家将权力转化为成果的困难、维护国家一致的努力难以达成。公平正义的全球治理是实现各国共同发展的必要条件。中国逐渐开始扮演全球治理变革进程的参与者、推动者、引领者，推动国际秩序朝着更加公正合理的方向发展，继续提升新兴市场国家和发展中国家的代表性和发言权。在此过程中，中国与世界各国分享发展经验，不干涉他国内政，不输出社会制度和发展模式。

"一带一路"倡议的内涵并未随着时间的推移而弱化或减少，反而展示出强大的生命力和学习力。在新冠疫情冲击下，"一带一路"倡议打造的健康之路，成为抗击疫情的重要平台。在国内国际双循环背景下，"一带一路"倡议既助力国内大循环更加顺畅，又通过促进对外开放来拉动世界经济复苏和发展。在百年变局加速演进的背景下，"一带一路"倡议将在后疫情时代发挥重要作用。"健康之路、复苏之路、增长之路、合作之路"不仅是来自中国的倡议，更需要中国与其他国家和地区的共商共建。因此，加强"一带一路"倡议与其他国家和地区发展战略的对接，是"一带一路"倡议行稳致远的关键。在推进"一带一路"倡议高质量建设和推动人类命运共同体构建的进程中，中国与一体化组织的外交还需进一步的创新与完善。高质量共建"一带一路"倡议、发展新型国际关系、构建人类命运共同体和重塑全球治理多边议程必须建立在包容性的规范框架基础之上，话语体系的构建是包容性多边主义规范传播与扩散的基石。"一带一路"倡议的共商共建共享理念、人类命运共同体等蕴

---

① 《"一带一路"国际合作高峰论坛圆桌峰会联合公报》，新华社，2017年5月15日，http://www.gov.cn/xinwen/2017－05/15/content_5194232.htm。

含的包容性多边主义正成为中国外交话语核心和全球治理的"中国方案"。基于此,中国外交战略手段不断增加,从经济手段为主转向经济、政治、安全、人文手段的综合,多边外交平台也不断融合,从全球层面的二十国集团到新兴经济体层面的金砖国家集团再到区域层面的亚信会议等。这意味着中国外交政策既要服务国家经济建设和社会发展,又要构建多元协商、开放包容的多边治理体系,最终落脚在"两个一百年"目标和人类命运共同体建设。

第三节 "一带一路"倡议的地区属性

"一带一路"倡议的政策议题和内涵不断扩大,比如数字"一带一路"、健康"一带一路"、绿色"一带一路"等方面实现了"一带一路"倡议的新进展。"一带一路"倡议的开展需要平台支撑,但是平台的选择是多重的。"一带一路"建设依赖的平台是大国协调还是全球治理还是地区合作,这涉及双边、多边和地区平台。"一带一路"的地区主义属性可以与中国崛起的路径选择相吻合,因为具有地区主义属性的"一带一路"倡议既可以与现有的多边合作机制并行不悖,也可以与现有的区域合作机制并存。① 高质量共建"一带一路"需要中国加强与一体化组织的互动与合作。

一 "一带一路"倡议引领地区多边主义

"一带一路"建设开创了合作共赢新模式,避免了重复地缘博弈的老路,引领了地区多边主义合作的新途。习近平主席指出,在"一带一路"建设中,中国努力与他国一道共同打造区域经济一体化新格局。② 地区是一个具有重要地缘政治和经济价值的地缘空间,并承载着中国协调内外两大循环发展战略。"一带一路"跨越种族、政治、宗教、经济多样性和

---

① 李向阳:《"一带一路":区域主义还是多边主义?》,《世界经济与政治》2018年第3期。

② 《习近平会见博鳌亚洲论坛理事会代表》,《人民日报》2014年10月30日第1版。

冲突的地区，可为相关国家改善经济、政治和安全现实提供动力。一方面，中国通过功能主义逻辑和基于特定政策议题采取渐进式的一体化逻辑来推进"一带一路"倡议，最终指向的是捍卫和发展开放型世界经济，推动公正、合理的国际经济体系和民主、法治的国际政治秩序；另一方面，"一带一路"倡议明确不设置西方标准的先决条件，不是马歇尔计划或欧盟东扩政策的翻版，也并非殖民主义和划定势力范围的行为。"一带一路"倡议是以运输通道为纽带，以互联互通为基础，以多元合作机制为特征，以打造命运共同体为目标的新型区域合作机制。①

地区作为"一带一路"倡议与全球社会的联结点，是中国由地区性力量转向全球性力量的战略立足点。"一带一路"倡议面对的地区环境不仅仅是周边地区，还包括国际社会上的其他地区平台。有的学者认为中国外交政策是政治与经济有效联动、务实合作与经济扩张结合的经济治国策略。② 有的学者将"一带一路"倡议视为中国地区主义外交政策（regionalism foreign policy），③ 是实现地区安全的综合方法，通过多个载体与一个地区进行接触，并将其作为提升中国实力和影响力的总体安全战略的一部分。还有的学者将中国通过"一带一路"倡议聚焦地区的战略理解为一项多维、多层的大战略，通过推广观念和规范来提升中国软实力，确立作为规范性大国的地位，重塑全球治理，并以此反映中国价值观、利益和地位。④

"一带一路"倡议可以参与到多边制度框架下的地区一体化进程，并可能成为一体化网络的重要节点。"一带一路"倡议的地区主义属性或者

---

① 李向阳：《跨太平洋伙伴关系协定与"一带一路"之比较》，《世界经济与政治》2016年第9期。

② Jeremy Garlick, "The Regional Impacts of China's Belt and Road Initiative", *Journal of Current Chinese Affairs*, Vol. 49, No. 1, 2020, pp. 3–13.

③ Carla P. Freeman, "China's 'regionalism foreign policy' and China-India relations in South Asia", *Contemporary Politics*, Vol. 24, No. 1, 2018, p. 92.

④ Weifeng Zhou and Mario Esteban, "Beyond Balancing: China's Approach towards the Belt and Road Initiative", *Journal of Contemporary China*, Vol. 27, No. 112, 2018, pp. 487–501.

区域化的重要条件之一是将国家划入各个区域集团。① 与此同时,"一带一路"倡议的"地理模糊性"(geographical fuzziness)或者说空前的开放性,可以使"一带一路"倡议成为适应未来政策调整的灵活容器,也可以使"一带一路"倡议能够随着不断变化的需求而弹性扩展,还可以使"一带一路"倡议吸收新的元素。② "一带一路"倡议不仅助推一体化组织在地区合作中发挥主体作用,还能够促进地区内国家的均衡发展。"一带一路"倡议为地区主义和跨地区间合作注入了新的动力,融合了非正式制度主义和灵活制度主义,平衡了基于共识的实用主义与弹性的合作主义,均衡了各国发展理念与全人类共同价值,引领了地区多边主义的发展势头,最后更将实现地区主义与全球主义的有效互动。

二 地区一体化组织与"一带一路"倡议的关联性

"一带一路"倡议的地区属性是世界经济一体化、地区一体化的必然产物。中国与地区一体化组织的关系将成为中国参与全球治理的重要实现形式。中国全面和深入开展与地区一体化组织的外交关系,利用地区一体化组织的杠杆作用发挥自身的经济、政治等能力提升全球治理的效用,塑造世界秩序的轨迹。

(一)中国推进"一带一路"倡议强调地区平台的重要性

21 世纪的世界将由各个地区板块组成。这种世界观模糊了世界主义者与民族主义者之间的传统界限。民族主义者认为一体化组织是民族国家的附属物,只能在一体化框架下重获主权;世界主义者认识到全球多边治理无法提出有效的共同政策。在这个过程中,相对于全球治理中的国家主义取向和全球主义取向,③ 地区主义取向更能适应全球社会板块化

---

① Steven F. Jackson, *China's Regional Relations in Comparative Perspective: From Harmonious Neighbors to Strategic Partners*, Abingdon: Routledge, 2018, pp. 7-20.

② Tomas P. Narins and John Agnew, "Missing from the MAP: Chinese Exceptionalism, Sovereignty Regimes and the Belt Road Initiative", *Geopolitics*, Vol. 25, No. 4, 2020, pp. 809-837.

③ 全球主义(globalism)不同于世界主义(cosmopolitanism),前者没有超越民族国家的范畴,强调规则的统一,后者超越民族国家的特性,强调文化的融合。参见[德]乌尔里希·贝克:《什么是世界主义?》,章国锋译,《马克思主义与现实》2008 年第 2 期。

的新变化以及调适国家民粹主义的倾向。

中国与地区一体化组织的关系需要从中国外交全局和外交战略高度布局和谋划，将中国与地区一体化组织的外交政策整合到中国整体外交战略之中。中国开展与地区一体化组织的关系必须有与中国全球战略相契合、相包容的地区战略。① 第一，要从国家发展和外交战略整体的全局来界定中国地区战略。中国的快速发展已经处在一个全新的地缘空间场域之中，地区及其一体化组织成为中国外交战略的支撑点、"一带一路"倡议推进的关键维度。第二，要根据不同地区的特点来界定中国地区战略和制定有针对性的"一带一路"共建措施。第三，要加强与不同地区的一体化组织的联系。地区一体化组织是地区治理的主导力量和推动者。中国与地区一体化组织的对接合作可以有效整合各种资源，帮助中国在某一个地区的政策得到落实。第四，要充分发挥多元行为体的作用。政府之外的力量迅速发展并在解决公共性问题中发挥着越来越重要的作用。② 在中国开展一体化组织外交关系的过程中，考虑到外交对象类型的多样性，更需要在国家发挥引领和主导作用的基础上，积极调动各方资源，如非政府组织、个人、企业，协同各种力量以更加多样化的手段与一体化组织打交道。

（二）中国与地区一体化组织的对接合作遵循实用主义的逻辑

中国通过地区一体化组织外交，不仅能在某种程度上塑造一个地区的发展轨迹，还能塑造中国与一体化组织及其成员国的关系，甚至能塑造中国与大国在某一个地区的竞争与合作强度。过去，我们高度关注结构上的权力分布，不够重视功能主义。中国对待地区主义、地区化和一体化的观点和态度不同于西方术语概念。中国与西方地区化战略的区别主要体现在中国对实践的重视和西方对地区领土边界的重视上。中国的做法经常是通过鼓励共同实践和共享态度的相互性（mutualisation）来发展出一种共同构建的地区认同。这可能就是伊恩·曼纳斯（Ian

---

① 贺之杲：《论中国地区战略的可能性与必要性》，《国际观察》2011年第5期。
② 周平：《陆疆治理：从"族际主义"转向"区域主义"》，《国家行政学院学报》2015年第6期。

Manners)强调的规范性力量,即确定世界政治中何为正常(行为或规范)的能力。① 中国推动区域多边合作进程制度化的程度受两个主要因素的影响。一是,论坛参与者之间的权力分配,以及主要参与者对中国的好感度;二是,设立专门论坛处理的问题对中国和其他参与国的政治、经济或安全利益的重要性。② 中国的政策行为可以说服其他地区的行为体接受中国对一体化进程的理解,从而增加中国在该地区的影响力。

中国与地区一体化组织的外交关系可以为中国在某一个地区的参与和施加影响力提供平台。这不仅体现在内容与结构的多样性,还体现在谈判机制和流程的多元化,不是整齐划一而是量身定做的,承认伙伴之间的差异性,比如利益的不对称性、争端解决机制的非制度性和灵活性。赵穗生认为,中国参与区域合作,至少须有以下三个战略考量,一是,这些组织在中国国内经济发展、政治稳定和国家安全方面的重要性;二是,其中成员的权力分配,特别是日本和美国在其中是否扮演领导角色;三是,这个组织已经取得的制度化水平,特别是他们是否会做出可能会侵蚀中国国家主权的强制执行的约束性决定。③

(三)中国与地区一体化组织的关系受到全球治理与地缘政治逻辑的双重影响

在推进中国与地区一体化组织外交关系的过程中,既要遵循地缘政治经济的逻辑,又要遵循全球治理的逻辑,并将两者汇合在经济一体化的逻辑中。地缘政治经济逻辑是强调中国与某一个区域在人员、货物、资金和服务等方面自由流动,各个国家之间可以自由贸易,但必须遵守一定的制度法规。这不同于纯粹的地缘政治逻辑,地缘政治逻辑为谋取

---

① Ian Manners, "Normative power Europe: a contradiction in terms?" *Journal of Common Market Studies*, Vol. 40, No. 2, 2002, pp. 235 – 258. 罗曦:《从"分析折中主义"看国际关系学科瓶颈与发展》,《中国社科报》2017 年 6 月 8 日。

② Chien-Peng Chung, "China's Approaches to the Institutionalization of Regional Multilateralism", *Journal of Contemporary China*, Vol. 17, No. 57, 2008, pp. 747 – 764.

③ Suisheng Zhao, "China's Approaches toward Regional Cooperation in East Asia: motivations and calculations", *Journal of Contemporary China*, Vol. 20, No. 68, 2011, pp. 53 – 67.

传统的安全利益如领土、资源等的支配权,可能导致对抗与结盟。地缘经济是地缘政治的稳定器与节拍器,一个国家的地缘政治安全在一定程度上取决于地缘经济。中国与地区一体化组织的关系是当前国际合作的主要形态与方式,受到国际力量对比的影响,尽量规避地缘政治逻辑的影响,放大全球治理的逻辑。为此,中国与地区一体化组织共商共建共享,发挥地区一体化组织平台的作用,容纳各种行为体,包括国家、企业、国际或次地区组织等。

地区一体化组织为中国提供了与某一个地区的所有国家开展对话和交流的重要平台。中国与地区一体化组织及其成员国的领导人定期会晤、沟通妥协,建立了多层级的、网络化的关系网络。中国积极采用"双边+多边"的外交战略组合参与地区事务。中国积极地参与所有的地区和多边安排,甚至成立了机构以补充其外部参与。通过这种方式,中国具有"活跃的参与者"和"积极的主人"双重身份。同时,中国与地区一体化组织的外交关系也是关系性权力的一种体现。地区主义乃至地区一体化组织外交不是中国外交战略的具体政策,而是中国外交战略的依托平台和推进方向。中国外交行为面对不同交往对象,包括国际社会中的各种行为体,从民族国家到国际组织,从地方政府到特定群体。

因此,中国与地区一体化组织的对话合作是一种双重结构,甚至是多重结构,包括中国与一体化组织、成员国以及次域行为体的合作。中国与地区一体化组织的合作机制是开放的,这就意味着中国在与地区一体化组织的合作过程中需要对不同合作机制和国家之间加以协调。中国与地区一体化组织开展外交关系不仅可以有效降低合作成本,扩大规模效应,而且还能够与各个地区既有的地区组织兼容对接,并且与该地区国家的双边关系互为补充。中国经济高质量发展、超大规模市场、强大的内需潜力使中国成为地区一体化组织不可或缺的合作对象。战略互信、经贸往来、人文交流成为中国与地区一体化组织外交关系的三大支柱,有效推进全球治理,规避地缘政治风险。关于中国与一体化组织的发展关系,如图2-1所示。

```
┌─────────────────────────────────────────┐
│         中国与地区一体化组织的关系         │
└─────────────────────────────────────────┘
           ↓         ↓         ↓
    ┌─────────┐ ┌─────────┐ ┌─────────┐
    │  共建   │ │  发展   │ │  完善   │
    │"一带一路"│ │新型国际 │ │全球治理 │
    │  倡议   │ │  关系   │ │  体系   │
    └─────────┘ └─────────┘ └─────────┘
           ↓         ↓         ↓
┌─────────────────────────────────────────┐
│         推动构建人类命运共同体            │
└─────────────────────────────────────────┘
```

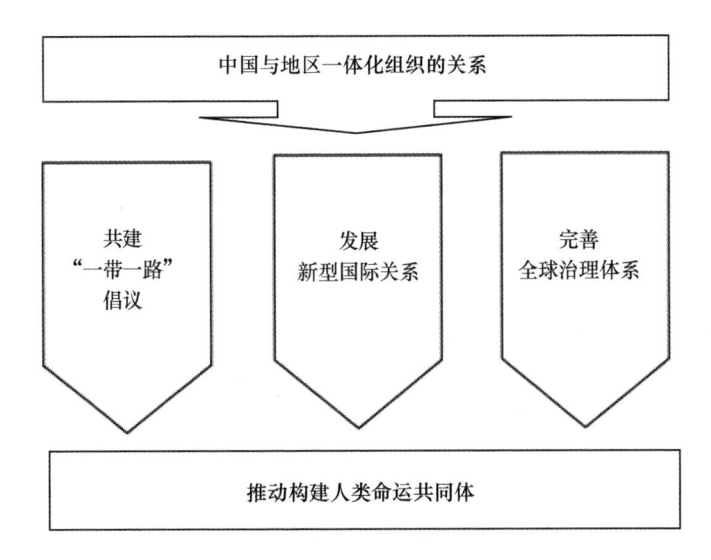

图 2-1　中国与地区一体化组织关系的多维图景

资料来源：笔者自制。

第四节　地区一体化组织与"一带一路"倡议的对接

在"一带一路"高质量建设过程中，新型大国关系的发展，"共商共建共享"全球治理理念的贯彻，构建人类命运共同体崇高目标的探索等一系列中国智慧、中国方案都将对当代国际关系和国际秩序产生深远影响。在这个过程中，"一带一路"倡议为地区合作与一体化注入动力，既加强区域经济合作，又可能超越区域一体化倡议，成为中国引领新一轮全球化的平台。中国希望"一带一路"倡议与全球化相辅相成，而不是相互阻碍。相关国际和区域组织已就本地区的互联互通做了许多开创性、基础性的工作。"一带一路"建设不是要替代现有地区合作机制和倡议，而是要在已有基础上，推动共建国家实现发展战略相互对接、优势互补。① 中国不断发掘与各地区一体化组织政策倡议的共通点，立足各地区

---

① 习近平：《论坚持推动构建人类命运共同体》，中央文献出版社2018年版，第212页。

和各国家的实际,在分工协作和互利共赢的基础上创新合作机制,着眼于高质量共建"一带一路"。

一 共建"一带一路"中的对接合作

中国与地区一体化组织的对接合作程度不断升级,从接受到融入再到部分塑造。对接合作是中国国家发展战略和外交战略的关键词,国家领导人在出访期间均会提及"对接"。对接合作包括政府层面的对接、政策议题的对接、非政府层面的对接,也包括中长期合作发展规划或行动计划的对接。本节重点关注"一带一路"建设中的战略对接、政策对接和项目对接。

(一)战略对接

习近平主席指出:"协调合作是必然选择。我们要在世界经济共振中实现联动发展"。① 中国与欧盟的对接合作有助于中国更好地融入西方高规格市场,也有助于拉住稳住欧洲,避免欧美对华战略进一步协调。中国与东盟的对接合作有助于化解东南亚国家对中国快速发展的不适感,也有助于构建稳定共赢的地区秩序。中国与非盟的对接合作有助于带动非洲地区的经济发展,也有助于构建中国最坚实的朋友圈。

互联互通正取代传统的地缘政治原则,基础设施的发展成为各国关注的优先事项。基础设施的互联互通是合作基石,基础设施互联互通的正面外溢效应将扩散到商品、资金、技术和人员的互联互通,相关行为体可以沿着新建设的路线开展新业务,创造大量的就业岗位,提高各国的经济发展水平。提升合作水平和扩大合作范围,为"一带一路"共建国家平衡、可持续增长提供强劲动力和广阔空间。"六廊六路多国多港"互联互通构架为双边合作、三方合作、地区合作、多边合作搭建了平台,不仅有助于资源的流转和合理配置,而且有助于加强社会、经济和地域凝聚力,解决发展不均衡、分配不公平的问题。

"一带一路"倡议的关键议题领域是基础设施互联互通,这是一个功能性的议题领域。互联互通最早出现在党的十八大报告中。"统筹双边、

---

① 习近平:《论坚持推动构建人类命运共同体》,中央文献出版社2018年版,第369页。

多边、区域、次区域开放合作,加快实施自由贸易区战略,推动同周边国家互联互通。"① 2014 年 11 月,在"加强互联互通伙伴关系"东道主伙伴对话会上,习近平主席提出互联互通是全方位、立体化和网络状的互联互通,"基础设施、制度规则、人员交流三位一体"。并且,中国出资 400 亿美元成立丝路基金,为"一带一路"共建国家的互联互通提供融资支持。② 可以说,将基础设施作为 21 世纪主要外交政策工具的重点主要体现在中国影响力的日益增强。

中国主导的地区论坛将"一带一路"倡议的制度化视为一种规范权力,一方面,使得地区组织跟中国的规范和规则进行合作;另一方面,根据中国需求和目标来塑造理念环境,如定义与其他国家关系的合理预期等。③ 在中国与一体化组织对接合作中的过程,次地区合作机制是有益补充。比如,在中国—中东欧国家合作中加入第三方合作,中国邀请欧洲复兴开发银行参加第四届中国—中东欧国家合作合作峰会,成为"一带一路"建设的新思路,这既有助于中国与欧盟的互动合作,也有助于中东欧地区特别是巴尔干地区的发展。自 2016 年成立以来,澜沧江—湄公河合作机制成为最具活力的新型次区域合作机制之一,构建起中国与东盟国家合作的立体合作架构,其与东盟合作机制相互补充,推进了中国周边地区的和平发展。

(二)政策对接

政策对接是"一带一路"倡议务实合作与高质量发展的基础和保障。"一带一路"倡议需要中国与共建国家的沟通交流、对话协作、合作对接,找到中国与共建国家的战略契合点、利益共通点、政策合作点,体现在嵌入式多边主义的创新发展。④ 中国通过地区一体化组织平台提供一

---

① 《习近平谈治国理政》(第一卷),外文出版社 2014 年版,第 348 页。
② 习近平:《论坚持推动构建人类命运共同体》,中央文献出版社 2018 年版,第 169 页。
③ Jakub Jakóbowski, "Chinese-led regional multilateralism in Central and Eastern Europe, Africa and Latin America: 16 + 1, FOCAC, and CCF", *Journal of Contemporary China*, Vol. 27, No. 113, 2018, pp. 659 – 673.
④ 程大为:《如何理解"一带一路"倡议中的"对接"策略》,《人民论坛》2017 年第 17 期。

系列构想，加强政策对接，赢得相关国家的支持与合作。

"一带一路"倡议的产业合作是政策对接的重要维度，这是一个发展与安全协同的议题领域。坚持将国际产业安全合作同高质量推进"一带一路"建设有机结合，以产业衔接、产能互补、互利共赢为导向，构建以"一带一路"为核心的区域产业链供应链，从而建立多渠道、多层次供应链安全体系。准确把握产业链供应链区域化、本地化、多元化、数字化转型的新趋势，重点关注产业核心技术研发以及经贸产业合作区建设等项目。中国不仅是全球生产链和产业链网络的重要一环，也是全球制造业供应链的关键环节，还拥有超大规模消费市场，以及全球资源要素的引力场。

中国对接地区一体化组织有助于强化一体化组织的地位和作用。正如傅高义所说，中国全面加入国际组织加强了这些组织的作用。[1] 中国对接一体化组织赋予了这些组织新的合法性，还有助于该组织所在地区的稳定。中国与地区一体化组织的关系将成为中国推进规范性外交和人文外交的重要实现形式，一方面，一体化组织与国家认同、规范、理念存在竞争；另一方面，一体化组织倡导的准则、信念能够成为国际秩序和全球治理的来源。

(三) 项目对接

项目对接是中国与地区一体化组织共建"一带一路"倡议的合作载体。"一带一路"倡议最终需要落实到各个项目，需要中国与地区一体化组织以及其他相关行为体形成合力。中国在推进"一带一路"进程中，最重要的落地项目是中国与其他国家的双边合作的产物，如基础设施项目、产业园区等。但这就产生了一个政策鸿沟，一方面，我们强调地区一体化组织的地位；另一方面，我们缺乏与地区一体化组织的合作项目。

中欧班列作为新欧亚大陆桥互联互通的主要载体，一直是"一带一路"陆上交通和货物运输的主要载体，是"一带一路"建设的重要切入点。从中国到欧洲，只有中亚、欧亚和中东欧乃至非洲版块相互联通，

---

[1] ［美］傅高义：《与中国共处：21世纪的美中关系》，田斌译，新华出版社1998年版，第23页。

中国同"一带一路"共建国家之间的贸易才能真正地实现互联互通，令共建国家受益。在"一带一路"倡议下，国家政府、地方政府和企业间协同合作，推进中国与其他地区互联互通的发展。比如，中国中西部地区产业的商业利益在中欧班列的开通中发挥了关键作用。

为解决资金问题，中国还设立了丝路基金和亚洲基础设施投资银行（以下简称"亚投行"），并针对各个地区共建规模不等的融资平台，支持各个地区的基础设施建设。值得注意的是，亚投行大部分业务和项目是与其他多边开发银行合作并共同出资的，其中包括世界银行集团、国际金融公司、亚洲开发银行和欧洲复兴开发银行。因此，"一带一路"的真正打通还需要各方的共同努力，加之很多工程体量较大、耗时较长，需要多方共同参与推进才能产生效果，这就凸显了中国与地区一体化组织对接合作的平台和桥梁作用。

总之，战略对接是关乎中国与地区一体化组织合作路径的顶层设计，需要相辅相成、协同并进。基于自身发展特点，彼此将发展规划、政策项目对接，重点关注合作方向和领域，求同存异，形成政策协调对接的合力。因此，维护、拓展与地区一体化组织的战略、政策和项目对接合作，是中国高质量、务实建设"一带一路"倡议的前提保障。同时，这是中国在全球治理和国际组织内提升动员能力和议程设置能力的重要路径，也有助于缓解国际社会对中国的压力、增强中国外交在国际格局中的纵横捭阖能力。

二 共建"一带一路"提供公共产品

（一）提供地区公共产品

"一带一路"倡议正逐渐成为广受欢迎的国际公共产品。当中国为地区和世界提供公共产品时，"一带一路"倡议是重要的路径和平台，既能够通过展示中国经验提供路径选择，也能够通过"五通"加强国际合作、推动世界繁荣发展。中国作为国土广阔、人口众多的发展中国家能够发展出适合自身发展状况和基本国情的道路，本身就是对国际社会的贡献。另外，中国在谋求发展的同时又坚持民族自主性和独立性，这为世界上那些既希望加快发展又希望保持自身独立性的国家和民族提供了全新选择，为解决人类问题贡献了中国智慧和中国方案。①

"一带一路"倡议具有地区公共产品的属性，形成了地区公共产品供应的新格局。地区公共产品深嵌于安全、经济、环境、金融货币等领域，呈现出公共产品需求多样化、公共产品供给多元化趋势，这与议题联结性、复杂性和多样性密切相关。"一带一路"倡议的地区主义属性首先是立足在中国的周边地区，服务于周边战略的区域合作机制；其次是跨区域特点，尤其中国战略辐射的欧亚大陆地区；最后是全球特征，服务于人类命运共同体建设。总体来看，中国提供公共产品的类型主要是区域性公共产品和一部分全球性公共产品。② 这也要求"一带一路"倡议需要中国加强与地区一体化组织的互动与合作，对接发展战略及合作协议，提供地区公共产品，实现协同效应。

（二）构建地区间公共产品供应格局

中国与一体化组织在战略重合区域的合作与竞争将日益增加，这需要相关行为体提供地区间公共产品，契合"一带一路"建设以及沿线区域的实际需求。但是，权力不对称是中国与地区一体化组织成员国共同提供公共产品、增进互信、加强合作的重要障碍。一方面，如果中国经济实力变得更具战略导向，地区一体化组织成员国将面临中国实现全球战略利益的压力；另一方面，权力不对称也会影响到中国与地区一体化组织成员国之间的认知态度和合作潜力。同时，地区一体化组织也面临国际组织的弊病，如效率低下、合法性不足、行为体角色有限等。而在中国与地区一体化组织的互动过程中，中国经常被指责利用地区一体化组织内部的分歧开展外交战略，从而实现自身利益最大化。这也反映出国际社会对地区一体化组织的期待与地区一体化组织的能力之间存在差距。

"一带一路"地区公共产品既是中国提升国际形象与加强国际领导力的平台，也是中国参与"一带一路"倡议的重要理论来源。实践是理论

---

① 季正聚：《中国改革和发展不断成功的十条经验》，人民网，2017年11月24日，http://politics.people.com.cn/n1/2017/1124/c1001-29666765.html。

② 李向阳：《"一带一路"：区域主义还是多边主义？》，《世界经济与政治》2018年第3期。

之源，随着中国参与构建地区间公共产品供应格局的发展，公共产品理论也会得到相应的充实。考虑到地区权力结构与一体化程度存在着差异性，以及区域内部力量博弈的变化，在地区间公共产品供应格局下，需要比较分析中国与不同地区一体化组织的竞争与合作关系。此外，当公共产品供给机制趋于完善之后，区域公共产品的成本分担和风险管控问题将成为中国面临的新课题。"一带一路"倡议有助于地区间合作，这赖于中国与地区一体化组织共同构成地区间公共产品供应格局。

因此，"一带一路"倡议提供公共产品和构建公共产品供应格局需要一定的平台。地区一体化组织是中国提供公共产品的合作者与竞争者。构建地区（间）公共产品新格局是保证"一带一路"倡议的顺利开展，应对美国提供国际公共产品能力与意愿下降趋势，弥合两者难以提供全方位地区（间）公共产品的新平台、新渠道。

三 地区一体化组织在中国外交战略格局中的地位

目前，国际秩序正在重建，国际规则正在重构，国际格局正在重塑。世界多极的、多边的、多伙伴的趋势增强。新一轮科技革命和产业变革深入发展，国际力量对比深刻调整，在和平与发展仍是时代主题的同时，国际环境日趋复杂，不稳定性、不确定性明显增加。中国在保证国家安全的同时，坚持对外开放基本国策，继续推进更大范围、更宽领域、更深层次的对外开放。在推进对外开放合作的过程中，拓展伙伴关系是中国坚持的重要方向，凡是愿意同我们合作的国家、地区和企业，我们都要积极开展合作，形成全方位、多层次、多元化的开放合作格局，建设一个更加和平、安全、公平、包容的世界。[①]

中国需要从战略的高度来处理中国与地区一体化组织的外交政策，不仅有助于创造一个国内发展的良好国际环境，还有助于高质量推进建设"一带一路"倡议和构筑人类命运共同体。顶层设计为中国与地区一体化组织的全方位深入合作指明了方向。中国与地区一体化组织的关系

---

① 《新时代的中国与世界白皮书》，国务院新闻办公室，2019 年 9 月 27 日，http://www.gov.cn/zhengce/2019-09/27/content_5433889.htm。

呈现多层次、宽领域、全方位的发展势头。欧洲、东亚和非洲均是"一带一路"倡议合作的优先和重点地区。欧盟的一体化水平最高，东盟次之，非盟最弱。欧盟拥有发达成熟的市场规则和大规模的市场容量；东盟拥有优越的地缘位置、较为开放的市场和相对稳定的政治经济环境；非盟是发展中国家最为集中的区域一体化组织，也是"一带一路"的自然和历史延伸。总的来看，欧盟、东盟和非盟的一体化路径从决策规则和制度化水平、从治理能力到组织形态都存在较大差异，但依然是国际社会上最具代表性的一体化组织。中国与一体化组织打交道的过程中，均会遇到域外大国干扰、内部权力博弈以及地区规范竞争等因素的影响，但中国与治理能力更高的一体化组织更需要加强多边拉动双边的对接合作，形成"多边＋双边"的互动格局；中国与治理能力较低的一体化组织需要加强双边拉动多边的对接合作，以推动"双边＋多边"的互动格局。

中国与一体化组织的合作将成为中国"一带一路"建设的重要组成部分和参与全球治理的重要实现形式。"一带一路"建设面临着众多平台的相互交织，全球性机制与地区性机制共存，如金砖国家、二十国集团、上海合作组织、中非合作论坛和中阿合作论坛等。"一带一路"建设要在更加广阔的时空中展示多边合作的成果，是一个长期和曲折的过程，在不同的地区也会呈现不同特色。[①] 多边合作、地区合作是国际合作的新趋势，多边机制平台层出不穷、相互交织。一般而言，地区多边合作可以在较大程度上保证治理体系的稳定性、国际格局的可预测性和国家对外政策的协调性。当然，地区合作面临着地区内国家实力与利益的较大差异，难以像双边合作那样较快取得共识和成效。

中国的地区战略是多维的、灵活的和差异化的，而不是单一的、静态的和一刀切的。尽管中国在各个地区推进"一带一路"倡议的方式存在共性，但也存在明显差异。中国与一体化组织的外交政策差异性主要取决于特定地区的一体化组织制度化水平。随着地区一体化组织受到内部权力结构和域外大国影响的程度越高，中国与地区一体化组织共建

---

① 孙壮志：《上海合作组织与新时代中国多边外交》，《世界经济与政治》2021年第2期。

"一带一路"倡议的障碍越多。尽管如此，中国应进一步推动"一带一路"倡议与地区一体化组织的对接合作，以此来规避地区内部的差异性和域外大国的干扰。在制度化和规范化的互动进程中，中国需要进一步完善自身角色定位，提升对自己角色的话语权建设能力，构建中国开展一体化组织外交的基本原则和可行路径。

中国开展地区一体化组织外交，既是坚持独立自主的和平外交政策，推动构建人类命运共同体走深走实的具体体现；也是深化全方位外交布局，积极发展全球伙伴关系的有效步骤；更是发挥负责任大国作用，积极参与推动全球治理体系改革和建设的内在要求。中国与地区一体化组织建立和完善一系列合作机制，扩大中国参与全球治理的施展空间，夯实"中国理念、中国方案"的实施平台。中国在不同层次的地区平台与不同地区一体化组织和国家开展对接合作。在维护本国利益和发展诉求的基础上，中国引领相关国家共享全球化和中国发展的好处，获得各地区国家对中国发展理念和政策的认可和支持。中国与地区一体化组织的外交关系是长期性、系统性的工作，更要从建设人类命运共同体与"一带一路"的战略高度和全局视野推进，助力中国构建新型国际关系和完善全球治理体系不断开创新局面。

中国与地区一体化组织的关系遵循双边主义、地区主义和多边主义三轮驱动的逻辑。中国与地区一体化组织的外交关系既有助于中国与地区一体化组织国家的双边关系走深走实，又能带动各个地区的一体化程度的均衡发展；既助推中国在地区主义和多边主义的有效衔接，又能为推动构建新型国际关系和全球治理模式贡献"中国方案"。第一，中国以地区多边主义带动双边关系的发展，又带动全球多边主义的整体发展，形成中国外交战略平台依托的良性互动和正向循环。第二，中国加强与地区一体化组织国家的双边关系同中国与地区一体化组织合作机制之间的协调，以双边关系带动中国与地区一体化组织合作机制的整体发展，要重视双边关系维护和发展，避免多边关系过度挤占双边关系。第三，考虑到各个一体化组织的多样性和地区一体化组织内部的差异性，既要注重发挥"以点带面"的辐射效应，也要注重"以面促点"的叠加效应，在地区多边框架内同时开展双边、三边或小多边合作，以双边与多边合作并进提升合作效率、弥补合作短板、协调合作分歧。

中国与地区一体化组织的关系以增强政治互信、经济合作、人文交流三大支柱。首先，高水平政治互信是中国与地区一体化组织外交关系行稳致远的重要基石。中国与地区一体化组织不断增进战略互信，在双方重大关切问题上相互支持。但也充分认识到利益相关方越多，越易受到域外势力干扰，共识越难以达成。其次，经贸合作是中国与地区一体化组织外交关系互利共赢的重要源泉。应充分发挥自贸区、博览会等平台的作用，进一步释放中国与地区一体化组织的经贸红利，实现双方产业链、供应链和价值链的深度融合，实现中国与地区一体化组织及其成员国的联动发展，并为经济一体化和全球化注入多重力量。最后，人文交流是中国与地区一体化组织外交关系走深走实的民意基础。促进青年、智库、媒体等开展多渠道、多形式的交流合作，提升相关地区民众对中国发展理念、模式及合作机制的认可度、支持度。但也要认识到各个地区一体化进入调整期，陷入低速甚至部分停滞的状态，一体化组织内部分化严重，民粹主义崛起和地缘政治冲突增多，地区政治生态经济环境和安全格局进一步恶化。

第三章

"一带一路"背景下的中国—欧盟关系

在国际秩序大调整、中欧关系发生结构性变化和欧盟面临多重危机的背景下,欧盟更加关注内部议题,对外部的变化更加敏感,对华政策也出现变化,对华定位更加多元化。当中国开展奋发有为的外交政策时,中欧关系是中国开展大国外交的重要一环。欧洲秩序固有的多元化和中欧关系不断增加的复杂性特征,意味着对欧工作需要多层次、多渠道政策杠杆的综合运用,需要考虑国际格局的战略平衡、欧洲的地缘均势、欧洲一体化的发展态势、中欧合作的现实需要,以及中欧在意识形态和政治社会领域的非对称性等诸多因素。随着"一带一路"倡议在欧洲的推进,欧盟及其成员国对"一带一路"倡议的态度也呈现出多元化趋势,质疑与赞赏共存,政策议题各有侧重。中国积极倡导将中欧合作与"一带一路"倡议结合起来。"一带一路"倡议不断扩大中欧相互利益汇合点,打造区域合作增长点,促进中欧全面战略伙伴关系全方位、均衡发展。

第一节 欧盟及其发展历程

作为一种进程,欧盟及其一体化进程是某一个共同体权限扩展的过程,包括成员国向共同体机构转移权限以及共同体的领土扩大。欧盟一体化遵循简单一体化到深度一体化、经济一体化到政治一体化的步骤和逻辑。一体化进程除了实现经济繁荣等经济目标之外,还落脚在服务政治目标上。因此,欧盟一体化是由不同行为体相互重叠的权限构成的治理体系，不同层次及彼此互动的政治行为体内嵌其中。作为一个市场力量和规制力量，欧盟在内部和外部的行动能力主要与其经济和规则制定能力紧密结合。长期以来，欧盟一直试图利用市场和经济相互依赖夯实凝聚力，并尽量消除冲突和危机的根源。目前，欧洲正试图成为一个地缘政治行为体。但这可能忽视了欧盟发展的真实轨迹，即在不同政策领域进行能力的再创造、融合和匹配。总体来看，欧盟需要增强欧洲凝聚力和发展良好的国际关系。

一 欧盟及其一体化进程

欧洲一体化是民族国家合作解决共同问题、寻求共同发展的积极尝试，从解决安全困境到经济一体化，再到构建政治共同体。从理想状态来看，一体化是从独立的政治制度（民族国家）上形成新的政治制度（一体化组织），欧盟便遵循这个路径，尽管欧洲一体化进程遭遇波浪式的曲折发展。1950年5月9日，法国外长罗伯特·舒曼发表《舒曼宣言》，倡导建立欧洲煤钢共同体，以维护欧洲国家之间的持久和平。法国、联邦德国、意大利、荷兰、比利时和卢森堡于1951年4月在巴黎签署《建立欧洲煤钢共同体条约》，并于1957年3月在罗马签订了《建立欧洲经济共同体条约》和《欧洲原子能共同体条约》（统称《罗马条约》）。1965年4月，欧洲六国签署《布鲁塞尔条约》，并于1967年7月正式生效，欧洲共同体正式成立。

随着20世纪80年代中期出现的欧洲单一市场计划，欧洲一体化的复苏助推了新功能主义的复兴。在这一时期，雅克·德洛尔（Jacques Delors）带领的欧盟委员会成为超国家主义和新功能主义发展的发动机；单一市场对社会政策、经货联盟和政治一体化产生了溢出效应；更加复杂多样的联邦主义理论、法理学、规范政治理论应用于欧洲一体化建设过程中。[①] 1991年12月，欧共体首脑会议通过《欧洲联盟条约》（又称

---

① Chris Brown, ed., *Political Restructuring in Europe: Ethical Perspectives*, London: Routledge, 1994, pp. 1 – 7; Alberta M. Sbragia, "Thinking About the European Future: the Uses of Comparison", in Alberta M. Sbragia, ed., *Euro-Politics: Institutions and Policymaking in the New European Community*, Washington, DC: Brookings Institution, 1994, pp. 257 – 291.

《马斯特里赫特条约》),旨在建立欧洲经济货币联盟和欧洲政治联盟。1993年11月1日,《马斯特里赫特条约》正式生效,欧洲联盟成立,意味着欧共体从经济实体向经济政治实体转型。欧洲单一市场始于1993年,实现了商品、资本、人员和服务的自由流通。随着2002年欧元正式取代欧盟成员国的国家货币,欧洲经济和货币联盟正式成立。

2009年《里斯本条约》生效之后,欧盟具备法人资格,有权在共同外交与安全政策领域缔结国际条约;欧盟外交和安全政策高级代表兼任欧盟委员会副主席;创建欧盟对外行动署;欧盟外交权限扩展到发展政策、人权、民事危机管理等领域;欧盟已建成关税同盟,实行共同商业政策、农业和渔业政策,建立单一市场,实现人员、商品、资本和服务在欧盟内部自由流通。《里斯本条约》首次规范了欧盟与其成员国之间的权限分配。在某些领域,欧盟享有专属权限,包括关税同盟、确定欧洲单一市场运作所需的竞争规则、货币为欧元的成员国的货币政策、共同渔业下的海洋生物资源保护政策、共同的商业政策。在其他领域,欧盟和成员国共享立法权,例如社会政策、农业和渔业、环境、消费者保护以及运输和能源。在工业、文化、旅游、教育、青年、体育、民防(防灾)和行政合作等领域,欧盟只能协调、支持和补充成员国的行动。目前,欧盟是世界上综合实力最强、一体化程度最高的地区一体化组织。

同时,欧洲一体化过程带来广泛的制度创新,不仅涉及欧盟治理结构和治理过程,还涉及欧盟塑造日常政策过程。目前,欧盟共设有七个机构,分别位于布鲁塞尔、斯特拉斯堡和卢森堡。欧洲理事会为欧盟的发展提供了必要动力,确定了欧盟的总体政治方向和优先事项。欧洲理事会由成员国的国家元首或政府首脑、欧洲理事会主席和欧盟委员会主席组成。欧洲议会由成员国民众直接选举产生,任期五年,是欧盟立法、监督、咨询机构。欧洲议会正成为欧盟体系内一个重要而有影响力的角色。欧盟理事会由每个成员国的部长级代表组成,并根据所涉及的政策领域举行相关会议,行使决策和协调职能。欧盟理事会与欧洲议会行使欧盟立法与预算职能,根据联盟条约的规定制定欧盟政策并进行协调。欧盟有许多权限由成员国转移至欧盟机构。因此,欧盟的决定(法律行为)在许多领域对其成员具有约束力。如果成员拒绝履行职责并违反欧盟法律，欧洲法院可能会对其实施制裁。欧盟权限划分、含义及领域情况，如表3-1所示。

表3-1　　　　　　　欧盟权限划分、含义及政策领域

权限划分	专属权限	共享权限	协调权限	支持、协调和补充行动权限
权限含义	只有欧盟才可以立法和制定具有法律约束力的文件，成员国只有在欧盟授权或为实施欧盟法规的情况下才可以立法和制定有法律约束力的文件	当两部条约在某一特定领域赋予联盟一项与成员国共享的权能时，联盟与成员国均可在该领域立法和通过具有法律约束力的法令	成员国应在欧盟协调政策，欧盟可动议提出以确保成员国社会政策的协调	欧盟采取支持、协调或补充成员国的政策
权限领域	对外贸易、竞争政策、农业、渔业、欧元等政策领域	环境、社会政策、内部市场、跨境犯罪、发展援助等政策领域	外交、防卫、税收、健康卫生等政策领域	工业、基础教育、民事保护、行政协调、文化等政策领域

资料来源：笔者自制，基于《里斯本条约》。

从内外部来看，欧盟与成员国的关系、成员国之间的关系是影响欧盟未来发展战略的核心因素。第二次世界大战后欧洲建立的秩序是以对自由国际经济秩序的广泛支持来换取福利国家的社会保护，这促进了欧洲经济的增长和代议制民主的稳定。但是2008年以来的多重危机使得这个"交易"变得紧张，治理缺乏合法性与有效性。欧盟面临的危机（仍将）不时发生，经济、安全危机在某种程度上会落到政治层面。右翼和左翼民粹主义政党均利用民众对经济增长缓慢的不满，来削减社会福利、反对移民、反对现有政治体制等。欧洲在第二次世界大战后建立的社会秩序继续受到外部移民的快速流动、全球化压力、内部权力博弈等因素

带来的不稳定影响。并且，欧洲无法建立一个共享认同，即欧洲所有民众共享一个共同的命运，以抵御经济衰退和民粹主义冲击。如果欧盟无法妥善处理移民及其带来的恐怖主义威胁，经济增长缓慢背景下的欧盟和各国政府将面临公众支持力大幅下滑的局面，经济一体化的倒退，很可能伴随着欧洲政治联盟的崩溃。

从外部来看，欧盟与大多数国家和地区建立了关系，并缔结了贸易、经贸合作或联系国协定。欧盟作为外交主体的角色越来越重要，有近170个国家或地区向欧盟派驻外交使团，欧盟委员会也已在约140个国家及国际组织所在地派驻代表团。从国际影响力来看，欧盟在全球国际政治、经济、安全事务中发挥重要作用；而欧盟较重要的对外关系则包括欧盟和美国、俄罗斯等国家以及周边国家和亚太等地区建立的包括政治、安全、经贸等多领域互动关系。欧盟既需要面对技术进步、人口分布、资源和生态环境、战略政策的机遇与挑战，更需要克服三位一体的不一致性，即欧盟在全球治理中的角色、欧盟对外关系的分散性和多边主义路径的偏好。为了保持欧洲在世界上的影响力，欧洲需要更多的一体化，欧盟机构必须最终在全球舞台上负责代表欧盟。[①] 因此，欧洲一体化的关键是进行必要的改革，但需要通过团结一致调适欧盟及其成员国，避免其实力的下滑。

展望未来，欧盟与世界的关系面临四重图景，这基于欧盟是否稳定以及世界是否稳定。其一，如果欧盟与世界都处于一个稳定状态，那么欧盟将适应信息经济的发展，与美国、中国维持多极世界的稳定与和平。欧盟经济增长归因于欧洲行政管理、社会契约的改变，财政联盟和社会安全网络的引入，最大限度减少欧元的不稳定。联邦主义制度可能性更高，欧盟和次国家政府具有更大的权力。其二，如果一个稳定的欧盟处于一个不稳定的世界之中，那么欧盟民众的工资水平将会提升，金融体系将会稳定。世界其他地区的经济增长和不稳定成为涌入欧洲移民的外部因素。一些外部危机促使欧盟团结一致，新的一体化势头重新出现，

---

① Mikkel Barslund, "Europe's Place in the Global Economy-What Does the Last Half Century Suggest for the Future?" *Intereconomics*, Vol. 51, No. 1, 2016, pp. 5–11.

并通过宪法的形式落实。欧盟的国际影响力提升。其三，如果一个不稳定的欧盟处于一个稳定的世界之中，欧盟将不能适应信息技术驱动下的经济发展。欧盟平均经济增长水平较低，欧盟治理构架出现碎片化，民众对欧盟及其成员国的支持率下降，极端主义和民粹主义趋势上升。其四，如果欧盟与世界都处于一个不稳定状态，欧盟将不能适应信息经济的发展，美国、中国和欧盟在全球治理规则制定中发生冲突，全球治理体制受到冲击。欧洲一体化进程面临中断的风险，欧洲内部共识较难达成，成员国与欧盟的政策会经常发生冲突。①

二 欧盟一体化的解释路径

欧洲本身就是一个次级国际体系，存在国际体系的三要素，单元、结构和过程互动，即欧洲国家、欧盟及其他非国家行为体在互动过程中构成了一个体系结构。因此，欧洲次级国际体系与全球国际体系形成了一种嵌套和复合互动关系。欧盟不是一个可以与民族国家和一般性国际组织类比的行为体，所以欧盟决策是一个利益错综复杂的过程。当我们翻阅欧洲一体化研究的理论时，会清楚地发现，没有一个单独的概念或者假设能够有力地表明该理论可以作为基础支撑欧洲一体化的综合理论。学者们用不同的一体化理论说明欧洲一体化过程中的各种现象，并提出关于欧盟政治、政策和政体的概括性结论。法理上主权（de jure sovereignty）和事实上权威（de facto authority）的分野②使得理解欧盟及其外交政策存在多种理论概念，主要存在两种理论方法。一种是强调欧盟作为一个全球行为体，关注欧盟的政策结果而非过程，但这不能抓住欧盟及其外交政策的多样性；另一种关注欧盟作为一个行为体存在的国际结构，强调欧盟行为是国际制度或其他结构的一种功能性体现。

欧洲一体化遵循一种制度主义的地区主义模式，兼具功能定义和政

---

① European Parliament, "Global Trends to 2035: Geo-politics and international power", September 2017, http://espas.eu/orbis/sites/default/files/generated/document/en/EPRS_STU%282017%29603263_EN.pdf.

② John Agnew, "Sovereignty Regimes: Territoriality and State Authority in Contemporary World Politics", *Annals of the Association of American Geographers*, Vol. 95, No. 2, 2005, pp. 437–461.

府间主义。贝拉·巴拉萨（Bela Balassa）将经济一体化视为国家之间建立正式合作以及朝着自由贸易区、关税同盟、共同市场、货币联盟和最终全面经济一体化的一体化进程。[①] 这种目的论的、渐进论的观点也符合新功能主义一体化理论的主要观点。尽管我们很难质疑其固有的政府间主义特征，但随着欧洲内部机制的发展完善，尤其是随着欧盟内部制度化及社会化的发展，仅仅用政府间主义来描述复杂而独特的欧盟共同安全与外交政策是远远不够的，所以需要摆脱传统的一体化理论及国际关系理论，采用外交政策分析视角显得尤为迫切。欧盟理事会、欧盟委员会和欧洲议会是制定和实施欧盟对外政策的主要行为体，三者的权限也随着政府间条约的变更而变化。近年来，欧盟委员会和欧洲议会的权限得到提升。欧盟理事会、欧盟委员会和欧洲议会对华政策侧重点和务实程度存在不同。这背后是欧盟机构性质的不同以及所代表的利益主体的不同，由此带来职能和决策程序的不同。[②]

在理解欧盟及其对外政策时，必须认识到欧盟是一个多层次、多行为体和拥有复杂机制的系统，这不仅影响到参与其中的各个行为体的行为，还影响到欧盟共同外交政策的结果。霍夫曼曾指出"在欧盟层面上的外交和安全政策达成共识是一件长期而艰难的过程"[③]。欧盟共同外交政策被视为欧盟和成员国在国际关系中行为的总和。大部分学者认同于将欧洲外交政策以一种宏观的视野来分析，认为欧盟外交政策涵盖欧盟对外贸易政策和发展政策、共同安全与外交政策和成员国的各国外交政策。[④] 但是，许多欧盟外交政策分析家采用一个较为狭窄的视角来认识欧盟外交政策，即仅仅强调政策的共同性，从而忽略了成员国的存在。还有一种趋势是对欧盟共同外交政策持一种怀疑态度，大多数国家的外交

---

① Bela Balassa, *The Theory of Economic Integration*, London: Allen and Unwin, 1962, p. 2.
② 刘娟平、张利华：《欧盟三大机构对中国政策立场比较分析》，《国际政治研究》2020 年第 4 期。
③ Stanley Hoffman, "Towards a Common Foreign and Security Policy?", *Journal of Common Market Studies*, Vol. 38, No. 2, 2000, p. 189.
④ Walter Carlsnaes, Helene Sjursen and Brain White, eds., *Contemporary European Foreign Policy*, Gateshead: Athenaeum Press, 2005, pp. 1–6.

政策分析家忽略了"欧洲"这一维度①,仅仅分析单个欧洲国家的外交行为,但是欧盟成员国的外交政策内涵已发生变化。这两种观点都没有准确界定欧盟及其成员国外交政策行为主体,在认识上还存在诸多偏差。

在欧洲一体化进程中,权力转移导致国家主权的某些领域转移到欧盟,并有助于消除欧盟内部贸易壁垒的边界。事实上,欧盟层面的制度变化,以及数字技术和互联互通的发展,加快促进地区一体化网络的形成。欧盟致力于缩小欧洲核心区与边缘区的发展差距,以及带动欧洲与其他地区的经济发展,从而更有利于促进欧洲一体化以及欧洲与其他地区的互动。同时,欧盟优先考虑与区域组织的区域间协议而不是双边协议,但如果这无法实现,则应避免这些协议在区域机构成员之间造成更大的不对称。鉴于欧盟作为治理体系的巨大复杂性,欧洲研究的学者倾向于不愿将目光投向更广泛的全球和地区进程。但是我们需要了解的是欧洲一体化是其中的一部分,或者说是非常重要的一部分。否则,将会忽视欧洲一体化在冷战后的政治和经济重建过程。

欧盟的演进过程、制度复杂性和政策范围意味着它远不止是一个国际组织。事实上,现在将欧盟描述为一个政治体系而不是地区一体化项目已成为惯例。西蒙·希克斯(Simon Hix)将欧盟作为一个政治体系进行研究,反对将"国际关系研究"作为欧盟研究的母学科。这就带来一个问题,国际关系理论和方法在欧洲研究中的地位被严重弱化。② 欧盟研究作为政治科学中一个独特的子学科领域日益专业化。欧洲一体化以及更普遍的超国家监管权力现象是行政治理扩散和分裂的历史进程的一个新阶段,与托克维尔式的"中央集权制"国家处于紧张状态。正如安妮·玛丽·史劳特(Anne-Marie Slaughter)所认为的那样,这种分散的治理(Disaggregated governance)直到20世纪末全球化时才出现。③ 也正如

---

① Philip H. Gordon, "European's Uncommon Foreign Policy", *International Security*, Vol. 22, No. 3, 1997, pp. 74 – 100.

② Simon Hix, "The Study of the Europcan Community: the Challenge to Comparative Politics", *West European Politics*, Vol. 17, No. 1, 1994, pp. 1 – 30.

③ Anne-Marie Slaughter, *A New World Order*, Princeton: Princeton University Press, 2004, p. 12.

艾伦·米尔沃德（Alan Milward）关于欧洲一体化的著名（尽管有争议）断言的基本真理，即"这是欧洲国家长期演化过程的又一个阶段"①。但是，单纯认为一体化以某种方式带来了一些国家功能的发展时，实际上忽略了国家之上和国家之下更深厚的发展历史。即使欧洲试图将战后解决方案转变为可行的超国家形式，特别是通过国家监督机制以及其他类型的透明度和参与权，一体化仍然是一种独特的行政管理形式，即欧盟成员国及其民众承担委托人的角色。这反而使得一体化进程中出现了大量的潜在"否决权"，继而导致"联合决策陷阱"。② 由于需要应对由城市化、工业化以及商品、资本和劳动力市场的全球化所带来的一系列新的监管挑战，这迫使民族国家开始将监管权力向外和向下转移，这就构成越来越多的监管机构和复杂的多层行政领域。因此，民族国家面临越来越多的功能和政治压力来规范和管理整个经济和社会领域。

鉴于欧盟作为地区主义范式的引领者，其提供了比较地区主义的重要理论和实践基础，可以用来与其他地区主义相比较。但问题是很少有研究进行反向对比。成熟的、制度化的地区主义往往是将欧盟作为样板，比如说创建欧盟委员会、欧洲议会和欧洲法院等超国家机构。但这可能不利于我们对基于一体化组织的世界秩序的出现提出新的观点。与欧洲不同，亚洲地区主义受到更为深刻的观念冲突、国际格局变迁、成员国发展水平、政治经济模式、竞争性地区大国、美国战略野心等因素的影响。目前，亚洲存在诸多相互竞争的一体化项目和构想，而欧盟现在无疑是欧洲占主导地位的一体化组织。但是，如果我们将视野拉回到第二次世界大战后的欧洲，彼时的欧洲一体化可能还达不到现在亚洲的一体化水平。当然，这并非预示着现在的欧洲就是未来的亚洲。在最初阶段，发展中国家没有建立地区制度安排来增强独立于全球经济的独立性，也未将地区主义视为确保其持续参与

---

① Alan S. Milward, *The European Rescue of the Nation-State*, 2nd edition, London: Routledge, 2000, pp. 1–17.

② Fritz W. Scharpf, "The Joint-Decision Trap: Lessons from German Federalism and European Integration", *Public Administration*, Vol. 66, No. 2, 1988, pp. 239–278.

全球经济的一种措施。① 这种以新自由主义经济范式扩展到以发展中国家为基础的南北区域主义可以被理解为一种手段，发展中国家可以通过这种方式有意识地增加对发达核心地区投资和市场的依赖，② 同时在更广泛的全球经济对话中增强其区域发言权，因为更紧密的区域经济关系的建立可能具有更广泛的全球影响。因此，欧盟一体化的解释路径是兼具复杂多元逻辑，以及历史导向和未来驱动的合力。

第二节　大国外交逻辑下的中国—欧盟关系

中欧关系总体稳定，保持以接触为主导的外产关系，中欧关系保持了延续性、稳定性、递进性的发展态势。但是，近年来欧盟对华政策的"多面性"有所突出，疑虑有所增加。影响中欧关系发展的杂音噪音仍会存在，但不同于中美之间的结构性矛盾，中欧关系中的机遇大于挑战。中欧应本着积极务实的态度推进合作提质升级，"构建新型国际关系"和"构建人类命运共同体"，既是中国在世界大变局中的国际治理观和国际秩序观，也应成为推进中欧合作的基本路径和具体抓手。

一　中国—欧盟关系概况

中国与欧盟（欧共体）自 1975 年建交以来，关系总体呈现稳定态势，保持了合作为主导的基调，尤其是经贸领域的合作。比如，中欧贸易总额在 2019 年达到 7051.1 亿美元，为 1985 年贸易额的 49.3 倍。③ 2021 年，中欧贸易额首次突破 8000 亿美元。此外，中欧双方建立了近 80 个磋商和对话机制，涵盖政治、经贸、人文、科技、能源、环境等各领

---

① Paul Bowles, "ASEAN, AFTA and the 'New Regionalism'", *Pacific Affairs*, Vol. 70, No. 2, 1997, pp. 219–233.

② Jean Grugel and Wil Hout, eds., *Regionalism Across the North-South Divide: State Strategies and Globalization*, London: Routledge, 1998, pp. 3–11.

③ 1985 年，中国与欧共体签署《贸易与经济合作协定》。目前，中国是欧盟第二大贸易伙伴，欧盟是中国第一大贸易伙伴。因此，中欧经贸关系是中欧全面战略伙伴关系的最重要组成部分。

域。中欧关系是中国外交政策的优先方向之一。中欧关系先后经历了"建设性伙伴关系""全面伙伴关系"和"全面战略伙伴关系"。2004 年,中国外交部将西欧司更名为欧洲司,反映了欧洲一体化东扩后欧洲版图的变化。2008 年,中国建立驻欧盟使团,并派出首任驻欧盟使团大使,这在很大程度上说明中国认可《里斯本条约》赋予的欧盟法人身份并重视对欧盟的外交礼遇。2010 年,中欧举行首轮中欧战略对话,升级中欧战略对话机制,时任中国国务委员戴秉国与欧盟外交与安全政策高级代表阿什顿进行对话。2011 年,时任欧盟理事会主席范龙佩访问中国。2014 年 3 月,习近平主席访欧,这是中国国家领导人首次访问欧盟总部,凸显了欧盟在中国对外关系中的重要地位,又显示了中国对欧政策的主动性增强,习近平主席提出中欧是"当今世界的两大力量、两大市场、两大文明",并提出中欧要"共同努力建造和平、增长、改革、文明四座桥梁"[①]。目前,中欧关系以领导人会晤机制为战略引领,高级别战略对话、经贸高层对话和高级别人文交流对话机制为三大支柱,打造绿色伙伴关系和数字伙伴关系,深化中欧科技创新利益纽带,辅之于 70 多个对话与合作机制,形成宽领域、多维度、多渠道、多层面的对话格局。中欧关系的稳定发展,不仅有利于中国与欧盟关系的发展,也有利于世界的和平与发展。在全球化被质疑、自由贸易被挑战和全球治理再调整的背景下,中欧合作从未如此重要。

但是,伴随着欧盟内部和外部局势的变化,欧盟对华外交战略和政策进入了重大调整期。欧盟对中国的定位变得日益多样和强硬,中欧分歧也不断增大。总的来看,中国与欧盟之间没有直接的地缘政治和军事安全冲突,但是地缘政治的竞争性因素近年有所增加。2016 年和 2017 年的中欧峰会未能就联合声明达成协议,这是双方建立领导人年度会晤机制以来从未出现的状况。2019 年 3 月,欧盟委员会发表新的对华政策文件《欧盟与中国——战略前瞻》,明确提及欧洲不应再将中国视为发展中国家,欧洲认为中国所带来的挑战与机遇的天平正在向挑战一方倾斜,

---

① 习近平:《在布鲁日欧洲学院的演讲》,《人民日报》2014 年 4 月 2 日第 2 版。

并将中国界定为谈判伙伴、经济竞争者和制度性对手。① 制度性对手的定位系首次出现在欧盟对华政策文件中，突出了中欧关系在合作与竞争关系之外的对立和对抗性。因此，战略上对中国更加强硬，似乎已经成为欧盟及其成员国的共识。欧洲对华政策既有经济利益的考虑，也有规范层面的考量。欧盟和法、德等欧洲国家与中国关系中的竞争成分增多，但主要还是经济、观念以及规则层面的竞争，而不是全方位的地缘战略竞争或冲突。与特朗普政府更倾向于把中国视为竞争者和威胁不同，欧盟和其主要成员国还倾向于把中国视作机遇和伙伴②。比如，在《欧盟对华战略新要素》中欧盟仍明确表示愿与中国在全球和地区事务等诸多领域发展灵活多样的伙伴关系。③ 中国与欧盟及其成员国的关系从互补合作为主转变为互补与竞争合作并存。

因此，观察中国与欧盟关系需要一个长期的、综合的、历史的视野。中欧关系至少需要三个视角，分别是国际体系的角度、社会本体论的立场和未来取向的规范视角。其中，未来取向强调中欧关系的发展需要一种面向未来的战略思维。④ 中欧关系的动力学轨迹"除了体系因素和自我转变之外，还有一个彼此对客观利益和主观理念求同存异的动态过程"⑤。因此，中欧关系呈现出非对称性与对称性交织的局面。中欧关系存在一种不对称性，包括经济社会、政治制度和历史文化等领域，这导致"中国方式"与"欧洲方式"的碰撞和协调。⑥ 中欧关系不仅可以从物质力

---

① "EU-China-A strategic outlook", European Commission, March 12, 2019, https://ec.europa.eu/commission/sites/beta-political/files/communication-eu-china-a-strategic-outlook.pdf.

② Parke Nicholson, "The Beijing-Berlin Connection: How China and Europe Forged Stronger Ties", *Foreign Affairs*, August 13, 2015, https://www.foreignaffairs.com/articles/china/2015-08-13/beijing-berlin-connection.

③ European Commission, Joint Communication to The European Parliament and the Council, Elements for a New EU Strategy on China, Brussels, June 22, 2016, JOIN (2016) 30 final, https://eeas.europa.eu/archives/delegations/china/documents/more_info/eu_china_strategy_en.pdf.

④ 朱立群：《中欧关系研究：三个重要的视角》，《欧洲研究》2007年第6期。

⑤ 吴白乙：《观念转变与内生动力——后冷战时期中欧关系本源初探》，《欧洲研究》2006年第1期。

⑥ 周弘：《论中欧伙伴关系中的不对称性与对称性》，《欧洲研究》2004年第2期。

量角度来衡量，还是一种在不断互动中建构起来的具有主体间意义的社会关系。中欧关系在不断的互动中寻找恰当的位置。也就是说，中欧利用国际体系结构制约留下的空间，构建中欧良性互动的发展路径。

目前来看，中欧互动强度明显弱于中美以及欧美互动强度，也不同于中美的互动层次和欧美的互动深度。比如，欧美在西方民主制度和自由国际规范等方面存在天然纽带关系，并且欧美在军事安全、经贸等领域的互动强度和深度明显高于中欧互动关系，但是中欧在经贸、非传统安全领域的合作越来越频繁和深化。从外部来看，新冠疫情、地缘政治冲突和大国战略博弈影响着中欧关系的发展。从内部来看，欧洲一体化的进展及欧盟机构政策的调整将对中欧关系施加内部影响。张健认为新冠疫情对中欧关系产生了深刻的影响，包括既定议程受影响、经济关系基础受到冲击、政治关系变数增大。[1] 戴炳然认为，新冠疫情的影响是叠加影响，更重要的影响是中美关系变化，这种影响更为深刻。[2] 郑春荣认为中欧关系受到欧洲政治碎片化影响，"未来的中欧关系总体上呈现双边合作需求与双边关系中的竞争同步增强的态势"。[3] 金玲认为主权欧洲正成为欧盟对外战略调整的根本理念，对欧盟与主要大国之间的关系产生一种结构性影响。

欧盟的独特性造就了中欧关系的底色，构成了中欧关系的复杂性、多维性、多元性。[4] 欧盟对华外交战略调整的主要因素在于国际结构的变化以及欧盟内在动力的变化。换句话说，影响欧盟对华战略调整的两个最重要变量分别是结构因素和行为体因素，即国际关系理论与外交政策分析的融合。一方面，结构因素正发生重大变化。百年未有之大变局，不仅体现在中美之间的全面战略博弈，还体现在新兴经济体与传统经济体的力量对比，更体现在规范和意识形态层面上相互竞争。另一方面，

---

[1] 张健：《新冠疫情对欧洲的影响与中欧关系》，《现代国际关系》2020年第4期。
[2] 戴炳然：《第十届两岸欧盟研究学术论坛——"新冠疫情对欧洲内外部的影响"》，中国社科院欧洲研究所，2020年10月13日。
[3] 郑春荣：《欧洲政治碎片化与中欧关系走向》，《当代世界》2020年第6期。
[4] 欧洲联盟驻华代表团：《欧盟和中国》，2016年5月11日，https://eeas.europa.eu/delegations。

行为体因素的变化不仅体现在欧洲各国政党之间的权力博弈，也体现在欧洲社会思潮的碎片化和极化趋势，以及欧盟自身发展范式的转型上。中欧关系面临更为复杂和困难的政治环境，既内嵌于大国博弈和地缘政治竞争重新占据国际舞台的国际环境，又深受行为体层面变量的影响。新冠疫情带来的冲击也成为影响欧盟对华战略调整的催化剂。欧盟与中国的接触将是有原则性的，实际和务实的，坚持其利益和价值观。欧盟的做法是建立在伙伴关系的积极议程，以及对双方分歧的建设性管控的基础之上。

总体来看，中欧推进全面战略伙伴关系的空间巨大。中欧关系不仅有政治互信和经贸互利合作的基础，在人文交流、世界安全稳定和全球性挑战等议题上有大量合作空间。中欧关系拥有合作和发展的强大内生动力。尤其是中国和欧洲在维持亚欧大陆的和平与稳定方面有共同利益。在全球经济衰退和国际格局剧烈变化的时间窗口之下，中欧有必要相互支持和团结合作，避免世界失序。同时，中欧经贸基础呼唤中欧进一步推动深化合作，中欧进一步绑定在全球化进程之中，进一步扩大开放，营造良好的国际环境。中欧关系的稳定性需要将理性政治拉回欧洲对华战略的轨道上，减少欧洲对华的误解和顾虑，增加战略互信。因此，中欧关系向好取决于欧洲对华理性能在多大程度上回升。

二 大国外交逻辑下的中国—欧盟合作路径

（一）中国与欧盟积极构建新型国际关系

中欧关系是建立以合作共赢为核心的新型国际关系的成功案例。作为最大的发展中国家和最大的发达国家联合体，中欧是维护世界和平的两大力量；作为世界上两个重要经济体，中欧是促进共同发展的两大市场；作为东西方文化的重要发祥地，中欧是推动人类进步的两大文明。

一方面，中欧面临着国际秩序变化的共同挑战。美国周期性的换届大选容易受其两党政治影响，表现出较强的不稳定性。特朗普"美国优先"战略带来的"单边主义"和"孤立主义"倾向，给国际格局带来不确定性，国际秩序陷入失序的风险。拜登执政后，欧美关系进行新一轮协调，但从冷战后欧美协调的历程来看，欧美协调的效果从未达到预期。

欧洲有理由保持谨慎合理的预期,避免特朗普式总统"卷土重来"。中欧作为世界多极化的重要两极,有责任反对单边主义,倡导多边主义。

另一方面,中欧都致力于改善现存国际秩序。中国崛起是现有国际秩序内部的崛起,欧洲是现有秩序的支持者,中欧均倡导文明多元,主张世界多极化和全球多边主义,反对单边主义和保护主义。经济互补性、共同安全性、战略协调性以及文明吸引力等因素将推动中欧合作,而且双方都有参与全球治理的理念和策略。从工具价值的角度看,面对日益严峻的全球性问题,中欧在诸多方面优势互补,互利合作能够降低治理成本,推动共同发展。从价值理性的角度看,中国的人类命运共同体理念与欧盟的善治和多边主义、对全球治理的共同追求,都是推动世界多极化和全球治理的重要规范性力量。

欧盟作为一支重要国际力量,在全球和区域层面上拥有自身的诉求;中国作为发展中国家和新兴经济体,当然应该拥有发展的权利也应当得到尊重和理解。在此基础上,中欧要继续做世界和平的建设者、全球发展的贡献者、国际秩序的维护者,坚持相互尊重、平等协商,开创共赢共享的未来。中国与欧洲应坚持真正的多边主义,坚定维护以联合国为核心的国际体系,坚定维护以国际法为基础的国际秩序,坚定维护以世界贸易组织为核心的多边贸易体制,推动世界各国平等相待、互尊互信、同舟共济、携手前行。2021年4月16日,中国国家主席习近平在北京同法国总统马克龙、德国总理默克尔举行中法德领导人视频峰会。三国领导人就合作应对气候变化、中欧关系、抗疫合作以及重大国际和地区问题深入交换意见,从战略高度把握中欧关系发展大方向和主基调,释放出三方共同推动中欧关系健康发展的强烈信号。

(二)中国与欧盟积极构建人类命运共同体

中国与欧盟是构建人类命运共同体的重要力量,在多样世界里寻找全人类共同利益,进而共同解决全球性问题,合作应对全球性挑战。

其一,多边主义和自由贸易是中欧的共同语言。中欧互为最大贸易伙伴,也互为重要投资对象,中欧经贸合作具有广阔的前景和巨大的潜力。在经贸合作纽带的作用下,中欧之间形成巨大的共同利益和愈发紧密的相互依赖关系。欧盟作为世界上最大的经济体,是全球贸易和投资的主要推动者，中国等新兴经济体的经济规模和影响力不断扩大，中欧都需要一个开放的、基于规则的经济体系。中欧通过多边主义的合作推动和引领新一轮全球化，从而提供更多的全球公共产品，造福世界各国民众。中欧推进全面战略伙伴关系的空间巨大。一方面，在全球经济衰退和国际格局剧烈变化的时间窗口中，中欧有必要相互支持和团结合作，推动WTO现代化改革。另一方面，中欧经贸基础呼唤中欧进一步加强多边和区域贸易体制改革合作，推进中欧投资协定落地。

目前，中国是全球第二大经济体、最大的贸易国、第二大对外投资国。从20世纪90年代到2018年，中国、欧盟和美国对世界GDP的占比从57%仅上升了1%，达到58%；但中国所占份额从11.6%上升到16%。具体到中欧经贸关系，2020年前7个月，欧盟27国与中国进出口总额为3287亿欧元，使得中国首次成为欧盟第一大贸易伙伴。① 同时，中国成为欧盟不少产业最重要的供应商和消费市场。但这仅仅是中欧经济总量相对变化的体现，并未反映出近年来中国在关键行业和高科技领域的追赶状态。近年来，中国企业的竞争力越来越强，不断向产业链的高端发展，打破了欧美企业对一些高端技术和生产线的垄断，这让欧盟感到更大的压力。

其二，气候变化和生态环境治理是中欧合作的重要抓手。欧盟与中国都在推动新发展范式的转型，以使得经济发展变得更加包容、绿色、可持续。源于欧洲的传统的工业化和现代化发展范式是不可持续的，会导致资源危机、能源危机、生态危机、公共安全危机等一系列危机。欧盟与中国都在推动新发展范式的转型，努力使经济发展变得更加包容、绿色、可持续。气候、数字技术的变化已经对欧洲生活方式产生深远影响。改变发展范式的动力促使欧盟委员从制度和政策上应对全球和地区新变化带来的挑战和机遇。欧盟新的施政纲领（2019—2024年）包括六大优先事项，绿色新政、为民众服务的经济、适应数字时代的欧洲、世界上更强大的欧洲、促进欧洲生活方式和深化欧洲民主。但新发展范式

---

① 《中国保持欧盟最大贸易伙伴地位》，新华网，2020年12月17日，http：//www.xinhuanet.com/fortune/2020-12/17/c_1126874172.htm。

不可能一蹴而就，需要全人类的不断创新和共同努力。中国的创新、协调、绿色、开放、共享的新发展理念和欧盟的可持续转型目标之间有不少相通和互补之处，双方可以成为促进发展范式转型的改革伙伴。

2005年中欧建立气候变化伙伴关系。2015年6月中欧峰会通过的《中欧气候变化联合声明》里，欧盟和中国同意共同在联合国气候公约框架下继续合作推进低碳发展。中欧双方在以上领域的合作意愿较强，并在2020年9月的中欧领导人峰会上达成了打造中欧绿色合作伙伴、数字合作伙伴关系的意愿。2020年12月，欧盟就更高的减排目标达成一致，决定到2030年时欧盟温室气体排放要比1990年减少至少55%，到2050年实现"碳中和"。[①] 中国已设定2035年基本实现社会主义现代化的远景目标，其内涵包括形成绿色生产生活方式，碳排放达峰后稳中有降，生态环境根本好转。这符合中国致力于低碳转型的目标，为在2060年前实现碳中和提供了保障。在欧盟绿色转型与中国生态文明建设的过程中，中欧绿色伙伴关系是双方未来合作和对话的契合点。气候、数字技术的变化已经对欧洲生活方式产生了深远影响。改变发展范式的动力促使欧盟委员从制度和政策上应对全球和地区新变化带来的挑战和机遇，不过，突如其来的新冠疫情和地缘政治冲突导致欧盟不得不调整既有的战略设想，以及搁置尚未出台的相关政策。

第三节 欧盟对"一带一路"倡议的认知
演变及合作路径

欧洲对"一带一路"倡议的态度是极为复杂多元的，一方面欧盟非常有兴趣参与"一带一路"建设，希望从合作进程中塑造主动性；另一方面，欧洲决策者越来越意识到"一带一路"倡议所构成的挑战甚至威胁。"中国机遇论"与"中国威胁论"的并存，也凸显欧洲对中国政策的

---

① "EU 2050 Climate Targets: Are They Feasible and Can They Be Achieved without Stunting Economic Growth", Euractiv, December 3, 2020, https://events.euractiv.com/event/info/eu-2050-climate-targets-are-they-feasible-and-can-they-be-achieved-without-stunting-economic-growth.

差异性与多元化。欧盟成员国认为需要在欧盟层面对"一带一路"倡议进行协调响应。反过来，欧盟主要大国期望在与中国互动过程中积极发挥各自的影响力，成为引领欧盟话语的主要力量，这进一步加深了欧盟内部的竞争。

一 欧盟对"一带一路"倡议的认知

（一）欧盟对"一带一路"倡议态度的变化

欧盟对"一带一路"倡议的态度变化成为欧盟对华认知变化和政策调整的观察对象。"一带一路"倡议与欧盟对接合作有巨大空间，但也存在疑虑和矛盾。2013年，中国牵头成立多边金融机构亚洲基础设施投资银行时，欧洲各国并未给予积极回应。2014年3月，习近平主席访问欧盟后，欧盟期望借助"一带一路"来提高联通性，并将联通性扩展到整个亚洲。2015年3月，英国成为加入亚投行的第一个欧洲国家。随后，欧洲开始表现出切实兴趣，14个欧盟成员国随后加入亚投行，欧洲对"一带一路"建设的参与度不断增长。伴随着中国不断公布的"一带一路"官方政策文件，"一带一路"开始成为欧盟机构、欧洲国家和智库讨论的主题。

2015年，第17次中欧领导人会晤联合声明中强调，中欧"积极推进'一带一路'倡议同欧洲发展战略、中国国际产能合作同欧洲投资计划、中国—中东欧合作同中欧整体合作三大对接"。[①]《中国—中东欧国家合作中期规划》（以下简称"《中期规划》"）是以《中欧合作2020战略规划》这一中欧关系的指导性文件制定的规划文件。《中期规划》中强调，"各国根据各自法规，欧盟成员国根据欧盟相关法规及作为成员国应遵守的政策，开展具体合作"[②]。2015年，欧盟—中国连通性平台成立，旨在实现中国"一带一路"倡议与欧盟泛欧交通网络政策的协同发展，并有助于挖掘和推广相关项目。随着中国与欧盟互联互通平

---

① 《第十七次中国欧盟领导人会晤联合声明》，新华网，2015年7月1日，http://www.gov.cn/xinwen/2015-07/01/content_2887420.htm。

② 《中国—中东欧国家合作中期规划》，2015年11月24日，http://www.china-ceec.org/chn/ldrhw/2015sz/hdxw/t1411474.htm。

台的启动，欧盟与中国就"一带一路"开展合作建立共同框架，确定合作战略和政策，并明确了联合项目的规则和原则。在欧盟看来，欧盟拥有发达的交通网络，并向东迅速发展，在主要走廊、技术标准、海关程序及其他实现货物、能源和信息畅通的硬性和软性因素等方面确保符合欧盟利益。

2016年，欧盟在《欧盟对华新战略要素》文件中指出："欧盟必须展现出强大的、明确的和统一的声音，无论是开展双边关系，还是次区域关系（如中国—中东欧国家合作机制），欧盟成员国需与欧盟委员会、欧盟对外行动署和其他成员国合作，确保符合欧盟法律、规则和政策，整体结果对作为一个整体的欧盟有利。"[①] 在理事会的文件中，理事会支持欧盟在"一带一路"倡议基础上与中国开展合作。此外，欧盟还关注基础设施项目对环境和当地社区的影响，可持续性评估包括经济可行性、财政可持续性、气候和环境友好以及社会可持续性。欧洲议会并未形成关于"一带一路"倡议的正式立场。2015年12月16日，欧洲议会关于欧中关系的决议中，提到"'一带一路'倡议具有地缘战略意义，应该以多边方式进行"，强调透明性和在所有利益攸关方的参与下发展协作极为重要。欧洲议会敦促欧盟外交与安全政策高级代表和欧盟委员会反思中国全球投资政策的影响，以及其在欧盟及欧盟东部地区的投资活动。

2017年，在中国—欧盟领导人第十九次会晤中，双方同意加强"一带一路"倡议与欧洲投资计划的对接，欢迎签署《丝路基金和欧洲投资基金促进共同投资框架谅解备忘录》，设立中欧共同投资基金。双方将通过亚投行、欧洲投资银行、欧洲复兴开发银行等多边开发机构促进相关合作。[②] 2017年5月14日，欧盟对外行动署网站公布欧盟对"一带一路"倡议的共同信息。欧盟支持"一带一路"建设，并在此基础上与中

---

① European Commission, Joint Communication to The European Parliament and the Council, "Elements for a New EU Strategy on China", Brussels, June 22, 2016, JOIN（2016）30 final, https：//eeas. europa. eu/archives/delegations/china/documents/more_info/eu_china_strategy_en. pdf.

② 《第十九次中国—欧盟领导人会晤成果清单》，新华社，2015年7月1日，http：//www. gov. cn/xinwen/2015-07/01/content_2887420. htm。

国开展合作。欧盟强调中国需要坚持市场规则、欧盟和国际标准,并与欧盟政策和项目相辅相成,从而给所有共建国家带来好处。欧盟支持基础设施升级的举措,认为这有助于欧亚地区的可持续增长。

但是从2017年下半年开始,欧盟及其成员国对"一带一路"倡议的热情消退[1],原因在于以下三点。

其一,欧盟认为"一带一路"倡议正在削弱欧盟的内部凝聚力,有可能影响欧洲安全。遭受高失业率和经济增长缓慢的南欧、中东欧国家以更大的热情欢迎中国投资,而西欧、北欧国家更加谨慎。在2017年5月举办的第一届"一带一路"高峰论坛上,中东欧国家构成了最大的欧洲国家集团。

其二,这会给欧洲企业在欧洲和亚洲的贸易、投资和市场准入等方面带来激烈竞争。一方面,欧洲企业有较大兴趣参与"一带一路"项目,但它们认为自身招标和采购程序缺乏透明度。另一方面,一些较大的欧洲企业参与了"一带一路"项目,但它们认为并未获得太多参与机会,如它们作为分包商并未直接参与工程项目的主体实施。更重要的是,欧洲企业认为中国国有企业获得了大量贷款和国际支持,无法与中国国企在"一带一路"项目上竞争。这在高铁、港口建设和物流等欧洲企业拥有竞争优势的大型基础设施项目中较为明显,但中国技术和制造标准引入新市场之后,这必然会导致欧洲企业的优势地位下滑。[2]

其三,欧洲政策制定者也开始意识到"一带一路"倡议对欧洲大陆以外的影响,尤其是对其他地区的力量平衡和稳定的影响。毕竟,亚洲市场是欧洲的重要出口目的地,并且,欧洲的大部分海运贸易途经亚太(印太)地区。超过35%的欧洲产品出口到亚洲,90%的欧洲出口到亚洲的产品通过印度洋和太平洋的海上通道过境。欧洲十大贸易伙伴中有四个在该地区。对于德国等以出口为重点的欧洲经济体,亚太地区

---

[1] Garima Mohan, "Europe's Response to the Belt and Road Initiative", GMF, March 30, 2018, https://www.gmfus.org/publications/europes-response-belt-and-road-initiative.

[2] European Commission, "State of the Union 2017 – Trade Package: European Commission Proposes Framework for Screening of Foreign Direct Investments", Brussels, September 14, 2017, https://europa.eu/rapid/press-release_IP-17-3183_en.htm.

是仅次于欧洲的第二大市场。① 因此，欧洲期望在亚太地区维持基于规则的秩序和贸易自由流动。如果没有一个总体的区域安全框架，欧盟决策者会担心这些事态发展破坏区域稳定，影响欧洲的繁荣和安全。

总的来看，欧盟对华政策受到经济利益偏好分歧，以及欧盟内部多元化政策带来的碎片化、不连贯和不一致的影响，从而造成欧盟与中国全面战略伙伴关系的结构性失衡与局限。欧盟对"一带一路"倡议的态度经常发生偏转，这体现在欧洲媒体、智库的关注度，以及政府机构的政策立场上。在中国提出"一带一路"倡议时，欧洲并未直接回应，进入2015年，欧洲的参与度不断增长。2016年之前，欧盟对"一带一路"和中国—中东欧国家合作的态度较为和缓，欧盟积极与"一带一路"对接，并作为中国—中东欧国家合作机制的观察员国。2016年以后，欧盟及其主要大国对"一带一路"倡议的态度转为质疑和批判。目前，意大利梅洛尼政府对"一带一路"倡议看法也出现变化，其是七国集团中唯一加入"一带一路"的国家。然而，部分中东欧国家和南欧国家仍积极参与"一带一路"。

(二) 欧盟对"一带一路"倡议的态度是多元化的

欧盟对"一带一路"倡议缺乏统一的政策立场。这既与欧盟内部治理危机有关，也与欧盟机构的分化和欧盟成员国的差异性相关。对欧盟而言，欧盟将最大限度地发挥与中国打交道的内部凝聚力和效力，确保所有参与领域的高度协调和凝聚力是欧盟及其成员国有效对待中国的前进方向。在同中国打交道的过程中，欧盟委员会、欧盟对外行动署以及其他成员国密切合作，确保与欧盟整体相关的事务领域必须与欧盟的法律、规则和政策保持一致，并且特别强调相关合作成果也应惠及欧盟整体。

首先，西欧国家与中东欧国家之间的边界线最为明显。西欧国家对

---

① EEAS, EU Strategy for Cooperation in the Indo-Pacific, April 19, 2021, https：//eeas.europa. eu/headquarters/headquarters – homepage_en/96741/EU% 20Strategy% 20for% 20Cooperation% 20in% 20the% 20Indo – Pacific.

"一带一路"倡议和中国—中东欧国家合作更加谨慎甚至持批判态度,中东欧国家对"一带一路"和中国—中东欧国家合作更加乐观和欢迎。从2016年开始,德国对"一带一路"呈现消极态度,这主要基于经济安全化、政治化的考虑,德国担心中国的投资,认为中国制造2025计划是德国工业4.0计划的一种挑战,并担心中国对其产业链条施加影响,因此德国密切关注中国在东南欧的行动。时任德国外长西格马·加布里尔(Sigmar Gabriel)表示,欧盟(及其成员国)需要提出一种替代"一带一路"的措施。他表示,"一带一路"倡议正在推动形成一个与西方不同的新价值体系。① 中东欧国家对"一带一路"倡议和中国—中东欧国家合作机制更为欢迎,但是中东欧国家内部差异也较大,一些国家更乐于接受中国的投资,与中国开展合作,如匈牙利;一些国家则表现出更为谨慎的态度,既强调要遵守欧盟规则,更尊重北约等盟友国的利益,如克罗地亚和波罗的海三国。立陶宛是第一个退出中国—中东欧国家合作机制的国家。匈牙利是第一个加入"一带一路"的欧盟成员国,并赞扬中国政策是全球化的新模式。斯洛文尼亚总统也指出,"一带一路"可以帮助弥合欧洲内部的发展差距。对遭受高失业率和经济增长放缓的中东欧国家而言,他们以更大的热情欢迎中国的投资,而西欧国家对中国的投资更为谨慎。

其次,欧洲(部分)企业与城市对"一带一路"倡议更加欢迎。从地方政府来看,德国杜伊斯堡和汉堡、西班牙马德里、荷兰阿姆斯特丹和鹿特丹等地方政府争相成为中国入欧门户及"一带一路"区域枢纽。汉堡港正在制定战略来应对来自南欧港口的潜在竞争。从产业来看,出口贸易、工程建设和物流的大型企业同样积极抓住机会,争取参与"一带一路"项目。中小企业对"一带一路"和中国—中东欧国家合作的兴趣度不大,因为"一带一路"涉及的项目更适合大型企业的参与。某些德国企业对"一带一路"倡议持欢迎态度,如DHL和德铁,西门子最近

---

① David Bandurski, "What Will the World Give up to Share China's 'Common Destiny'?", *The Diplomat*, February 23, 2018, https://thediplomat.com/2018/02/what-will-the-world-give-up-to-share-chinas-common-destiny/.

开设了专门的"一带一路"办事处①。德国联邦外贸与投资署首席执行官尤根·弗里德里希（Jurgen Friedrich）表示，德国和中国公司在"一带一路"建设中有很多合作机会，尤其是在基础设施、能源和咨询等行业。②德国企业将更多的精力放在与中长期创建的新联合市场的连接上。对法国来说，更多"法国制造"产品和法国公司欢迎"一带一路"建设，诸如核能企业有机会参与相关合作。

再次，民众对"一带一路"倡议并不熟知。大部分欧盟国家的普通民众对"一带一路"倡议仍不熟悉甚至一无所知。他们获得的信息主要是从西方媒体中得到的，诸多信息是再加工和戴着有色眼镜后的产物。比如说，德国媒体的报道大部分是消极的，新闻报道将"一带一路"倡议描述为地缘政治威胁，或者说是过于雄心勃勃的努力，注定要失败。甚至较为火热的中国—中东欧国家合作机制也并不为中东欧国家的民众所熟知。同时，欧洲学者的观点更为多元，有的认为中国正在建立一个以中国为中心的"中心—边缘模式"，基于不对称的关系对其他国家施加政治、经济和军事影响。③ 有的认为"一带一路"是中华民族复兴的一部分，将会"强化中国的国家资本主义"，中国国有企业和国有政策性银行在实施"一带一路"建设中发挥主要作用。④ 有的认为"一带一路"倡议对欧盟团结、欧洲安全和欧盟贸易投资和市场准入带来影响。⑤ 有的认为"一带一路"是由中国共产党确定的中国总体中长期发展目标"两个

---

① Janne Suokas, "Siemens Sets up Belt and Road Office in Beijing", GBTIMES, March 23, 2018, https：//gbtimes. com/germanys – siemens – sets – up – belt – and – road – office – in – beijing.

② AHK and GTAI, "Neue Seidenstrae, Chinas massives Investitionsprogramm", Ausgbe 2018, http：//china. ahk. de/de/news/single – view/artikel/dihk – und – gtai – stellen – gemeinsame – neue – seidenstrasse – studie – vor/? cHash = 5d5ff35a4eb7000cccce3169b8f12d85.

③ Ilya Chubarov and Dmitry Kalashnikov, "Belt and Road Initiative：Globalization Chinese Way?", *Mirovaya ekonomika i mezhdunarodnye otnosheniya*, Vol. 62, No. 1, 2018, pp. 25 – 33.

④ Matteo Dian and Silvia Menegazzi, "Belt and Road, State Capitalism and China's Economic Interests", in Matteo Dian and Silvia Menegazzi, eds., *New Regional Initiatives in China's Foreign Policy：The Incoming Pluralism of Global Governance*, Palgrave Macmillan, 2018, pp. 67 – 94.

⑤ Jan vander Made, "Is China's Belt and Road Initiative an attack on European unity?", RFI, August 30, 2019, https：//www. rfi. fr/en/asia – pacific/20190313 – does – china – try – break – eu – its – belt – and – road – initiative.

一百年目标"体现的国内政治和经济要求所推动的。① 有的认为"一带一路"倡议为欧洲的共建国家提供了重要机遇，可以帮助弥合欧洲基础设施融资缺口，增加连通性，将当地市场与区域和全球价值链连接起来，从而增加欧洲国家的贸易和投资。②

最后，欧盟主要大国的态度较为谨慎，甚至存在质疑的声音。2018年5月，默克尔第四次当选德国总理后首次访华，默克尔对中国—中东欧国家合作机制采取较为温和的态度，认为中国—中东欧国家合作机制是一个有益的合作平台，有利于促进中东欧国家基础设施建设。德国赞同有关合作遵循欧盟法律规制，实现互利共赢。这不同于默克尔在2018年2月会晤北马其顿总理佐兰·扎埃夫时提到的中国不应该利用其在西巴尔干地区的投资来获得政治优势。③ 此前，时任德国外长加布里尔曾指出"如果不制定有关中国的欧洲战略，那么中国将可能会成功分裂欧洲"。④ 法国总统马克龙在2018年1月曾指出，"一些欧洲国家与中国是以牺牲欧洲利益为代价的"，这将中国与欧洲国家的合作置于腹背受敌的境地；但同时马克龙呼吁建设绿色丝绸之路，这与中法合作倡导的环境倡议相一致。⑤ 法国、德国和意大利要求欧盟出台措施限制外资特别是中国投资。欧盟委员会主席容克将实施一个投资筛选框架，来审查外国国有企业在欧盟的投资项目。⑥ 2017年9月，欧盟提议了一项法规，并发布

---

① Michael Clarke, "The Belt and Road Initiative: China's New Grand Strategy?", *Asia Policy*, No. 24, 2017, pp. 71–79.

② Lai Suetyi, "Understanding Europe's Interest in China's Belt and Road Initiative", CARNEGIE, May 10, 2017, https://carnegieendowment.org/2017/05/10/understanding-europe-s-interest-in-china-s-belt-and-road-initiative-pub-69920.

③ "Merkel warns against China's influence in Balkans", *South China Morning Post*, February 22, 2018, https://www.scmp.com/news/china/diplomacy-defence/article/2134196/merkel-warns-against-chinas-influence-balkans.

④ "China 'shocked' by German FM's 'One Europe' Warning", CGTN, September 1, 2017, https://news.cgtn.com/news/3359544e32557a6333566d54/share_p.html.

⑤ Michel Rose, "China's new 'Silk Road' cannot be One-way, France's Macron says", *Reuters*, January 8, 2018, https://www.reuters.com/article/us-china-france-idUSKBN1EX0FU.

⑥ European Commission, "President Jean-Claude Juncker's State of the Union Address 2017", Brussels, September 13, 2017, http://europa.eu/rapid/press-release_SPEECH-17-3165_en.htm.

一份工作文件,来帮助欧盟和成员国审查外国直接投资,特别是引起欧盟及其成员国安全或公共秩序的外国投资。[①] 根据现有的规则,有关外资的审查主要由欧盟成员国单独决定。

欧洲主要国家的逻辑是,中国开展"一带一路"建设将会扩大中国的政治和经济影响力,因为"一带一路"共建国家将会获得中国基础设施投资,这些国家将被纳入更深层次的由中国主导的贸易和金融链条中。更重要的是,中国在利用经济影响力实现外交政策目标时,不附加任何政治条件,这不同于欧洲对外政策中的"条件性"。在欧洲看来,中国在欧洲的基础设施投资是针对单个的欧盟国家,而不是欧盟整体。这就导致欧盟担心中国的"一带一路"倡议是一种"分而治之"战略,利用欧盟缺乏共同战略的弊端,强化中国与欧盟成员国的双边关系。

二 欧盟与"一带一路"倡议的合作议题

(一) 政策对接

"一带一路"倡议作为一种机制创新,其组织规范、运作方式和治理理念既与欧洲治理相互契合,也给欧洲治理带来新的思路。一方面,在欧盟面临多重危机的背景下,"一带一路"倡议既能解决欧洲发展不均衡、分配不公平的问题,又能在一定程度上缓解民粹主义对欧盟治理架构的冲击,因为经济良性发展和社会稳定运转会弱化民粹主义的呼声。2018年发布的《中国对欧盟政策文件》中指出,中国—中东欧国家合作是"基于中国和地区国家的共同利益和实际需要开展的互利多赢、开放透明的跨区域合作,欢迎欧盟等其他方面支持和建设性参与"[②]。另一方面,中国强调的多边主义与战后欧洲一体化的性质之间存在较大程度的相似性。欧洲一体化强调商品、服务、资本和人员的自由流动,而"一

---

① European Commission, Proposal for a Regulation of the European Parliament and of the Council, "Establishing a Framework for Screening of Foreign Direct Investments into the European Union", Brussels, September 13, 2017, https://eur-lex.europa.eu/legal-content/EN/TXT/?qid=1505305081643&uri=SWD:2017:297:FIN.

② 《中国对欧盟政策文件》,外交部,2018年12月18日,http://www.gov.cn/guowuyuan/2018-12/18/content_5349904.htm。

带一路"倡议强调政策沟通、设施联通、贸易畅通、资金融通和民心相通。此外,"一带一路"倡议是共同参与、开放包容、互利共赢的合作,超越了欧盟的治理理念与架构,为欧洲一体化创造了一个更稳定、更可预测的外部环境。

欧盟不仅关注"一带一路"倡议对欧盟内部凝聚力的影响,还关注"一带一路"倡议对欧洲外部的影响,如权力的平衡,亚洲和印太地区的稳定。欧洲强调基于规则的秩序,以及印太贸易线路流动的畅通无阻。沿着陆上丝绸之路经济带改善基础设施有可能为欧亚经济发展和地区稳定作出贡献,中欧双方都可以从新市场和能源安全方面获益。因此,"一带一路"倡议为欧盟开辟了在中亚寻求地缘战略合作的机会,通过在非传统安全领域的合作深化中欧战略伙伴关系,可能为欧盟与俄罗斯之间的和解铺平道路。欧盟的另一个重要任务是推动改革和创新,支持中国增长方式转变为更加可持续的模式,体现在国内消费的扩大,服务部门的扩大,对外国投资、产品和服务的开放等。欧盟认为这应以互惠互利和透明性为基础,比如保护知识产权等。欧盟"绿色""数字"的转型与中国"十四五"规划的优先事项相辅相成,包括创新、服务、绿色增长、统筹城乡发展等。中欧面临自身发展范式转型和世界格局变化的两个"大变局",努力让中欧实现良性互动,需要双方提供区域乃至全球公共产品。

"一带一路"倡议提供的区域公共产品扩大了中国与欧洲的利益汇合点,进一步丰富和拓展了中欧关系的战略内涵。欧洲交通网络的现代化使得中国制造的产品与欧洲共建国家能够在全球市场上保持竞争力,中欧互联互通平台在欧盟政策和项目与"一带一路"倡议之间,以及运输和其他基础设施领域的资金来源之间创造协同效应,避免负外部性,扩大正外部性。欧洲边缘地区公共产品消费者既未在中国与欧盟之间"选边站",也未选择对中国或欧盟公共产品供给搭便车,反而通过政策调整与定位使中国与欧盟公共产品供给的比较优势结构得到了强化。

区域公共产品通过机制、平台建设,可以增加正外部性效应。斯科特·巴雷特认为制度改善将促进公共产品的供给。① 中国在欧洲既有制度框架下，加强与欧盟的合作，因为从制度构建看，欧盟制度安排是该地区政治稳定的基础；从收益成本看，欧盟已经实现货物、人员、资本和商品的自由流动；从集体行动看，欧盟在一定程度上克服了公共产品供给中的搭便车和公地悲剧困境。这些都为中国参与区域公共产品供给提供了较为稳定的基础。"一带一路"倡议不但满足欧洲区域公共产品的需求，并且通过增加公共产品供给影响欧洲地区内部主导力量的供给意愿或供给能力。

中国提供区域公共产品协调多层次公共产品的供给问题。全球、区域、国内公共产品存在竞争性和互补性。首先，中国在提供区域公共产品时，要提供与国家实力相匹配的数量与类型。习近平主席强调："欢迎搭乘中国发展的列车，坚持正确的义利观，不搞我赢你输、我多你少，在一些具体项目上将照顾对方利益。"② 其次，中国遵循渐进性的发展逻辑，从提供区域公共产品升级到提供全球公共产品。可信的发展模式是一个好的宣传策略。考虑到区域公共产品效用的不可分割性、消费的非竞争性和受益的非排他性，以及公共产品数量和大小将决定公共产品供给的有效性，中国在欧洲边缘地区供给区域公共产品的成功将会外溢到其他地区以及全球，就加强全球公共产品所需的全球制度达成国际协议。最后，随着欧盟供给区域公共产品的能力下降，中国在欧洲提供公共产品时，要协调欧盟整体的利益诉求、欧盟主要大国的利益诉求以及欧盟边缘国家的利益诉求。欧盟多重危机带来欧洲边缘国家的不公平感以及期望未实现的挫败感，使它们对欧盟以外的其他合作伙伴（如中国）重新进行战略定位。为了满足欧洲边缘地区国家获得所承诺的福利，中国必须管理期望，因为当中国的承诺未能满足区域公共产品需求国的预期时，反弹情绪与反对大国的情绪带来的冲击将会大于未参与区域公共产品供给。具体而言，中国以公共产品的受益范围来确定公共产品供给的

---

① Scott Barrett, *Why Cooperate? The Incentive to Supply Global Public Goods*, New York: Oxford University Press, 2007, p.21.

② 习近平：《论坚持推动构建人类命运共同体》，中央文献出版社2018年版，第153页。

责任主体层次,以公共产品的供给效率来确定公共产品供给的责任主体层次。① 所以,在供给区域公共产品时,重视与欧盟及其他大国的合作,增强公共产品的合法性,并稀释需求期望未实现时的反弹情绪。反之,结果与努力可能不成比例,结果与期望的差距拉大。

(二)经贸合作议题

经贸合作是中欧之间最紧密的利益纽带。中欧互为双方重要的进口来源地和出口目的地。"一带一路"倡议为中欧经贸互利合作提供了机遇。2022年,中国—欧盟贸易额达8473亿美元,同比增长2.4%。2022年欧洲对华投资121亿美元,大幅增长70%,中国对欧投资111亿美元,增长21%。这意味着中欧经贸合作逆势上扬,更意味着中欧经贸务实合作将为全球经济发展作出贡献。2021年3月,中欧地理标志协定正式生效,不仅是中国与欧盟在经贸领域达成的重大制度性安排,还推动中欧经贸关系持续健康稳定发展。2014年至2022年,中国与欧盟进出口商品的数据,如表3-2所示。

表3-2　　　　中国—欧盟进出口商品数据(2014—2022年)

单位:万元人民币

年度	进出口总额	进出口累计比上年同期±%	贸易顺差	占外贸总额比重
2022年	564679769	5.6%	184008385	13.42%
2021年	535118350	19.1%	134549848	13.69%
2020年	449577149	5.3%	92101217	13.98%
2019年	486264482	8.0%	105013220	15.41%
2018年	450406732	7.9%	89068044	14.76%
2017年	417417426	15.5%	86559396	15.02%
2016年	361159241	3.0%	86226448	14.84%
2015年	350810679	-7.2%	91118849	14.28%
2014年	378179446	8.9%	77559073	14.31%

资料来源:海关总署。

---

① 查晓刚、周铮:《多层公共产品有效供给的方式和原则》,《国际展望》2014年第5期。

欧盟希望通过与中国"一带一路"倡议的互动，充分利用符合自身利益的可持续互联互通的机会。与此同时，欧盟期望中国坚持以市场规则和国际准则为基础，提高透明度和公平竞争环境的承诺。欧盟鼓励中国加强其与欧盟政策和项目的包容性、可持续性和互补性，以改善亚洲的连通性，为所有欧洲和亚洲合作伙伴带来利益。欧盟强调贸易和投资必须符合国际规则（准确说是欧盟规则），期望在互惠基础上保持市场开放，确保可持续和包容性增长。欧盟强调的原则包括基于市场规则和国际标准的开放倡议，包括数字、能源和人文交流在内的所有形式的互联互通，需要补充现有网络和政策（泛欧交通网络），构建真正的、具有互操作性的合作网络，透明性、可持续性，利用多边银行的智慧，普惠性。① 欧盟认为"一带一路"倡议在欧投资的绿地投资较少，大量中国贷款投向了不可持续的经济项目，这会影响到相关国家的政治稳定。中国投资将会挑战欧盟的投资规则，不利于欧盟统一规范的执行。欧盟认为需要全球标准的贷款规则，并引入其他金融机构和更具创新性的融资方式，包括公司合作伙伴关系和风险分担。

　　欧盟关注"一带一路"倡议的地缘政治和经济动力及影响。欧洲议会的研究报告指出，新丝绸之路给欧洲交通体系带来机遇和挑战②。但有学者指出，交通运输成本的下降对共建"一带一路"的欧洲国家的贸易流量产生积极影响。中国与"一带一路"共建国家签署自由贸易协定，将有助于亚洲和非西欧国家，不利于欧盟，所以欧盟的利益将侧重于改善交通基础设施而不是建立自由贸易区。③ 根据欧盟统计局关于交通的数据，在欧盟贸易中，70%的货物通过公路运输，22%的货物通过水路运

---

① European Commission, "Speech by Jyrki Katainen, Vice President of the European Commission at the Leaders' Roundtable of the Belt and Road Forum for International Cooperation", May 15, 2017, http：//europa. eu/rapid/press - release_SPEECH - 17 - 1332_en. htm.

② European Parliament's Committee on Transport and Tourism, "Research for TRAN Committee: The New Silk Route-Opportunities and Challenges for EU Transport", January 2018, https：//www. europarl. europa. eu/RegData/etudes/STUD/2018/585907/IPOL_STU（2018）585907_EN. pdf.

③ Alicia Garcia-Herrero, and Xu Jiawei, "China's Belt and Road initiative: Can Europe Expect Trade Gains?" Bruegel working paper, No. 5, 2016, http：//bruegel. org/wp - content/uploads/2016/09/WP - 05 - 2016. pdf.

输（其中19%为海运、3%为内河运输），剩余8%的货物通过铁路进行运输。①"一带一路"建设改变了贸易轨迹，比如中国在比雷埃夫斯港投资，建设匈塞铁路，将开辟中国与中东欧国家之间的新贸易航线。同时，这缩小了中东欧国家与西欧国家之间的基础设施差距，还将增加中国产品在欧洲市场的竞争力。但尚未确定的是，新贸易轨迹是否有利于促进中东欧国家向西欧国家的出口。

目前，欧盟经济受新冠疫情极大冲击，居民生产生活秩序受到严重影响，欧盟经济各项指标下行明显。产业链不安全因素增多、产业保护性倾向上升。但欧盟仍有望保持最重要国际贸易行为体地位，是经济全球化的重要推动力量。欧盟对外贸易比欧盟内部贸易比重更高，而且可能随着时间的推移而增加。随着经济实力的相对下降，欧盟对外战略将呈收缩态势。目前看来，欧盟对华政策受到经济利益偏好分歧的影响，以及欧盟内部多元化带来的政策碎片化、不连贯和不一致的影响，造成欧盟与中国全面战略伙伴关系的结构性失衡与局限。从中欧经贸关系来看，双向贸易和投资成为促进中欧各自经济发展和创新的主要动力。中国通过加强与欧盟的双边合作，确保开放的多边贸易体系，为本国的企业提供一个公平的竞争环境、一个强劲的金融结构和一个更平衡和可持续增长的模型。中国积极推进中国—欧盟全面投资协定的谈判，为以后的投资提供保护和更广阔的市场。在目前中美经贸关系充满不确定的情况下，中国更需要与欧洲大国发展双边、多边和三方合作，利用"一带一路"倡议，实现共赢合作。此外，中国还可以通过二十国集团等机制平台与欧盟及其主要成员国加强沟通合作，提升国际话语权，积极倡导包容性全球经济发展，共同推进全球化发展。

（三）互联互通议题

"一带一路"倡议的主要方向之一是欧洲。"一带一路"倡议在欧洲的影响力越来越大，三分之二的欧盟成员国现已成为"一带一路"合作伙伴。2020年中欧货物贸易额首次超过欧美货物贸易额。2011年3月，中欧班列开通，不仅降低运输价格还缩短运输时间，成为中欧贸易的加

---

① Eurostat Transport Database, http://ec.europa.eu/eurostat/web/transport/data/database.

速器。截至2022年底，中欧班列累计开行突破6.5万列。2021年，中国与中欧班列通达的24个国家进出口总额达6.88万亿人民币。中欧班列的辐射带动效应日益凸显，不仅扩大中欧经贸往来，还深化国际产能合作。希腊比雷埃夫斯港成为全球发展最快的集装箱港口之一，集装箱吞吐量从2010年的88万标准箱增加到2019年的580万标准箱，比雷埃夫斯港从全球集装箱港口的第93位跃升至第32位。[①] 比雷埃夫斯港成为中国与希腊、中国与欧盟合作的典范，锡尼什港则是中国与葡萄牙在能源领域展开合作的重要港口，匈塞铁路成为"一带一路"倡议在欧洲的旗舰项目之一。除了在欧盟，中国在西巴尔干国家的大量投资项目既满足了该地区经济社会发展的需求，也有效提供了与欧盟对接合作的渠道。"一带一路"还为新的多边机构建设提供了框架。2016年，中国加入欧洲复兴开发银行，欧洲投资银行在北京成立办事处，这都预示着中欧之间的金融合作将可能会进一步扩大。

在欧盟周边区域，中国与欧洲的区域公共产品供给是相互兼容的，因为议题或领域性公共产品竞争是非零和性质，中国供给意愿仍主要体现在基础设施建设和融资领域，欧盟可以提供稳定的制度构架和法律框架，以及一定程度的安全机制。欧洲一体化框架下的公共产品供给是"俱乐部"产品，[②] 无法调试后金融危机时代的变化以及欧洲边缘地区国家日益增长的和差异性的公共产品需求，欧洲难以开展有效的集体行动提供区域公共产品，这造成该地区公共产品的短缺，并出现了消极的溢出效应。中国在互联互通领域提供区域公共产品填补了欧洲公共产品供应不足的空白。

基础设施的互联互通是区域经济发展与合作的重要基础，成为各国关注的优先事项。泛欧交通网络和"一带一路"倡议均涉及欧亚地区的基础设施项目。泛欧交通网络政策的主要目标是消除核心走廊的瓶颈和技术障碍，加强欧洲社会、经济和地域凝聚力。"一带一路"的基础设施

[①] 《"一带一路"重要港口希腊比雷埃夫斯港再成地中海"霸主"》，中国一带一路网，2020年5月29日，https：//www.thepaper.cn/newsDetail_forward_7611290。

[②] James M. Buchanan, "An Economic Theory of Clubs", *Economica*, Vol. 32, No. 125, 1965, p. 14.

与泛欧交通网络的对接,将提高亚欧之间以及欧洲内部的互联互通,推动贸易的发展。同时,基础设施建设的完善将促使"一带一路"共建国家成为欧洲的经济发展腹地,特别是不属于欧盟泛欧网络体系的巴尔干地区,在一定程度上保障了欧洲国家产业链和价值链的竞争力,同时也有利于货物流转和资源合理配置。根据布鲁盖尔(Bruegel)对欧盟从"一带一路"倡议获益的实证研究,"铁路、空运和海运成本下降10%,贸易量将分别增加2%、5.5%和1.1%"①。

2014年3月,习近平主席访问欧盟总部时,提及"中欧加强交通运输关系潜力巨大,双方决定共同挖掘中国丝绸之路经济带倡议与欧盟政策的契合点,探讨在丝绸之路经济带沿线开展合作的共同倡议"②。第十七次中国欧盟领导人会晤联合声明中指出,双方对彼此重大倡议抱有浓厚兴趣,并支持"一带一路"倡议与欧洲投资计划、"泛欧交通运输网"进行对接。③ 根据第十九次中国欧盟领导人会晤联合声明,"双方同意加强'一带一路'倡议与欧洲投资计划的对接"④,第二十次中国欧盟领导人会晤联合声明指出,"双方将继续推动中国'一带一路'倡议与欧盟倡议和发展战略深度对接,包括欧洲投资计划以及扩大的泛欧运输网络"⑤。2015年,欧盟启动了中欧互联互通平台。在欧盟成员国层面,态度差异很大,中欧、东欧和南欧的政府对这一倡议表示欢迎,而西欧和北欧的政府则表现出较为克制的态度。2021年7月12日,欧盟出台欧版"一带一路"——《一个全球互联互通的欧洲》(A Globally

---

① Alicia Garcia-Herrero, and Xu Jiawei, "China's Belt and Road initiative: Can Europe Expect Trade Gains?" Bruegel working paper, No. 5, 2016, http://bruegel.org/wp-content/uploads/2016/09/WP-05-2016.pdf.

② 《关于深化互利共赢的中欧全面战略伙伴关系的联合声明》,新华社,2014年3月31日,http://politics.people.com.cn/n/2014/0401/c1024-24787049.html。

③ 《第十七次中国欧盟林道人会晤联合声明》,外交部,2015年6月30日,http://www.xinhuanet.com/world/2015-06/30/c_1115774915.htm。

④ 《第十九次中国—欧盟领导人会晤成果清单》,外交部,2017年6月4日,https://www.mfa.gov.cn/mfa_chn//ziliao_611306/1179_611310/t1467598.shtml。

⑤ 《第二十次中国欧盟领导人会晤联合声明》,外交部,2018年7月16日,http://www.xinhuanet.com/politics/2018-07/16/c_1123133778.htm。

Connected Europe）。① 2023 年初，欧盟全球门户计划公布 2023 年旗舰项目清单，欧盟国际伙伴关系总司负责 63 个项目，欧盟扩盟总司负责 7 个项目。其中，撒哈拉以南非洲地区 36 个项目，拉丁美洲和加勒比海地区 14 个项目，亚太地区 13 个项目，欧盟周边地区 7 个项目，呈现深耕周边、面向全球的特点。

欧盟提出"全球门户"计划，意图平衡共建"一带一路"倡议的影响力。因此，欧盟希望成为塑造互联互通规范规则的重要合作伙伴，但也希望提供"一带一路"倡议的替代方案。一方面，欧洲对参与"一带一路"互联互通项目非常感兴趣，希望从内部塑造"一带一路"倡议。另一方面，欧洲意识到"一带一路"倡议带来的威胁，欧盟主要成员国认为需要在欧盟层面对"一带一路"倡议做出协调一致的回应。② 因此，欧盟希望与亚洲的主要参与者合作，共同制定互联互通规则，并全面应对"一带一路"倡议的挑战。同时，欧盟互联互通战略聚焦交通、数字、能源和人与人之间的互联互通。从规范意义上来看，欧盟互联互通战略将促进劳工权利、社会和环境标准、可持续性、透明度、市场原则、公开采购原则、公平竞争环境、平等准入等规范原则。欧盟认为其替代方案将会加强地区秩序，并专注于实现互联互通的多边方法。欧盟还将汇集欧洲投资银行（EIB）、欧洲战略投资基金（EFSI）和成员国资源，实现融资的持续性和稳定性。但是，融资的运作模式将是欧盟及其成员国谈判博弈的挑战之一。

与基础设施密切相关的是公共产品融资问题，因为公共产品供给需要有相应的融资机制。融资问题是决定区域公共产品供给成败的关键。欧洲边缘地区基础设施薄弱，亟须升级改造或路线对接，又面临巨大资金缺口。这些国家的资金来源和援助方主要是欧盟及其成员国的主要银

---

① Council of the European Union, "A Globally Connected Europe-Council Conclusions", July 12, 2021, https：//www.consilium.europa.eu/en/press/press－releases/2021/07/12/a－globally－connected－europe－council－approves－conclusions/.

② "Ein neuer Aufbruch für Europa. Eine neue Dynamik für Deutschland. Ein neuer Zusammenhalt für unser Land. Koalitionsvertrag zwischen CDU, CSU und SPD", February 7, 2018, https：//www.cdu.de/system/tdf/media/dokumente/koalitionsvertrag_2018.pdf.

行和西方主要金融机构（如欧洲复兴开发银行）。但是欧盟将财政援助和其他经济工具与遵守规范标准和实施若干改革的义务相结合，比如遵守法治是接受欧盟预算基金的必要先决条件；再加上英国脱欧导致欧盟结构性基金减少，预计将影响欧盟凝聚政策及其用于支持欧洲较贫困地区的资金，而欧盟候选国获得的资金更少，根本无法满足互联互通的差距。中国有能力和意愿承接或协助建设欧洲边缘地区和跨区域交通基础设施网络。相比欧盟高度复杂的官僚体系，中国资本有高度吸引力，基于实用主义和经济利益的"无附加条件"，融资程序更简单和直接，并且拒绝对第三国施加条件来换取资金援助。自 2015 年年底以来，中国加强了对海外投资的资本管制和监督，以更好地管理汇率、维持金融稳定。① 在《中欧合作 2020 战略规划》中，双方提出基础设施融资的渠道，如项目债券、项目持股、联合承包和联合融资等。② 所以，该区域公共产品需求国希望以更具互补性的方式利用中国和欧盟两大资金来源。

中国差异化的方式需基于欧盟条约规定的权限划分。比如，欧盟与成员国在基础设施互联互通相关领域共享权限，《欧洲联盟运行条约》第 90—100 条规定了欧盟在运输领域的权限和决策方式，即欧洲议会和理事会应根据普通立法程序采取行动，并咨询经济与社会委员会和地区委员会，确定运输规则。再比如，泛欧网络的条款，欧盟成员国与欧盟委员会密切合作，相互协调，具体为欧盟确立指导方针，在成员国支持并符合欧盟共同利益的情况下，欧盟与第三国合作，推动具有共同利益的项目及保证网络的互通性。③

第四节　影响欧盟参与共建"一带一路"的因素

国际格局的未来发展趋势将取决于权力、治理和合作的性质，同时，

---

① The World Factbook, "Central Intelligence Agency of USA", August 23, 2018, www.cia.gov/library/publications/the-world-factbook/geos/ch.html.

② 《中欧合作 2020 战略规划》，人民网，2013 年 11 月 23 日，http://politics.people.com.cn/n/2013/1124/c70731-23635579.html。

③ 《欧洲联盟基础条约：经〈里斯本条约〉修订》，程卫东、李靖堃译，社会科学文献出版社 2010 年版，第 114—115 页。

技术进步、人口变化、财政调整、全球均衡（或失衡）和结构性政策之间的相互作用也影响着国际格局未来的趋势。在中国进入全球舞台中心的过程中，欧洲将会是中国面对的竞争者与合作者。欧盟与中国关系中的竞争成分增多，但主要还是经济、观念以及规则层面的竞争，而不是全方位的地缘战略竞争或冲突。欧盟对华政策既有经济利益的考虑，也有规范层面的考量。由于欧盟在安全上有赖于美国保护，在政治价值观上与美国接近，美国仍是欧盟最重要的经贸合作伙伴，欧盟在特定情境下可能与美国采取类似甚至更为"激进"的对华遏制战略。影响中欧关系发展的杂音噪音仍会存在，但不同于中美之间的结构性矛盾，中欧关系中的机遇大于挑战。欧盟可能采取对抗、竞争与合作三轨并行的对华路线。长期而言，互利共赢的务实合作仍将是中欧关系的主流。

一 美国因素的干扰

欧美关系是塑造国际秩序和世界格局中的一组重要双边关系。欧美关系总是处于变动之中。特朗普政府时期，在经贸往来、安全合作和观念规范这三大纽带关系方面，欧美关系出现变化。特朗普上台后，美国的单边主义带来了"大国政治"的回归，给欧盟传统外交战略造成了冲击。目前，欧盟依然处于被动应对欧美关系的状态。特朗普的反全球化、美国优先与双边关系优先、忽视国际制度与全球治理作用的态度，与欧盟一直倡导的全球化与一体化、多元文化、多边主义等理念规范相冲突。这使得美欧双方在既有发展理念与路径上的差异越来越大，无法弥补。欧盟作为世界上最大的贸易顺差经济体，美国贸易保护主义不仅会威胁到欧盟对外经贸关系中的价值链条，还给世界贸易组织的正常运转带来风险。[①] 此外，德国总理默克尔在 2017 年特朗普结束对欧盟总部的首访后表示："欧洲不能再完全依赖其长期以来的美国同盟。"[②] 法国总统马克

[①] ECB Working Group on Global Value Chains, "The Impact of Global Value Chains on the Euro Area Economy", European Central Bank Occasional Paper Series, No. 221, 2019, https://www.ecb.europa.eu/pub/pdf/scpops/ecb.op221~38185e6936.en.pdf.

[②] "Merkel: Europe 'can no longer rely on allies' after Trump and Brexit", BBC, 28 May 2017, https://www.bbc.com/news/world-europe-40078183.

龙曾宣称北约已脑死亡。① 疫情进一步助推了欧美关系的竞争维度，甚至刺激了冲突维度，让欧美分歧陷入结构性矛盾之中。根据欧洲对外关系委员会（ECFR）2020年6月的民调显示，欧洲人在疫情期间对特朗普政府的信任明显下降。只有2%的受访者认为美国是欧洲应对疫情的主要盟友，其中只有1%的德国、法国、西班牙、丹麦、瑞典等国受访者认为美国是主要盟友。② 更重要的是，特朗普应对疫情的政策是灾难性的，甚至出现了全方位、各层级的领导失灵。在欧洲盟友看来，美国政治制度是脆弱的，甚至冲击到了欧洲人对西方民主本身的信仰。尽管欧美关系遇冷，这并不意味着欧盟就会"脱美""拥抱中国"，更不意味着欧盟最终不会"倒向美国"。另外，欧美在经济和技术领域同样存在竞争，美国的谷歌、推特等跨国巨头高度垄断欧洲市场，成为欧洲发展独立数字市场的障碍，双方在"数字税"等问题上存在严重分歧。

中美走向全方位的战略竞争进一步压缩了欧盟的战略操作空间。新冠疫情进一步加剧了中美经济和地缘战略竞争，加快了美国胁迫欧盟"选边站"来遏制中国崛起的步伐。虽然很多欧盟精英不喜欢特朗普领导下的美国，但欧美之间价值规范的纽带没有出现根本断裂。不仅如此，美国还加大了利用价值观作为武器，利用其在国际舆论方面的话语权和在欧洲的代理人，制造反华舆论环境，拉拢欧盟国家来共同遏制中国。欧盟价值规范从本质上说是西方民主价值观，欧盟又是美国的盟友，所以欧盟与西方以及美国在对华政治战略上的协同性很强。欧盟外交与安全政策高级代表博雷利曾于2020年7月公开表示，欧盟不应该在中美之间保持相同距离，欧盟和美国有共同的历史和相似的价值观。③ 在中美舆论交锋升级后，欧盟涉华舆论明显受到影响，并重新建立起针对中国制

---

① The Economist, "Emmanuel Macron warns Europe: NATO is becoming brain-dead", *The Economist*, November 7, 2019, https://www.economist.com/europe/2019/11/07/emmanuel-macron-warns-europe-nato-is-becoming-brain-dead.

② Susi Dennison and PawelZerka, "Together in Trauma: Europeans and the World after COVID-19", *European Council on Foreign Relations*, June 29, 2020, https://www.ecfr.eu/publications/summary/together_in_trauma_europeans_and_the_world_after_covid_19.

③ Josep Borrell, "China, the United States and US", *European Union External Action*, https://eeas.europa.eu/headquarters/headquarters-homepage/83644/china-united-states-and-us_en.

度和行为的更加政治化的批评视角。① 此前,欧盟舆论对中国的疫情援助还是相当正面的,比如欧盟委员会主席冯德莱恩曾在 2020 年 2 月表示"欧盟高度尊重和认可中方为防控疫情采取的措施,钦佩中方应对疫情行动的速度"②。但从 2020 年 3 月份开始,欧盟对中国的舆论开始转向,其重要标志是欧盟外交与安全政策高级代表博雷利于 3 月 24 日称欧盟国家应该为"全球叙事之战"做好准备。美欧智库的互动也开始加强,并开始同步炮制中国利用"口罩外交"扩大地缘政治利益的奇谈怪论。比如,美欧智库和政商界人士共同发布一份联合声明,质疑中国对欧盟的援助。③ 与此同时,美国将会更加重视与欧盟意识形态、同盟关系的强化与运行,并以此来影响欧盟与中国的关系。比如,2020 年 7 月 23 日,美国国务卿蓬佩奥公开呼吁所谓的自由世界建立一个"民主国家"新联盟以应对中国。随后,德国马歇尔基金会发布了一份报告,为美欧联合应对中国规划了路线图。④

随着美国对中国打压进一步升级,推动和中国"脱钩断链",并试图从经济、科技、外交和军事等全方位遏制中国,欧盟国家受到来自美国的直接压力和影响,更加警惕来自中国的投资,并收紧与中国的合作空间和领域。美国前国务卿蓬佩奥在 2020 年 6 月、8 月和 10 月分别访问了西欧、东欧、南欧,向欧洲盟友们的对华合作施压,试图逼迫欧盟国家在中美之间选边站。虽然美国的霸凌做派在欧洲并不得人心,但在蓬佩奥访欧之后,部分欧盟国家转变立场,比如英国宣布自 2021 年起禁止购买华为 5G 设备,斯洛文尼亚和美国签署了一份 5G 安全联合声明。此外,

---

① 崔洪建:《"叙事之争"?疫情期间欧洲涉华舆论的变化及其特点》,《对外传播》2020 年第 6 期。
② 《李克强同欧盟委员会主席冯德莱恩通电话》,外交部,2020 年 2 月 1 日,https://www.fmprc.gov.cn/web/zyxw/t1738618.shtml。
③ "What Does the Coronavirus Mean for EU-China Relations?", *ChinaFile*, April 6, 2020, https://www.chinafile.com/conversation/what-does-coronavirus-mean-eu-china-relations。
④ Julie Smith, Andrea Kendall-Taylor, CarisaNietsche, and Ellison Laskowski, "Charting a Transatlantic Course to Address China", The German Marshall Fund of the United States, October, 2020, https://www.gmfus.org/sites/default/files/publications/pdf/CNAS-Report-Transatlantic-August-2020-final.pdf。

美国多次警告中国国有企业正试图对那些受疫情冲击严重的欧洲企业下手。① 受到美国的影响，加之对欧盟防疫物资供应一度短缺借题发挥，一些欧盟国家以安全为由，重新炒作欧盟过于依赖中国，呼吁出台政策收紧中国的对欧投资。比如，2020 年 4 月，意大利政府宣布扩大"黄金权力法"② 范围，防止外资恶意收购关键企业，并保障陷入困境的意大利公司的流动性。③ 2020 年 5 月，德国联邦政府批准通过了《对外贸易和支付法》的修订案，再次收紧非欧盟实体对德国公司的收购。④

欧洲与美国的关系更具全面性和战略性，与之相比，大多数欧洲国家与中国的关系集中在经贸领域。因此，没有哪个欧洲国家愿意以牺牲与美国的关系为代价来支持中国，所有欧洲国家或多或少都将美国视为其战略（也是必不可少的）盟友。除了文化相近性，大多数欧盟成员国的出口市场是美国，而不是中国，投资更是如此。几十年来，美国在欧洲的外国直接投资积累的存量远超中国的存量。欧盟对美国的技术依赖性也很大，比如大量美国数字平台如谷歌、Netflix、亚马逊、爱彼迎，社交媒体如脸书和推特等活跃在欧洲，西方世界大约 92% 的数据存储在美国。⑤ 匈牙利和希腊等国家与特朗普政府签署国防合作协议，波兰等国家期望美军在其领土上永久驻军。欧美仍然是重要的伙伴关系，美国是欧洲的主要盟友。从长远来看，如果欧洲无法解决自身问题，欧洲更可能寻求与美国的合作，那就意味着中欧关系必然受到美国因素的掣肘。与此同时，我们也需要注意在欧美关系中，美国的能力和意愿都在下降。

---

① "China's Corporates are Gearing Up in Europe for M&A Bargains", *Bloomberg*, April 20, 2020, https://www.bloomberg.com/news/articles/2020-04-07/china-s-corporates-are-gearing-up-in-europe-for-m-a-bargains.

② "黄金权力法"于 2012 年通过并实施，规定意大利政府有权干预并阻止外国资本对意大利能源、交通、通信等战略性领域企业的收购行为。

③ "Decree-Law 8 April 2020, n. 23", *Official Gazette of the Italian Republic*, April 4, 2020, https://www.gazzettaufficiale.it/eli/id/2020/06/06/20A03082/sg.

④ "Protection for the health system", Federal Government of Germany, May 2020, https://www.bundesregierung.de/breg-en/service/aussenwirtschaftsverordnung-1754340.

⑤ Lionel Laurent, "Macron and Merkel are caught in a New Cold War", *Bloomberg*, November 14, 2019, https://www.bloombergquint.com/gadfly/technological-sovereignty-france-and-germany-join-a-new-cold-war.

总的来看，欧盟对华外交战略在很大程度上受到美国因素的影响。美国因素影响力有多大，完全取决于中欧之间有多少共识、权重有多高，同时也取决于中美博弈进展以及对欧洲的影响程度。① 随着中美全面竞争的铺开，欧盟对外政策在中美之间摇摆，并且随着欧美关系的走近或裂痕加大而出现变化，这将带来欧盟对华政策的摇摆特征。

2021年拜登上台后，价值观和盟友外交成为主要施政内容，这为欧美关系协调创造了条件。如果说经贸和安全合作是欧美关系的"压舱石"，对共同价值观的再强调则为欧美关系注入新动力。2月20日，拜登在慕尼黑安全会议上高调宣布"美国回来了"，强调美欧伙伴关系是应对21世纪全球挑战的基石。② 3月26日，拜登出席欧盟视频峰会，意在重振大西洋联盟。③ 6月，欧美举行领导人峰会，欧美关系进入紧密协调的阶段。9月29日，美国—欧盟贸易和技术委员会（TTC）召开首次会议，强调以"共同的民主价值观"为基础，深化跨大西洋贸易和经济关系，协调解决全球关键技术、经济和贸易问题。④ 目前，美国在经贸上利诱欧洲，安全上稳住欧洲，加上美欧价值观天然亲近，促使欧美关系顺利回调。中欧关系深受美国战略调整的影响。

中美两国之间的安全竞争也蔓延到经济和技术领域，进一步破坏信任。华盛顿一直不畏缩武器化经济相互依存的关系，例如限制中国对美国关键技术（例如半导体）的使用，对中国进口产品征收新关税或收紧针对中国的投资限制。中国的反应则是成比例的，而不是逐步的。但这刺激了中国通过多元化（例如中欧投资条约），区域经济一体化（例如

---

① 刘作奎：《2020中欧关系的新变化及其前景》，《人民论坛》2020年第18期。

② White House, "Remarks by President Biden at the 2021 Virtual Munich Security Conference", https：//www. whitehouse. gov/briefing – room/speeches – remarks/2021/02/19/remarks – by – president – biden – at – the – 2021 – virtual – munich – security – conference/.

③ White House, "President Biden to Meet Virtually with EU Leaders at European Council Summit", https：//www. whitehouse. gov/briefing – room/statements – releases/2021/03/23/president – biden – to – meet – virtually – with – eu – leaders – at – european – council – summit/.

④ Tyson Barker, "TTC Lift – off：The Euro – Atlantic Tech Alliance Takes Shape", https：//ip – quarterly. com/en/ttc – lift – euro – atlantic – tech – alliance – takes – shape?_ga = 2. 15320127. 800658043. 1634713067 – 1236354308. 1629778097.

《区域全面经济合作伙伴关系》,"一带一路"倡议)以及更加重视本土经济和技术能力来应对因经济相互依存而产生的风险和脆弱性(例如,《中国制造 2025》《中国标准 2035》《双重流通战略》)。所有这些政策旨在在加剧中美安全竞争的背景下减少中国的经济技术脆弱性。中美之间的竞争可能会导致中美双方向德国施压,要求其支持各自的政策,包括经济脱钩、出口管制、投资管制等。德国对中美的经济依赖使其特别脆弱,也容易受到外交压力的影响。①

欧洲在与中国打交道的正确方式以及如何平衡经济机会与安全和地缘政治利益方面存在严重分歧。在这种情况下,美国似乎能够促成欧盟内部共识,但美国的存在更有可能进一步撕裂欧盟。以德国为首的部分欧洲国家认为与中国接触合作仍是有效的政策,但美国早已放弃这个政策路线。拜登上台后,跨大西洋关系的重振是在对华持续对抗政策的棱镜下进行的,这使得美国会加大对欧洲盟友施加压力,甚至在某些领域成为欧美合作的前提。

面对美国因素的干扰,欧盟对华战略存在的碎片化和不团结一致两大内部缺陷更加明显。欧盟旨在协调和执行基于价值规范的共同外交政策,但是外交和安全政策议题属于政府间权限,将凸显成员国的立场和利益的多样性。鉴于欧盟外交和安全政策需要达成全体一致,欧盟试图改革这种决策原则。目前来看,成员国放弃否决权的可能性极低。欧盟委员会和欧洲议会都试图进一步强化外交决策的权限。比如 2018 年 7 月,欧盟委员会成立高级别战略决策机构,马丁·塞尔玛(Martin Selmayr)担任秘书长;欧洲议会也出台了内容更为详实和全面的对华战略,反映出欧洲议会对中国的重视。② 总的来看,面对美国因素的干扰,欧盟作为一个全球行为体受到诸多质疑。欧洲担心大国竞争的回归以及欧洲被边

---

① Markus Jaeger, "Germany between a Rock and a Hard Place in China-US Competition", DGAP, March 17, 2021, https://dgap.org/en/research/publications/germany-between-rock-and-hard-place-china-us-competition.

② Gisela Grieger, "One Belt, One Road (OBOR): China's Regional Integration Initiative", European Parliament, July 2016, https://www.europarl.europa.eu/RegData/etudes/BRIE/2016/586608/EPRS_BRI%282016%29586608_EN.pdf.

缘化的风险。一个多世纪以来，美国的大战略一直试图防止霸权势力在欧亚大陆两侧的出现，中欧关系以及共建"一带一路"深受美国战略调整的影响。

二 欧盟政治极化和碎片化

近年来，欧洲一体化进入调整期，欧洲一体化陷入多速甚至部分停滞的进程之中，欧洲内部分化严重，右翼民粹主义进一步恶化了欧洲政治生态。这一过程同时与大国地缘政治博弈加剧与美国单边主义冲击的大背景相重叠，使得分析欧盟内部行为体因素变得异常复杂。为了抓住欧盟对华外交战略调整内在动力因素的主要矛盾，本文将内在动力因素定义为"狭义"的内部因素，即其起源、发展、影响路径与欧盟以外的国家无直接因果关系。总的来说，我们认为欧盟民粹主义势力崛起、内部政治碎片化和极化趋势增强，以及欧盟自身发展范式转型，是近年来影响欧盟对华战略变化的最主要的内在动力因素。这些内部结构变化直接或间接地影响到欧盟对华战略的考量，并导致了欧盟将中国既视为制度性对手，也是伙伴的多元化定位。

（一）欧盟民粹主义势力崛起

欧盟民粹主义势力崛起可能导致保护主义抬头，并对中欧经贸关系产生负面影响。近年来，欧盟内部出现了民粹主义势力崛起、传统政党实力下降的情况。欧盟及其成员国都面临政党政治格局变化的挑战，长期执政的中间派政党衰落，新兴中间派壮大，具有民粹主义色彩的激进政党崛起。在民粹主义力量的压力下，欧盟及其成员国主流政治保守化与右倾化趋势正不断强化，进而使得成员国在政治和经济上也变得内向化。虽然民粹主义在欧美的崛起，与西方主导的全球化运行机制中的深层次矛盾有着密切的关系，但就欧盟而言，其民粹主义崛起的直接原因是欧盟社会矛盾尖锐化，其中欧洲难民危机和经济危机是导致欧盟民粹主义思潮泛滥的直接原因。而欧洲现有的政治经济体制无法解决这些问题，于是外来移民、经济全球化，甚至欧盟本身就成了"替罪羊"。欧洲政党格局的变化会影响欧盟的内外政策和欧洲一体化的进程。一方面，疑欧、反欧，甚至脱欧的趋势会进一步发酵，削弱了欧盟的一致对外行动能力。另一方面,右翼民粹主义政党会支持政治和经济上实行保护主义,认为应该加大保护本国企业、本国制度、本国文化的力度。随着欧盟国家面临新冠疫情引起的第二次世界大战以来的最大经济衰退,这可能会进一步加剧民粹主义和民族主义倾向。在2019年的欧洲议会选举中,民粹主义政党成员共获得150个左右的欧洲议会席位,① 改变了欧洲议会内部的政治力量结构,打破了传统中左和中右两大党团长期联合控制欧洲议会的局面。

对中欧关系来说,欧洲民粹主义势力崛起,可能导致保护主义抬头,妨害中国与欧盟国家的贸易与投资合作。自由主义学派认为贸易会使所有贸易国的绝对收益增加。但现实主义学派却更加注重相对收益,它们关心的不是"大家都会获益吗",而是"谁的获益更多"。② 如果两个国家都采用现实主义的视角去审视其经贸关系,则两国关系易陷入零和博弈模式,并会因经贸往来不平衡的获益导致冲突。民粹主义的加剧可能会让欧盟更倾向于用现实主义的视角去审视经济利益的判断,进而影响中欧经贸关系。如果欧盟追求"绝对收益"而不是"相对收益",那么将会视中国的和平崛起为机遇,并和中国产生更多利益交汇。但如果欧盟在民粹主义的影响下转向追求"相对收益",那么将会视中国的和平崛起为挑战,甚至会和美国产生相似的利益诉求。未来几年,如若右翼民粹主义成为欧盟政治的主流氛围,欧洲政治形态更加偏向保守主义,那么将会导致中国和欧盟在经贸领域的摩擦加剧。

随着中国在高科技领域奋起直追,中欧之间的力量对比向中国倾斜,欧洲内部更加担心中国和美国对技术进步和规则制定的主导地位,中国和欧盟在数字、技术等领域的摩擦加剧。一方面,虽然欧洲在数字技术的某些领域处于优势地位,但欧洲缺少成熟的数字服务和商业模式框架。美国以谷歌、苹果、脸书、亚马逊等为代表的跨国数字巨头在欧垄断经营,大行其道,欧洲难以创造培育自身数字经济的有利条件。近年来,

---

① European Parliament, 2019 European Election Results, October 23, 2019, https://www.europarl.europa.eu/election-results-2019/en.

② Keneeth Waltz, *Theory of International Politics*, Mass: Addison-Wesley, 1979, pp. 139–160.

欧洲建立《通用数据保护条例》《欧盟数字市场法》《欧盟数字服务法》《数字服务税》等规范性规则标准，完善单一市场规制力量，防范美国互联网巨头垄断市场，并希冀在人工智能伦理等"软实力"建设方面寻求全球标准规制的突破。另一方面，受美国政策干扰和对自身竞争力的考量，欧洲在高技术出口和对欧投资并购等方面逐渐收紧政策。但同时，新形势下中国对欧洲技术的需求快速增长，中国超大规模市场和产业升级的强大吸引力，使欧洲进一步深化合作意愿。

（二）欧盟内部政治碎片化趋势增强

欧盟内部的政治碎片化趋势增强，将影响欧洲一体化进程，虽然这对中欧关系的影响并不直接，但一个动荡的欧洲并不利于中欧关系的发展。政治与社会的碎片化让欧盟集体行动力受到制约，使得欧盟成员国间的政策分歧进一步加大。欧盟治理困境会外溢到欧盟在国际社会的行为体角色。2019年末，欧盟新一届领导人上任，给困境中的一体化进程带来新的希望。但新一届欧盟委员会上任后尚未施展抱负，就面临新冠疫情的全球大流行的冲击。疫情增加了全球地缘政治的复杂性，也让欧盟内部的团结受到了巨大的冲击。比如，当2020年3月疫情开始在南欧暴发之时，欧盟并没有采取共同行动，个别成员国政府甚至采取了贸易保护主义措施，阻碍向邻国出口医疗设备。在对中国合作的态度方面，近年来各成员国的差异也表现得非常明显。这种变化反映到欧盟外交层面上，则体现为成员国在对外政策上缺乏一致性，共同外交政策的执行力持续下降，也体现在欧盟成员国的对华政策差异上。

鉴于历史和地理位置，葡萄牙、意大利和希腊等国家希望在中美之间架起一座桥梁。一些国家试图将中美相互对抗，并从中寻求可能的让步，比如匈牙利。同时，匈牙利还利用中美关系对冲法国和德国在欧盟的统治地位。意大利五星运动和北方联盟组阁的政府也采用类似方式。拉脱维亚、罗马尼亚、斯洛伐克等国家倾向于采取观望态度，保持低调并避免麻烦。战略自主成为法国和德国的共识，两国都期望加强欧洲防御，但两者的出发点是存在差异的，法国是为美国不再有能力或意愿保证欧洲安全做好准备，德国是加强北约的欧洲支柱作用并说服美国保持其在欧洲的存在。法国、德国、西班牙等国家希望增强欧盟战略自主和经济主权，包括独立于中国开发关键核心技术的能力，并管理或对冲美国的依赖。奥地利、芬兰、法国、德国、匈牙利、意大利、荷兰和西班牙支持欧盟战略自主，捷克、丹麦、希腊、拉脱维亚、波兰、葡萄牙、罗马尼亚、斯洛伐克、瑞典对欧盟战略自主的态度模棱两可。波兰反对战略自主作为美国对欧洲安全保证的替代选择，从而疏远了美国。

政治碎片化也会增加欧盟发生政治动荡的风险，而一个动荡的欧洲，并不利于中欧关系的发展。比如，新冠疫情暴发后，部分欧盟智库炮制中国利用疫情分裂欧洲的舆论，① 部分欧盟政治家试图虚构"中国威胁"来让欧盟成员国变得更加团结。② 这种利用外部"假想敌"威胁来促进欧盟团结的战略曾经在冷战时期十分奏效，学界也认为外部威胁是推动欧洲团结的重要原因。③ 因此，不能排除欧盟在内部政治出现巨变的情况下需要树立一个"假想敌"来推动内部团结，也不排除甚至会把中国设置为"假想敌"。

三 规则规范竞争

欧盟和中国是全球治理中两个逐渐兴起的新角色，中欧区域间多层伙伴关系也走向高度制度化的路径依赖，中国—欧盟伙伴关系成为日益动荡的世界中罕见的稳定因素和模式。④ 尽管中国被欧盟视为应对全球挑战和全球治理问题（例如气候变化、世贸组织改革和伊朗核协议）的主要伙伴，但是欧盟和中国的规范立场依然有所差异，特别是在威胁和优先事项的定义、国家主权和不干涉立场以及关于多边主义和多极化的观

---

① Janka Oertel, "China, Europe, and covid-19 headwinds", *European Council on Foreign Relations*, July 20, 2020, https://www.ecfr.eu/article/commentary_china_europe_and_covid_19_headwinds.

② Stuart Lau, "China trying to Divide and Rule in Europe, EU Foreign Policy Chief Josep Borrell Says", *South China Morning Post*, May 16, 2020, https://www.scmp.com/news/china/diplomacy/article/3084684/china-trying-divide-and-rule-europe-eu-foreign-policy-chief.

③ John McCormick, *Understanding the European Union: A Concise Introduction*, Palgrave, 2017, p. 38.

④ 马里奥·泰洛：《欧洲国际关系理论的发展与中欧对话》，《世界经济与政治》2020年第1期。

点方面。①

（一）中欧关系中的规则之争

规则渗透于我们的日常生活，影响着商品的流动和国家间的合作。规则之争将成为中欧未来潜在的冲突点。这些领域包括网络安全、新能源、自动驾驶、工业互联网和工业4.0等领域。欧洲认为标准化工作是"行业的自我管理任务"，国家起着从属的作用。中国的标准化方法更多强调国家行为体参与标准化过程和标准的战略使用。

在经贸领域，欧盟担心中国在钢铁、化工、太阳能、电动汽车等行业的产能会对欧盟的相关行业产生冲击，担心会过度依赖中国部分工业原材料和制成品。在投资领域，欧盟于2019年通过了《欧盟外资审查框架法案》，并从2020年11月进入全面实施阶段。欧盟可以利用国家安全等理由把中国投资拒之门外。欧盟将以安全理由加大对投资的审查力度，同时欧盟增强了贸易保护力度，不断强调与中国经贸关系的对等性，敦促中国扩大市场准入，强化知识产权保护，并让欧盟企业在中国受到同等待遇。2020年6月，欧盟委员会又通过了一份旨在限制外国补贴对欧盟单一市场所造成不利影响的《防范外国企业不公平竞争白皮书》，并计划在2021年启动相关立法程序。② 同时，欧盟也对中国在关键交通和数字基础设施领域的投资表示担心，特别是针对中国通过"一带一路"倡议对欧盟境内的重要港口、铁路等的投资。此外，欧盟在2020年初发布了"5G网络安全工具箱"，强调虽然国家安全是各成员国自己的责任，但欧盟成员国应共同协调应对5G网络安全风险。③

新冠疫情一度造成欧盟卫生防疫物资产业链的短暂断裂，更刺激了欧盟试图减少在产业链和出口市场上对中国的过度依赖，这在德国政府

---

① Salvatore Finamore, "Normative Difference in Chinese and European Discourses on Global Security: Obstacles and Opportunities for Cooperation", *Chinese Political Science Review*, No. 2, 2017, pp. 159 – 178.

② 《欧盟发布防范不公平竞争白皮书草案 2021年启动立法》，中新网，2020年6月18日，http://www.chinanews.com/gj/2020/06 – 18/9215691.shtml。

③ "Secure 5G networks: Questions and Answers on the EU toolbox", European Commission, 29 Jan, 2020, https://ec.europa.eu/commission/presscorner/detail/en/qanda_20_127.

2020 年 7 月公布的《担任轮值主席国工作纲要》中有充分的体现。2020 年 10 月，在德国经济亚太委员会论坛上，包括德国总理默克尔在内的德国经济和工商界发出了减少对中国市场依赖的声音。① 此外，虽然美国被欧盟视为国际贸易规则的破坏者，但中国也同样被欧盟渲染为国际贸易规则的破坏者。不过，与美国直接采取单边主义行为的做法不同，欧盟的贸易保护手段更多是通过改变投资贸易规则，采取更高的市场、社会、环保、安全等标准来增强欧盟企业的竞争力。因此，鉴于欧洲需要通过扩大与中国的经贸合作来促进增长和开拓市场，与中国保持牢固的经济联系符合欧盟的根本利益。但是，欧洲可能会在加强与中国经济合作的同时，在地缘政治和高科技领域对中国进行遏制，并通过法律、规则的修订来构建更符合欧盟企业利益的市场环境。

（二）中欧关系的规范之争

欧洲一体化所取得的巨大成就使得欧盟成为一个强有力的国际行为体，作为一个规范性力量，通过不断完善的规范和日益增强的软实力去影响世界。

在汲取了约翰·加尔顿（Johan Galtung）意识形态力量的基础之上，伊恩·曼纳斯（Ian Manners）提出了欧洲规范性力量的概念，将其定义为能够塑造国际规范正常观念（the conceptions of normal）的能力。② 规范性力量既有内部面向，也有外部面向。欧盟不仅是一个具有共同原则的理想行为体，还扩大到向国际社会扩散规范的维度。欧盟内部规范主要指的是欧洲自身发展过程中确立的民主、人权、法治等规则。在国际秩序与欧洲秩序面临动摇的时候，欧盟不仅在内部强调秩序和价值观念的重要性和约束力，而且要在外部更加有力地倡导这些规范。在全球化的背景下，欧盟司法和制度框架、内部市场规模使得欧盟拥有规范性权力，其影响远远超出其边界。欧洲热衷于运用外交、贸易、发展合作、危机

---

① Asien‒Pazifik‒Konferenz, "Deutsche Wirtschaft soll in Asien Alternativen zu China suchen", Zeit, October 19, 2020, https://www.zeit.de/politik/ausland/2020‒10/apk‒corona‒lieferketten‒china‒peter‒altmaier‒joe‒kaeser‒angela‒merkel.

② Ian Manners, "Normative power Europe: a contradiction in terms?", *Journal of Common Market Studies*, Vol. 40, No. 2, 2002, pp. 235‒258.

管理等众多政策工具，甚至向中国传播和扩散内部规范。

欧洲将会更倾向于把中国视为价值规范领域的系统性竞争对手。尽管欧盟与中国是构成维护世界和平的"两大力量"，对维护世界多极格局，促进世界和平、安全与繁荣有着重要的意义，但是，由于欧盟和中国存在政治制度和价值观的差异，双方在价值规范领域存在竞争和分歧。从中欧建交以来，欧盟就常常在该领域向中国提出批评，但双方能坚持通过建设性沟通妥善处理分歧，并积极发挥经贸关系作为中欧关系的压舱石作用。但由于目前欧盟对外战略变得更加"地缘政治"，追求在全球捍卫欧洲的价值观，特别是在新冠疫情发生后，欧盟与中国在该领域的冲突和分歧加大。鉴于中国与欧盟拥有不同的政治体制和国家治理方式，欧盟主张维护自由主义国际秩序的外交政策面临中国快速发展的挑战，可能会对欧盟强调的经济理念与提供的秩序提出挑战。此外，当欧盟无法提供令人信服的秩序理念，使得欧盟无法承担规范议程设定者的角色时，中国与欧盟在战略重合区域的合作与竞争将日益增加。欧盟赖以存在的规范性力量（或软实力）也面临挑战，特别是可持续贸易、援助和投资领域的地位。

中欧内部规范呈现出竞争的态势主要表现在两方面。一方面，中欧内部规范在短期内难以达成共识，特别是欧洲规范强调的人权、西方民主等不仅存在概念上的差异，还存在路径上的差异。欧洲传播国内规范的方式是通过共同文化来构建国际社会的路径，中国的方式是通过共同身份认知来构建国际社会的路径。① 在欧洲看来，中国在可预见的将来不会发展为市场经济或接受自由主义，这与先前的预期相反。德国工业联合会主席迪特尔·肯普夫（Dieter Kempf）认为中国正在建立自己的政治、经济和社会模式，这与德国等自由市场经济体展开了制度性竞争。② 中欧历史文化迥异、意识形态有别、社会制度不同、发展道路不同、发展水平不同，差异、摩擦和分歧是自然的。但历史经验表明，只要双方

---

① 潘忠岐：《国内规范、国际规范与中欧规范互动》，《欧洲研究》2017 年第 1 期。
② BDI, "Strengthen the European Union to better compete with China", October 1, 2019, https://english.bdi.eu/article/news/strengthen-the-european-union-to-better-compete-with-china/.

坚持从大局出发，加强对话与沟通去增进了解和管控分歧，尊重和照顾彼此重大关切，夯实民意基础，中欧关系就能向前发展；反之双方关系就会陷入困境。鉴于人文外交关注的内部规范存在大量的不同意见，特别是中欧在内部规范，如人权、西方民主等议题上存在根本上的分歧，人文外交仅仅关注内部规范无法真正实现中欧规范进化，反而可能会本末倒置。因此，人文外交关注的重点可以调整到国际规范的传播与互动，辅之于国内规范。另一方面，近年来欧盟也一直想加强价值观外交，希望以共同价值观来推动成员国的集体行动。① 在此大背景下，欧洲将更会倾向于把中国看作是价值观方面的系统性竞争对手。欧洲改革中心（Centre for European Reform）2020 年 9 月的报告认为，欧盟在面对中美竞争时最终必须找到捍卫其价值观的方法，这意味着要与志同道合的民主国家保持一致，并对中国保持强硬。② 与此同时，欧盟支持多边主义和经济全球化，又需要通过扩大与中国的经贸合作来促进增长和开拓市场，与中国保持牢固的经济联系符合欧盟的根本利益。因此，欧盟不太可能追随美国步伐与中国完全"脱钩"，而可能会在加强与中国经济合作的同时，在地缘政治和高科技领域对中国进行遏制，并通过法律、规则的修订来构建更符合欧盟企业利益的市场环境。中欧意识形态的冲突将会长期存在。但是此前的经验显示，意识形态冲突没有给中欧务实合作带来根本损害。新冠疫情暴发以来，中欧关系的意识形态色彩加重，冲突增加，这背后既是中欧实力之变，也是美国向欧洲施压的结果，一方面，美国拉拢部分"新欧洲国家"充当反华马前卒；另一方面，美国通过盟友外交和价值观外交拉压"老欧洲国家"。今后，欧盟对华政策将面临接触还是防范，规范性外交还是务实外交，道德价值还是市场的选择与权衡。

同时，中欧规范互动面临着欧盟对华认知与政策改变的阻碍，包括欧盟自身的制度改革，中国在国际社会实力的提升，以及国际社会的变

---

① 欧盟委员会：《共同愿景，共同行动：一个更强大的欧洲》，《欧洲外交和安全政策全球战略》，2016 年 6 月，http://eeas.europa.eu/archives/docs/top_stories/pdf/eugs_zh_.pdf。

② Sophia Besch, Ian Bond and Leonard Schuette, "Europe, the Us and China: a Love–Hate Triangle?", Centre for European Reform, September 21, 2020, https://www.cer.eu/publications/archive/policy–brief/2020/europe–us–and–china–love–hate–triangle.

迁。这可能归因于国际力量对比的变化，欧洲暂未适应新的格局变化；也可能归因于内部结构的变化，欧洲民粹主义势力的崛起冲击欧洲治理结构；也可能归因于欧盟战略自主的式微，无法以同一声音在国际舞台上发挥影响力。目前欧洲对华政策存在的两种观点，一种是主张纯粹的经济合作，在一定程度上忽略内部规范的差异性；另一种是担心中国日益增强的政治、经济、技术和意识形态力量挑战西方统治地位。虽然欧盟可以发布联合声明和准则，但是执行权却取决于欧盟成员国。欧盟成员国对中国采取不同的策略，这在很大程度上是因为欧盟成员国对中国快速发展带来的秩序变迁存在不同认知，有的认为是威胁，有的认为是机遇。因此，缺乏凝聚力的欧洲无法有效应对中国崛起，也无法捍卫共同价值观，更无法把握中欧关系发展的大方向和主基调。

因此，欧盟成员国在与中国的互动过程中，欧盟成员国采取何种方式扩散价值规范，以及当价值规范与经济等战略利益冲突时，欧盟成员国如何处理这种冲突？有的成员国公开就敏感的人权议题发表声明，有的成员国在非公共场合呼吁人权议题，有的成员国强调与中国的人权对话、司法合作等。① 在欧盟层面，有的成员国强调只有欧盟才有资格与中国开展有关价值规范的外交活动，也就是说，成员国政府将欧盟视为推行规范性外交的平台或者工具；有的成员国政府反对欧盟推行规范性外交政策。② 因此，成员国和欧盟层面的规范性外交既相互交织又相互竞争。当然，价值规范与经济利益不一定是相互排斥的，但是经常会出现政策目标之间的取舍。欧盟旨在协调和执行基于价值规范的共同外交政策，但是外交和安全政策议题属于政府间权限，将凸显成员国的立场和利益的多样性。

对欧洲来说，欧洲持续接触中国可以提高全球治理进程中政治对话的效率、促进中国改革开放和协助中国内部改革进程。更重要的是，欧

---

① Katrin Kinzelbach and Hatla Thelle, "Taking Human Rights to China: An Assessment of the EU's Approach", *The China Quarterly*, No. 205, 2011, pp. 60 – 79.
② Mikael Mattlin, "A Normative EU Policy Towards China: Mission Impossible?", The Finish Institute of International Affairs, Working Paper No. 67, 2010, https://www.fiia.fi/wp-content/uploads/2017/01/upi_working_paper_67_2010.pdf.

盟对中国开展规范性外交有助于塑造欧洲自我认同,并向国际社会释放一种信号,即欧盟追求的目标和欧盟代表的行为体。但是,欧洲对中国的疑虑不断增加,这背后既是地缘政治博弈的加剧与美国单边主义的冲击导致欧洲整体上的战略焦虑,也是欧洲引入了更加务实和战略性的政策,这是对先前建设性参与方式的一种转变。欧盟承认有必要与中国进行经济和地缘政治合作,而不完全放弃其规范愿望。一方面,欧洲不太可能追随美国步伐与中国完全"脱钩",而可能会在加强与中国经济合作的同时,在地缘政治和高科技领域对中国进行遏制,并通过法律、规则的修订来构建更符合欧盟企业利益的市场环境。另一方面,冯德莱恩强调新一届欧盟委员会是一个"注重地缘政治的委员会",欧洲必须"自信、团结和强大,在世界上发挥作用,让世界更需要欧洲"。[1] 比如,我们一直认为欧盟在安全维度上不认为中国是一个威胁,毕竟地理距离的遥远不会带来双方的军事冲突。但是,这种观点正在发生变化,不仅体现在南海议题,还体现在欧洲边缘地区。比如,中国—中东欧合作框架遭到欧盟及西欧国家的怀疑,并将俄罗斯与中国捆绑在一起;再比如,美国与部分中东国家一同将"中国挑战"纳入北约峰会的讨论之中。[2]

中欧人文交流和沟通的力度越来越迫切。中欧关系发展的基石之一在于人文外交。人文外交应从国家战略高度来开展,从国际规范的共同进化出发。经济互补性、共同安全性、战略协调性以及文明吸引力等因素将推动中欧合作,而且双方都有参与全球治理的理念和策略——多边主义与人类命运共同体。从工具价值的角度看,面对日益严峻的全球性问题,中欧在诸多方面优势互补,互利合作能够降低治理成本,推动共同发展。从价值理性的角度看,中国的人类命运共同体理念与欧盟的善治和多边主义,对全球治理有着共同的追求,都是推动世界多极化和全球治理的重要规范性力量。新一届欧盟委员会继续支持多边主义和基于

---

[1] Steven Blockmans, "Why the EU needs a Geopolitical Commission", CEPS, September 15, 2020, https://www.ceps.eu/why-the-eu-needs-a-geopolitical-commission/.

[2] Stuart Lau, "Nato allies single out China and its policies as a strategic 'challenge'", *South China Morning Post*, December 5, 2019, https://www.scmp.com/news/china/diplomacy/article/3040666/nato-allies-single-out-china-and-its-policies-strategic.

规则的世界秩序。中国一直强调中欧合作远大于竞争，竞争可以是建设性的，或者合作式竞争，中欧共识远多于分歧。中国的目标和愿景是明确的，通过共商共建共享共赢，建设一个更加和平、安全、公平、包容的世界。中欧对全球治理价值观的追求，特别是对多边主义的维护与发展，体现了双方关于重塑国际社会秩序的愿景。

第四章

"一带一路"背景下的中国—东盟关系

中国与东盟紧密合作的国际背景是经济全球化和区域一体化深入发展。中国坚定不移地奉行"与邻为善、以邻为伴"的周边外交方针，支持东盟共同体建设，支持东盟在东亚合作中的主导地位。2013年10月，习近平主席在周边外交工作座谈会上指出，党的十八大以来，党中央突出周边在我国发展大局和外交全局中的重要作用。[①] 从中国—东盟命运共同体、互联互通、亲诚惠容等一些理念的出台，到承办亚信峰会、坚定进行海上维权等行动的扎实推进，都能展现出周边外交在中国对外战略布局中的地位进一步提升，而东南亚是其中的重点对象。在共同推进"一带一路"建设过程中，东盟可以发挥协调作用，并在东盟主导或牵头的合作框架中解决差异性诉求和临时性变化等潜在问题。作为一体化组织，东盟与"一带一路"倡议的对接合作，可以避免东盟国家内部政治变化对合作项目的影响，也可以调和东盟国家的不同利益诉求。

第一节 东盟及其发展历程

东盟是以实用主义为指导建设制度结构与构建外交战略的一体化组织。东盟一体化是通过协商达成共识，而不是通过让渡主权并将主权转移到超国家的地区机构来推进。这使得东盟决策方式不具有制度约束力和强制性。因此，从内部建设来看，东南亚国家之间的文化较为多元、

---

① 《习近平著作选读》（第一卷），人民出版社2023年版，第152—156页。

宗教信仰较为多样、经济社会发展水平较为悬殊,为了保证东盟凝聚力,东盟遵循实用主义原则推进区域合作与一体化进程。① 从外部战略来看,诸多大国在东盟周边发挥影响力,东盟通过实用主义方式周旋于各大国之间,并以此原则来处理与对话伙伴之间的关系。鉴于此,中国与东盟的关系是被一种基于利益交换考虑所决定的"要约—回应"机制的博弈关系②推动的。

一 东盟及其一体化进程

东盟经常被认为是世界上第二大成功的一体化组织。东盟是高度异质化的一体化组织,在地理、种族、语言、宗教、文化以及历史轨迹和政治经济发展路径等维度上存在着较大程度的多样性。东盟一体化指的是东南亚国家联盟在共同利益和地区认同的基础上,以政治安全共同体、经济共同体和社会文化共同体为基础的不断扩大和深化合作的过程。东盟形成了相互尊重、协商一致、照顾各方舒适度的"东盟方式",促进了各成员国之间相互理解和信任,在差异之中承认各自的利益和愿景,追求共同的目标。张蕴岭认为东盟方式的精髓是对话与合作,是一种妥善处理双边关系矛盾或争端的"处世之道"。③ 尽管东盟国家存在巨大差异性,但对话与合作将引领东盟国家构建合作、发展与和平的地区。灵活性是东盟一体化进程的重要组成部分。东盟一体化呈现多维性、制度松散、非约束性、开放性、制度碎片、不干涉内政、地缘重叠等特征。

(一)东盟及其制度框架

从东盟制度架构来看,东盟组织机构包括东盟峰会、东盟协调理事会、东盟共同体理事会、东盟领域部长会议、东盟秘书长和东盟秘书处、东盟常驻代表委员会、东盟国家秘书处、东盟政府间人权委员会和东盟

---

① 王玉主:《东盟40年:区域经济合作的动力机制(1967—2007)》,社会科学文献出版社2011年版,第22页。
② 王玉主:《"要约—回应"机制与中国—东盟经济合作》,《世界经济与政治》2011年第6期。
③ 张蕴岭:《中国—东盟对话30年:携手共创合作文明》,《国际问题研究》2021年第3期。

附属机构等。东盟峰会是东盟的最高决策机构,由各成员国国家元首或政府首脑组成,成员国轮流担任主席国。东盟秘书长是东盟的首席行政官,对东盟峰会负责,由东盟各国轮流推荐资深人士担任,任期5年。东盟秘书处设在印度尼西亚首都雅加达。自1976年至2019年7月,东盟共举行了34次峰会和4次非正式峰会。东盟的宗旨是通过成员国共同努力,加快本地区的经济增长、社会进步和文化发展;维护正义和法制及遵守联合国宪章原则,促进区域合作与稳定;在经济、社会、文化、科技等领域,促进互利合作;扩大成员国间的贸易;研究共同关心的国际问题等。

2007年11月20日,第13届东盟首脑会议签署《东南亚国家联盟宪章》(以下简称《东盟宪章》)。《东盟宪章》是东盟成立40多年来第一份具有普遍法律意义的文件。它确立了东盟的目标、原则、地位和架构,同时赋予了东盟法人地位,对各成员国都具有约束力。2008年12月15日,《东盟宪章》正式生效。东盟的基本目标是:维护并加强本地区和平、安全与稳定;保持本地区无核化,支持民主、法制和宪政,为东盟居民提供公正、民主与和谐的和平环境;致力于经济一体化建设,构建稳定、繁荣和统一的东盟市场和生产基地,实现商品、服务和投资自由流动;增强合作互助,在本地区消除贫困,缩小贫富差距;加强人力资源开发,鼓励社会各部门参与,增强东盟大家庭意识。[1]

《东盟宪章》坚持不干涉内政的基本原则,规定就涉及东盟共同利益事宜应强化磋商机制,依照东盟条约和国际惯例解决纷争,棘手问题将交由东盟首脑会议协商决定。宪章不包含任何强制性条款或针对成员国的制裁机制,依靠各成员国自觉在宪章框架下增强遵守规则与履行义务的意识。"东盟 – X 模式"(ASEAN Minus X formula)的原则被纳入《东盟宪章》。[2] 比如,在执行经济承诺时,可以采取灵活参与的模式。换句话说,一个成员国可以选择退出尚未准备好参与的经济倡议,即使这个

---

[1] ASEAN Secretariat, "The Asean Charter", January 2008, https://asean.org/wp – content/uploads/images/archive/publications/ASEAN – Charter.pdf.

[2] ASEAN Secretariat, "ASEAN Integration in Services", April 2007, https://www.asean.org/wp – content/uploads/2015/12/AFASPublication – (2007.04).pdf.

国家已经就该倡议进行谈判和批准。实际上，东盟成员国经常诉诸双边协议的谈判，而不是应用"东盟-X模式"。这构成了事实上的菜单式一体化路径。2003年新加坡与泰国建立的增强型经济关系框架就是一个典型案例，因为两国都对东盟自由贸易区谈判进展缓慢感到沮丧，决定通过缔结双边协议来引领一体化。

（二）东盟一体化进程

东盟一体化进程主要经历了三个阶段，从1967—1991年期间的"政治论坛"，到1992—2003年期间的"东盟自由贸易区"，再到2003年至今的"东盟共同体"。在这三个发展阶段中，东盟的性质呈现出不同的特征，功能也发生了重要变化。[①]

1. 东盟作为政治论坛

1967年8月，印度尼西亚、马来西亚、菲律宾、泰国和新加坡5国外交部长在泰国首都曼谷举行会议，发布《东南亚国家联盟成立宣言》，宣告东南亚国家联盟正式成立。1984年，文莱加入东盟，东盟成员国扩大到6个。1995年越南加入东盟，1997年缅甸和老挝加入东盟，1999年柬埔寨加入东盟，东盟成员国扩大到10个。1971年，《东南亚和平自由中立区宣言》宣称东盟的主要奋斗目标之一是使"东南亚成为一个不受外部强国任何形式或方式干涉的和平、自由和中立地区"。1975年5月，东盟第8届外长会议同意建立东盟贸易协商机构，从而建立东盟国家贸易优惠体质。1976年，东盟第一次首脑会议在印度尼西亚召开，签署了《东南亚友好合作条约》和《东南亚国家联盟协调一致宣言》。1977年，东盟国家外交部长特别会议签署《东盟特惠贸易安排协定》。1977年9月，东盟与美国举行首次公开对话。1980年3月，东盟与欧共体签署经济合作协定。1992年，东盟6国在第四次首脑会议上签署《东盟加强经济合作框架协定》。同年6月，欧盟国家经济部长签署《共同有效优惠关税协定》（CEPT），并决定设立部长级理事会监督协调东盟自由贸易区计划的实施。

---

① 王正毅：《东盟50年走出边缘地带发展困境了吗——对"东盟方式"和"东盟为中心"的反思》，《世界经济与政治》2018年第1期。

2. 东盟作为自由贸易区

1992年《东盟加强经济合作协定》签署以来，东盟制度化特征不断凸显。① 该协定规定东盟所有成员国都应参与东盟内部的经济安排。如果其他成员国尚未准备好实施这些经济安排，两个或多个成员国可以先行先试。该协定标志着东盟政治经济合作进入了新阶段。1995年，第五次首脑会议通过《曼谷宣言》，签署旨在促进政治、经济合作的38项文件。比如，该会议决定，到2003年，东盟内部完全实现贸易自由化。② 1998年12月，东盟第六次国家首脑会议举行，《河内宣言》等文件强调东盟各国加强合作，共同建设一个和平、稳定与发展的东盟。

3. 东盟共同体

东盟共同体是东盟一体化的核心机构，由东盟经济共同体、东盟安全共同体和东盟社会文化共同体三部分组成。2003年10月，巴厘峰会通过《东盟第二协约宣言》（亦称《第二巴厘宣言》），提出到2020年建成以政治安全共同体、经济共同体和社会文化共同体为三大支柱的东盟共同体。2015年11月18日，柬埔寨外交与国际合作部国务秘书高金洪在第27届东盟峰会后举行的发布会上表示，东盟领导人宣布在2015年12月31日建成以政治安全共同体、经济共同体和社会文化共同体三大支柱为基础的东盟共同体，成为亚洲地区第一个次区域共同体。东盟一体化，特别是经济一体化，使东盟区域内关税大幅降低、非关税壁垒逐步缩减、贸易便利度和商品流通自由度显著提升，其最终目标是东盟十国之间能够展开自由贸易、自由投资以及劳动力的自由流动。张蕴岭认为由东盟到东盟共同体是一个很大的跨越。③

2015年12月31日，东盟共同体正式成立，标志着东盟一体化取得

---

① ASEAN, "Framework Agreement on Enhancing ASEAN Economic Cooperation", Singapore, January 28, 1992, https://www.asean.org/wp-content/uploads/images/2012/Economic/AFTA/Common_Effective_Preferential_Tariff/Framework%20Agreements%20on%20Enhancing%20ASEAN%20Economic%20Cooperation%20.pdf.

② 周玉渊：《从东盟自由贸易区到东盟经济共同体：东盟经济一体化再认识》，《当代亚太》2015年第3期。

③ 张蕴岭：《如何认识和理解东盟——包容性原则与东盟成功的经验》，《当代亚太》2015年第1期。

重大进展。同时，东盟通过《东盟2025：携手前行》愿景文件，为东盟指明未来十年的发展方向，其中促进互联互通和产业部门合作是东盟共同体建设的主要任务，旨在打造一个高度凝聚、深度融合的东盟经济共同体，从而提升东盟在全球价值链和产业链上的竞争优势。政治凝聚力、战略一致性和经济繁荣的东盟一体化组织将在地区合作进程中发挥主导作用。东盟分别出台了"经济共同体2025愿景""社会和文化共同体2025愿景""政治和安全共同体2025愿景"，期望建立一个高度一体化和充满凝聚力的经济模式，建设一个具有包容性、可持续性、有韧性且充满活力的共同体，建立一个以规则为基础的包容性共同体，推动政治安全合作深化并有效应对各类挑战。①

东盟经济共同体的一个主要目标是建立一个单一市场和生产基地，包括货物、服务、投资和资本的自由流动，成为均衡发展、具备强劲经济竞争力、与全球经济高度融合的地区。东盟的目标是通过差异性的多速机制来解决东盟国家的发展差距以及市场开放的不同程度，如大幅降低地区内关税水平、逐步缩减非关税壁垒、协调技术规范和标准、简化海关手续等。东盟经济共同体的难度相对较低、进展也相对较快。东盟地区经济合作始于1977年的《特惠贸易协定》。2002年，东盟自贸区正式成立。2007年，东盟通过《2015年东盟经济共同体蓝图》，明确了东盟经济共同体的时间表和发展目标。2009年2月，东盟成员国经济部长签署《东盟货物贸易协定》（ATIGA），将东盟自贸区有关的《有效普惠关税协定》合并，演变为东盟单一的法律文件。这包括放宽关税限制、取消非技术壁垒、原产地规定、贸易便利化、技术标准、卫生与植物卫生措施等重要事项。2015年，东盟发布《东盟经济共同体2025蓝图》，包括五大重点：高度一体化和凝聚力的经济；富有竞争力、创新能力和活力的东盟；加强互联互通和部门合作；具有韧性、包容和以人为本的东盟；全球性的东盟。目前，《东盟货物贸易协议》《东

---

① ASEAN, "ASEAN Economic Community Blueprint 2025", November 2015, https://www.asean.org/storage/2016/03/AECBP_2025r_FINAL.pdf; ASEAN, ASEAN Socio-Cultural Community Blueprint 2025, March 2016, https://www.asean.org/storage/2016/03/AECBP_2025r_FINAL.pdf; ASEAN, ASEAN Political-Security Community Blueprint 2025.

盟服务贸易协议》①和《东盟全面投资协议》均已签署。东盟区块优势愈加明显，从特惠贸易协定到东盟经济共同体，东盟经济一体化向深度发展，贸易和投资效应不断凸显。

东盟政治安全共同体包括政治发展、规则制定、冲突预防和解决、冲突后的和平建设以及落实机制。政治安全共同体有三大重点，首先，是拥有共同价值观和基于规则的共同体；其次，是建成一个具有凝聚力、和平、稳定、有弹性的地区组织，共同承担起维护综合安全的责任；最后，是在日趋融合和相互依赖的世界中，成为一个充满活力的外向型组织。2009年3月，东盟出台《东盟政治安全共同体蓝图（2009—2015）》，为政治安全共同体的建成提供时间表和路线图。2014年11月，第25届东盟峰会发布《后2015年东盟共同体愿景内比都宣言》，推动东盟对外关系的纵深发展，增强东盟在地区架构中的主导地位。

东盟社会文化共同体的目标是建设以人为本、有社会责任感的共同体，持久提升东盟人民的团结，维护东盟国家整体性。2004年，第10届东盟峰会通过《东盟社会文化共同体行动计划》，制定了社会文化共同体建设的总目标。2009年，第15届东盟峰会通过《东盟社会文化共同体蓝图》。东盟社会文化共同体建设包括人文发展、社会福利和保护、社会公正和权利、确保环境可持续性、树立东盟身份认同和缩小发展差距等方面。②东盟社会文化共同体的合作机制较为丰富，包括理事会、部长级会议、高官会和委员会等。

总的来看，东盟一体化建设不断向前推进。东盟国家不断校正共同目标，不断增加政策协调，不断支持东盟地位。一方面，东盟作为一个整体在地区合作和全球治理舞台上将发挥更重要的作用。另一方面，东盟成为发展中国家经济一体化程度较高的地区组织之一，成为地区一体化发展模式的创新实践。

---

① 2019年4月，东盟经济部长签署《东盟服务贸易协议》，取代《服务贸易框架协议》，为东盟实现服务贸易负面清单模式提供政策指导。

② 《东盟共同体怎么"共同"？》，新华网，2015年12月31日，http：//www.xinhuanet.com/world/2015－12/31/c_128585500_2.htm。

二 东盟一体化的理论解读

东盟从政治安全合作框架转型到经济合作框架再转型到地区治理框架,构成了一种地区一体化路径和地区主义模式。1999年,东盟成为一个拥有十个成员国的区域一体化组织。随着东盟在地区合作框架中的地位越来越重要,[①] 东盟的中心地位逐渐被区域内外的行为体所认可。东南亚地区一体化形成以小国为主导、重进程、轻结构的地区合作模式。以东盟为中心的区域合作机制已趋成熟、稳定,符合东亚合作传统和现实需求。开放式的地区主义、合作安全、柔性地区主义、过程导向、共识原则、非强制性、低制度化等特征都指向了东盟地区合作进程以及东盟方式,中立调停者、驾驶员等定位都指向了东盟的国际角色。

从现实主义角度观察,东盟一体化是东盟国家对国际格局变化的一种反应,特别是全球和地区经济格局的变化。[②] 一方面,东盟对外依存度较高,甚至超过地区内部相互依赖程度。另一方面,东盟需要通过地区合作来应对外部挑战、把握国际格局变化带来的机遇。东亚地区主义越来越成为霸权国追逐自身利益的工具,表现为霸权国易通过改造东亚地区制度框架和规范规则来夯实其自身优势地位,通过"制度霸权"来制衡和规锁崛起国。当然,这种改造也包括霸权国的退出机制,通过退出来获得更大的政策空间,要么倒逼地区制度改革,要么转嫁霸权治理成本,最终目的是维护其霸权地位。除了美国霸权的影响之外,东亚地区内部的权力架构也制约着亚洲地区一体化。有关全球化和全球经济发展的一些假设面临新的质疑,特别是"华盛顿共识"作为发展中国家经济发展和金融放松管制的一种路径,其本身及其效应受到尖锐的质疑。在亚洲,地区组织可能与西方意识形态、偏好和经济模式存在一定程度的差异性。东盟需要在政治经济和社会空间内重新建构全球化进程,特别

[①] 《落实中国—东盟面向和平与繁荣的战略伙伴关系联合宣言的行动计划(2021—2025)》,外交部,2020年11月12日,https://www.fmprc.gov.cn/web/zyxw/t1831837.shtml。

[②] William J. Jones, "The ASEAN Economic Community and 'New Regionalism'", *The German Journal on Contemporary Asia*, No. 119, April 2011, pp. 49–66, http://asien.asienforschung.de/wp-content/uploads/sites/6/2014/04/ASIEN_119_RN_Jones.pdf.

是应对美国霸权带来的风险。一个体现是亚洲地区组织不会完全接受国际金融机构的理念和行动。在欧洲，地区组织可能会保护欧洲社会模式免受放松管制的美国资本主义的同化。但是，在亚洲，国际货币基金组织等机构被认为主要是将西方或者发达国家的观点强加于亚洲国家。肯特·加尔德（Kent Calder）认为亚洲区域化的最大受害者是"全球主义"，亚洲区域内贸易的增加意味着对区域外特别是美国的依赖减少。① 但区域内贸易的增长在很大程度上是跨越国界生产分散的结果，跨国生产导致跨境贸易的需求攀升，而其最终产品仍然流向美国这一主要市场。查尔斯·欧曼（Charles Oman）认为塑造一体化动态并推动全球化的主要宏观经济力量是后泰勒斯主义（post-Taylorist），即企业内部和企业之间生产组织的灵活方法的持续发展、强大的竞争实力和传播能力。② 因此，区域生产网络的发展过程本身是由全球化过程驱动的，并取决于全球市场。紧密的地区经济一体化既是全球化的结果，也是全球化发展的进一步推动力。

从自由制度主义角度来看，东盟一体化的关键因素是东盟国家自身经济形态和利益诉求的变化，比如从经济民族主义向自由开放主义的转变。③ 同时，东盟制度化建设成为地区合作的新常态，不仅体现在东盟成为东亚经济合作的中心，还体现在东盟对成员国政策影响程度不断增强。东亚地区产业内循环机制和生产网络的发展，不仅带来该地区相互依存度的加深，也推动了该地区一体化建设。经济周期同步性（business cycle synchronization）是衡量地区经济一体化程度的综合性指标。④ 在垂直型分工体系转向区域化生产体系的转变过程中，东盟越来越呈现水平型分工的趋势，保证了与其他经济体的高同步性。东盟及其成员国相继制定新的

---

① Kent Clader, *Asia's Deadly Triangle: How Arms, Energy and Growth Threaten to Destabilize the Asia-Pacific*, London: Nicholas Brealey, 1996, pp. 150 – 171.

② Charles Oman, "Globalization, Regionalization and Inequality", in Andrew Hurrell and Ngaire Woods, eds., *Inequality, Globalization and World Politics*, Oxford: Oxford University Press, 1999, p. 36.

③ Richard Stubbs, "Signing on to Liberalization: AFTA and the Politics of Regional Economic Co-operation", *The Pacific Review*, Vol. 13, No. 2, 2000, pp. 297 – 318.

④ 于震、李晓：《中国在东亚经济一体化中的角色演化与策略选择：基于经济周期同步性的实证研究》，《世界经济研究》2013 年第 6 期。

工业战略，如2014年新加坡公布智慧国家2025计划，2016年泰国提出泰国4.0战略，2018年印尼制定工业4.0路线图，2018年马来西亚启动工业4.0蓝图政策。同时，东盟通过参与国际合作机制使其国际地位获得较大的提升。东盟不仅在亚太经合组织中发挥着重要作用，还是亚欧会议的倡议者，更是平衡大国关系的重要力量。尽管东盟在亚洲合作中发挥着重要的倡议主导者作用，但东亚地区制度竞争和对立的趋势愈发明显。

从建构主义角度来看，身份认同是东盟一体化发展的动力源。阿查亚认为"亚洲存在一种对集体认同的共识"，并系统分析东盟规则规范在地区秩序管理过程中的作用。东盟国家扎根于东方传统，历史渊源深厚，文化相通相近，拥有争取民族解放和国家独立的相似经历。亚洲观念指的是亚洲历史上逐渐形成并发展演变的一种地区共同体观念。秦亚青认为东亚合作的关键在于进程，[①] 以进程为主的地区多边主义通过规范扩散和社会化机制促进一体化发展。汪晖认为亚洲是一个带有矛盾性的概念，[②] 是一个矛盾统一的复合体。没有地区认同就没有地区观念，比如没有亚洲认同就没有亚洲观念。有了地区观念，新的观念就可以不断生产，从而实现地区共同体建设。

地区一体化建设可能会成为地区利益聚合和整合的发动机、地区权力分布和演化的平衡器、地区认同意识和地区共同体观念之光的灯塔。[③] 东南亚国家总体上认可东方身份认同，但政治上却表现出较为碎片化的身份认同，更不要说政治制度的差异，进一步扩大了东南亚地区认同的分歧。地区认同包括文化价值认同、安全观念认同和政治身份认同。鉴于地区认同是对该地区存在一致的集体身份认同，东亚地区的政治认同仍然存在很大问题。[④] 由于历史传统和意识形态等复杂因素的影响，东亚

[①] 秦亚青：《结构、进程与权力的社会化—中国与东亚地区合作》，《世界经济与政治》2007年第3期。

[②] 汪晖：《亚洲想象的政治》，载周方银、高程主编《东亚秩序：观念、制度与战略》，社会科学文献出版社2012年版，第41页。

[③] [美]阿米塔·阿查亚：《构建安全共同体：东盟与地区秩序》，王正毅、冯怀信译，上海人民出版社2004年版，第11页。

[④] 《地区认同：东北亚地区合作的障碍》，人民网，2010年8月6日，http://news.sohu.com/20100806/n274036720.shtml。

地区认同感一直较弱,由此带来地区合作与一体化进程进展缓慢。从另外一个侧面来看,欧洲衍生出的两种秩序观念——民族国家和地区主义都在塑造着国际社会的观念形态。所以欧洲衍生出来的民族主义映射在不同的地区,同时也出现了地区主义的投影。政策协调而不是政策趋同成为亚洲和欧洲一体化的分水岭。①

东盟一体化是通过不同的、相互重叠的次地区一体化来实现的,这种次地区或微观地区一体化本身不仅由全球化驱动,甚至依赖经济全球化,也有东盟地区和国家的自身经济发展逻辑和身份认同的结果。因此,东盟一体化存在诸多地区主义的发展版本。开放地区主义会带来制度过度发展、制度重叠、制度过剩的弊端。复合地区主义必须坚持中美大国协调同东盟主导的地区主义相结合,中小国家是地区合作的主要推动力。② 还有的学者认为东亚合作没有地区主义的支撑,③ 这主要是强调欧洲的功能主义路径在东亚合作中难以复制。正如阿查亚认为亚洲多边制度建设是过程规范驱动的,通过培养合作习惯而非解决具体问题来推动亚洲合作。④ 因此,非正式的、非法律的制度建设以及灵活性和包容性的发展逻辑是东盟一体化的偏好模式。东盟一体化不仅需要考虑地区与全球的关系,还要考虑该地区国家之间的关系,以及不同水平和不同形式的一体化进程之间的关系。

第二节 周边外交逻辑下的中国—东盟关系

中国和东盟形成了全方位、多层次、宽领域的合作格局,政治互信不断加深,各领域务实合作取得了丰硕成果。中国—东盟关系已成为东

---

① 吴泽林:《亚洲区域合作的互联互通:一个初步的分析框架》,《世界经济与政治》2016年第6期。

② Baogang He, "Symposium, Power Shift A Concert of Powers and Hybrid Regionalism in Asia", *Australian Journal of Political Science*, Vol. 47, No. 4, 2012, pp. 677–690.

③ 莫盛凯:《没有地区主义的东亚合作》,《当代亚太》2012年第4期。

④ Amitav Acharya, "Ideas, Identity and Institution-building: From the 'ASEAN Way' to 'Asia-Pacific Way'?" *The Pacific Review*, Vol. 10, No. 3, 1997, pp. 319–346.

盟同对话伙伴关系中最具活力、最富内涵的一组关系。鉴于东盟制度化程度相对较低，更易受到东盟内部成员差异的影响，中国与东盟合作需要进一步加强不同合作机制之间在地区合作中的协调力度。中国始终视东盟为周边外交优先方向，东盟是"一带一路"倡议推进合作的重点地区。

一　中国—东盟关系概况

回顾中国与东盟的关系，在东盟对话伙伴中，中国创造了多项"第一"。第一个加入《东南亚友好合作条约》，第一个同东盟建立战略伙伴关系，第一个同东盟商谈建立自贸区，第一个明确支持东盟在区域合作中的中心地位。[①] 2003年10月，中国作为域外大国第一个加入《东南亚友好合作条约》，并与东盟建立战略伙伴关系。自2009年起，中国是东盟第一大货物贸易伙伴国，东盟也是中国第三大货物贸易伙伴，且东盟更是在2019年成为中国第二大货物贸易伙伴，2020年成为中国第一大货物贸易伙伴。中国与大多数东盟国家在双边层面已建立全面战略伙伴关系。多边主义是东亚合作取得积极进展的重要法宝。以东盟为中心的区域合作架构符合东亚传统和现实需求。中国坚定支持东盟共同体建设，坚定支持东盟加强在区域合作中的中心地位，坚定支持东盟在构建开放包容的地区架构中发挥更大作用。[②] 在此基础上，双方将中国—东盟关系提升为全面战略伙伴关系，展现团结合作的意愿和决心，显示双方关系的前瞻性，树立中国—东盟合作的新标杆。[③] 2021年，中国东盟建立全面战略伙伴关系。

从历史进程来看，中国与东盟的关系大致经历了两个转变。第一个转变是中国与东盟从对抗走向对话，第二个转变是中国与东盟从经济合作提升到战略合作关系。1967年东盟成立后，中国与东盟受到意识形态

[①] 《打造更高水平的中国东盟战略伙伴关系》，《人民日报》2021年6月10日。
[②] 《李克强在第23次中国—东盟领导人会议上的讲话》，新华网，2021年11月13日，http：//www.xinhuanet.com/politics/leaders/2020 - 11/13/c_1126733299.htm。
[③] 《王毅国务委员兼外长在纪念中国东盟建立对话关系30周年特别外长会上的致辞》，外交部，2021年6月8日，https：//www.fmprc.gov.cn/web/ziliao_674904/zt_674979/dnzt_674981/qtzt/jnzghflhghfxw_1/t1881992.shtml。

的干扰，基本上处于一种对立状态，并且中国与东盟国家建立外交关系，尚未与作为一体化组织的东盟建立联系。1991年7月，时任外交部长钱其琛出席第二十四届东盟外长会议开幕式，开启了中国与东盟合作的序幕。1992年，东盟将中国视为"磋商伙伴"。1994年7月，中国作为东盟磋商伙伴国参加东盟地区论坛首次会议。1996年7月，中国升级为东盟全面对话伙伴国。1997年，首次中国—东盟领导人非正式会议在马来西亚吉隆坡举行，双方领导人宣布建立中国—东盟面向21世纪的睦邻互信伙伴关系。1997年2月，中国—东盟联合合作委员会在北京成立，随后的联合公报强调双方应在经济、贸易、科技和旅游等领域扩大合作。1997年，中国在东盟地区论坛上提出了互信、互利、平等和合作为核心的新安全观。亚洲金融危机之后，中国加快了与东盟的合作进程，建立了"10+1"和"10+3"合作机制。"10+1"合作机制的直接外部动因是亚洲金融危机，这为中国与东盟加强合作提供了沟通平台。

中国与东盟的关系也经历了被动应对向主动塑造的转变过程。中国以经济一体化推进战略合作的路径与东盟以经济利益为主导的大国平衡战略并不冲突。并且，中国主导提升周边外交在中国总体战略中的地位。2002年11月，中国与东盟签署了《中华人民共和国与东南亚国家联盟全面经济合作框架协议》。2002年7月，中国在东盟地区论坛外长会议上提交《中方关于新安全观的立场文件》，阐述了中国的安全观念和政策主张。① 2003年，中国作为东盟对话伙伴率先加入《东南亚友好合作条约》，与东盟建立了面向和平与繁荣的战略伙伴关系。② 2004年11月3日，首届中国—东盟博览会在南宁召开。2008年12月，中国首次任命驻东盟大使一职。2012年9月，中国驻东盟使团成立并派驻大使。2010年1月，中国—东盟自贸区全面建成，双方对超过90%的产品实行零关税，中国与东盟经济相互依存关系进一步加强。

2013年，习近平主席提出愿同东盟国家共建21世纪海上丝绸之路，

---

① 《中国向东盟论坛提交新安全观立场文件》，《人民日报》2002年8月2日第3版。
② 《落实中国—东盟面向和平与繁荣的战略伙伴关系联合宣言的行动计划（2021—2025）》，外交部，2020年11月12日，https://www.fmprc.gov.cn/web/ziliao_674904/1179_674909/t1831837.shtml。

携手共建更为紧密的中国—东盟命运共同体,为新时期双方关系发展指明方向。2014 年,中国与东盟启动自贸区升级谈判。2015 年,中国与东盟签署《关于修订〈中国—东盟全面经济合作框架协议〉及项下部分协议的协定书》(以下简称《协定书》),2019 年 10 月《协定书》全面生效。2017 年 11 月,第 20 次中国—东盟领导人会议发表《中国—东盟战略伙伴关系 2030 年愿景》,① 中国与东盟以此为指引,打造更高水平的战略伙伴关系。2020 年,第 23 次中国—东盟领导人会议发布《落实中国—东盟面向和平与繁荣的战略伙伴关系联合宣言的行动计划(2021—2025)》。中国与东盟的未来合作涵盖十个议题,包括政治与安全合作、经济互通、社会人文合作、互联互通、智慧城市合作、可持续发展合作、东盟一体化倡议与缩小发展差距、东亚合作、次区域合作、跨区域及联合国事务合作。②

从合作机制来看,中国与东盟建立了较为完善的对话合作机制,主要包括领导人会议、外长会议、部长级会议、高官会等。第一,中国—东盟领导人会议。主要就中国与东盟关系发展做出战略规划和指导。截至 2020 年底,中国—东盟领导人会议自 1997 年以来已举行 23 次。此外,双方还召开过数次中国—东盟领导人特别会议,包括中国—东盟领导人关于非典型性肺炎问题特别会议(2003 年)和中国—东盟建立对话关系 15 周年纪念峰会(2006 年)等。2018 年 11 月,第 21 次中国—东盟领导人会议暨庆祝中国—东盟建立战略伙伴关系 15 周年纪念峰会在新加坡举行,会议发表《中国—东盟战略伙伴关系 2030 年愿景》和《中国—东盟科技创新合作联合声明》等文件。2019 年 11 月,第 22 次中国—东盟领导人会议在泰国曼谷举行,会议宣布制定《落实中国—东盟面向和平与繁荣的战略伙伴关系联合宣言的行动计划(2021—2025)》,就"一带一路"倡议同《东盟互联互通总体规划 2025》对接、智慧城市合作、媒体交流等发表联合声明。2013 年,在第十届中国—东盟博览会和中国—东

---

① 《中国—东盟战略伙伴关系 2030 年愿景》,新华社,2019 年 9 月 20 日,http://www.xinhuanet.com/world/2018-11/15/c_1123718487.htm。
② 《落实中国—东盟面向和平与繁荣的战略伙伴关系联合宣言的行动计划(2021—2025)》,外交部,2020 年 11 月 12 日,https://www.fmprc.gov.cn/web/zyxw/t1831837.shtml。

盟商务与投资峰会上，李克强总理提出中国—东盟的"黄金十年"将提升到"钻石十年"。① 2013 年，在印度尼西亚国会的演讲中，习近平主席提出建设"中国—东盟命运共同体"的战略目标。② 第二，中国—东盟外长会议。负责协调落实领导人会议成果，为下次领导人会议做准备。2019 年 7 月，中国—东盟外长会议在泰国曼谷举行，中国国务委员兼外交部长王毅出席。2020 年 2 月，中国—东盟关于新冠肺炎问题特别外长会在老挝万象举行，并发表联合声明。第三，部长级会议。中国和东盟已建立外交、防务、商务、文化、教育、交通、海关署长、总检察长、卫生、电信、新闻、质检、执法安全等十多个部长级会议机制。第四，高官会。通常在部长级会议前召开，主要回顾和展望中国—东盟关系，为部长会和外长会做准备。高官会由中国和东盟相关机构的高官出席。第五，中国—东盟联合合作委员会。每年在印度尼西亚雅加达举行会议，东盟常驻代表委员会和中国驻东盟大使出席，旨在推动中国和东盟各领域务实合作。2019 年 4 月，第 20 次中国—东盟联合合作委员会会议在雅加达东盟秘书处举行。总的来看，中国与东盟形成了领导人、部长、高官等多层级、立体式对话机制。

当今，亚洲正在经历着巨大的变化，不仅体现在中国在亚洲的和平崛起，还体现在亚太地区的国际力量对比、地缘战略格局（包括地缘政治、地缘经济）也经历着变化。与冷战结束前不同，中国在世纪之交逐渐超越日本、美国和欧盟，成为东盟最重要的贸易伙伴。各种国际力量围绕权力和利益再分配的斗争不仅不会消失，反而有增加的趋势，美国重返亚太的战略并未因为美国总统更迭而变化，美国及其在亚太的盟友仍对中国的和平发展带来军事上的威胁。此外，民族宗教矛盾、边界领土争端、恐怖主义等仍困扰着地区安全局势。在国际和国内复杂局势共存的背景下，生存安全与发展安全、传统安全与非传统安全、内部安全与外部安全、自身安全与共同安全交织在一起，中国既面临维护国家统

---

① 李克强：《推动中国—东盟长期友好互利合作战略伙伴关系迈上新台阶》，《人民日报》2013 年 9 月 4 日第 3 版。

② 习近平：《携手建设中国—东盟命运共同体——在印度尼西亚国会的演讲》，《人民日报》2013 年 10 月 4 日第 2 版。

一、维护领土完整的安全问题,也面临着维护发展利益和地区秩序的安全问题。在和平态势是主流的情况下,中国如何推进与东盟的关系是基于对国际、国内政治经济格局的认知,在不断的学习过程中定位自身利益与身份,并逐渐融入和引领地区发展与合作过程中。中国正是在"经济第一"的推动下,逐渐融入地区体系,由一个"地区外国家"变为一个"地区内国家",由此产生正向的溢出效应。

二 周边外交逻辑下的中国—东盟合作路径

中国周边安全环境深刻影响着中国的生存与发展,特别是关切到中国"两个一百年"目标的实现。健康的周边环境会促进中国国内发展与外交战略的开展。习近平主席曾谈到,"无论从地理方位、自然环境还是相互关系看,周边对中国都具有极为重要的战略意义"。[①] 中国将自身定位为一个具有全球影响力的地区性国家,这既是一个应然性结论也是一个实然性的答案。因此,中国将战略立足点定位于亚洲地区平台,"中国和平崛起的首要舞台将始终在亚洲,尤其是东亚,其次是中亚和较小意义上的南亚"[②]。随着地区经济联系的加深,安全领域不信任和焦虑的减少,中国发展战略伙伴关系和地区多边主义,积极加入与建设地区组织。

(一) 中国周边外交战略

中国的周边地区战略是中国对外政策的内容之一,中国的政策理念、历史文化、经济规模最容易对周边地区产生影响力。2013 年 10 月,习近平主席在周边外交工作座谈会上指出,党的十八大以来,党中央突出周边在我国发展大局和外交全局中的重要作用。[③] 中国首先是地区性大国,然后才是全球性大国,"一带一路"倡议的推进也应首先落脚在周边地区。一方面,中国负责任的大国形象必然与周边国家的认知密切结合在

---

① 《习近平在周边外交工作座谈会上发表重要讲话 强调为我国发展争取良好周边环境 推动我国发展更多惠及周边国家》,《人民日报》2013 年 10 月 26 日第 1 版。

② 时殷弘:《战略问题三十篇——中国对外战略思考》,中国人民大学出版社 2008 年版,第 176 页。

③ 《习近平在周边外交工作座谈会上发表重要讲话 强调为我国发展争取良好周边环境 推动我国发展更多惠及周边国家》,《人民日报》2013 年 10 月 26 日第 1 版。

一起，如果周边国家的认知度高，那么中国形象的可信度和接受度将会更高。另一方面，"一带一路"倡议旨在提升周边地区的核心竞争力，从而带动中国与周边地区的共同繁荣发展。同时，利益共同体和命运共同体的建设依赖周边地区的经济发展和安全稳定。因此，周边地区在中国外交战略布局中的地位最为关键，而中国周边地区的一体化组织是中国开展国际组织外交和周边外交的战略重心和重要平台路径。

21世纪以来，中国更加重视与邻国之间的关系，并在2002年11月召开的第十六届中国共产党全国代表大会上被明确提出，会上将"睦邻友好政策"列为外交事务中的头等任务。中国的睦邻友好政策被视为其发展策略的一个重要组成部分，同时也表达出了它通过加强地区合作来为世界和平和发展做出贡献的意愿。从中国东盟命运共同体、互联互通、亲诚惠容等一些理念的出台，到承办亚信峰会、坚定进行海上维权等行动的扎实推进，都能展现出周边外交在中国对外战略布局中的地位进一步提升，而东南亚是其中的重点对象。中国既要深化同周边国家互利共赢合作的战略契合点，聚焦经贸、科技、金融等领域，又要积极开展区域经济合作，推进基础设施互联互通项目，实施自由贸易区战略和建设"一带一路"，构建区域经济一体化新格局。① 时任国务院总理温家宝在2003年东盟商务与投资峰会上的讲话中重申了这一政策，他指出中国对邻政策的目标是成为一个好邻国、好搭档，建立良好的邻国关系，深化地区合作，将中国与邻国的交流和合作发展到一个新的高度；而构建好和平和繁荣的地区关系是中国自身发展战略的一个重要组成部分。2007年，党的十七大报告中指出中国应该积极地参与地区合作，这样才能共同创造出一个以平等、互信、双赢为特点的和平稳定地区环境。另外，时任中国外交部长杨洁篪在2010年的慕尼黑安全会议上也表达了同样的观点。② 在亚洲地区合作方面，中国已深入地参加到各种各样的亚洲地区合作机制中。中国强调与各方的合作与协调并且推

---

① 《习近平著作选读》（第一卷），人民出版社2023年版，第152—156页。
② 杨洁篪：《变化中的中国与世界——在慕尼黑安全政策会议上的讲话》，外交部，2010年2月5日，https://www.fmprc.gov.cn/web/ziliao_674904/zt_674979/ywzt_675099/2010nzt_675437/yjc_675473/t656669.shtml。

动区域经济一体化的发展。中国的发展为亚洲的地区合作注入了新鲜的活力。中国已经通过一些优惠政策来帮助其他的发展中国家实现经济增长。为了加强与邻国之间的经济合作，中国鼓励本国企业将亚洲作为他们"走出去"战略的主要目标，并且与西部大开发战略及东北部振兴战略结合起来。

中国与周边地区的关系具有开放性、层次性和多元性的特点。中国与周边国家的伙伴关系网络是中国地区战略的另一个维度，这与经济一体化逻辑相辅相成，互相补充。中国周边地区战略的经济一体化路径蕴含着政治、经济、外交和安全政策等涵义。中国已经成为许多亚洲国家的首要贸易伙伴并在很大程度上成为区域经济活动的枢纽。这些国家往往与中国的政治和外交关系较好，且有共同走向经济一体化的愿景，产业和进出口商品互补性较强，具有一定的市场规模和贸易辐射作用。中国与周边地区自由贸易区合作就是最重要的体现，以经济合作与互信推动政治合作与互信。因此，中国在周边地区既要构造利益共同体，又要构建责任共同体与命运共同体，以命运共同体为最终目标。

随着中国与周边国家的伙伴关系网络日益成熟与完善，交往内容与层次不断丰富与深化，更有利于中国开展区域一体化合作。中国构建"一带一路"倡议和成立亚洲基础设施投资银行的行为可以表明中国具有强大的实力与强烈的意愿。中国的周边地区是一个系统，既是国际社会大的系统之后的次级系统，也是国家系统之上的高级系统，这就形成了多个系统嵌套的状态，系统内部某个因素或某些因素间关系的变动都会引起系统的变迁。

（二）中国支持东盟中心地位

东盟中心地位指的是东盟在地区安全结构、地区秩序以及在该地区存在利益诉求的外部势力之间的权力关系中所发挥的一种关键角色。[①] 长期以来，"东盟将其中心性视为最宝贵的组织资产"[②]。东盟中心地位的相

[①] Joycee A. Teodoro, "Distracted ASEAN? Where to for ASEAN Centrality?", CIRSS Commentaries, Vol. 3, No. 15, December 2016, https：//think - asia. org/bitstream/handle/11540/6939/2016 - 1222 - Vol - 3 - No - 15. pdf? sequence = 1.

[②] 刘阿明：《东盟对美国印太战略的认知与反应》，《南洋问题研究》2020 年第 2 期。

关文献已就原因、条件、机遇与挑战进行了详细讨论。① 早在 2008 年 12 月生效的《东盟宪章》第 1 条就明确提及"维护东盟在开放、透明和包容的地区构架中的中心地位和积极作用,作为促进和外部伙伴关系进行合作的主要动力"②。地缘中心、平台中心、规范中心和关系中心是东盟中心地位的四大内涵,地区均势状态、大国竞合关系和平衡外交政策是东盟中心地位的三大逻辑链条。③ 内部中心性和外部中心性是东盟中心地位的两大维度,前者是指东盟共同体建设的不断发展,后者是东盟在地区合作进程中的地位提升。艾达·胡迈达(Ida Humaidah)认为东盟发挥了中介中心性的作用,其能够将域内国家和域外力量联系起来。④ 梅里·卡巴莱诺-安东尼(Mely Caballero-Anthony)通过社会网络分析方法提出东盟在东亚地区主义机制网络中发挥了"桥接"作用。⑤ 魏玲认为东盟中心地位是"关系平衡"制度化的结果。⑥ 总的来看,东盟中心地位体现为东盟在一体化进程中形成的"东盟方式",包括东盟在大国平衡战略中维持大国均势、东盟在地区合作机制和平台的主导地位以及东盟本身的国际影响力三个方面。

中国在东南亚地区的外交关系,除了双边层面的伙伴关系之外,很重要的一环是中国与东盟多边组织的合作。中国的战略对其自身和许多东亚国家来讲是有益的。中国的崛起促进了区域内贸易和投资的增长、经济伙伴关系的生成和自由贸易协定的发展。中国在需要一个更紧密的"中国—东盟命运共同体"的压力下推动了"多支点外交"战略,并为国家的周边外交提出了三方面战略布局:中国将与邻国加快区域互联互通,

---

① Amitav Acharya, "The Myth of ASEAN Centrality?" *Contemporary Southeast Asia*, Vol. 39, No. 2, 2017, pp. 273-279.

② ASEAN, "The ASEAN Charter", December 2007, p. 5, https://asean.org/wp-content/uploads/images/archive/publications/ASEAN-Charter.pdf.

③ 王传剑、张佳:《"印太战略"下"东盟中心地位"面临的挑战及其重构》,《国际观察》2021 年第 3 期。

④ Ida Humaidah, *Questioning ASEAN Centrality in East Asian Regionalism: The Case of ASEAN Connectivity*, Erasmus University, 2012, pp. 18-42.

⑤ Mely Caballero-Anthony, "Understanding ASEAN's Centrality: Bases and Prospects in An Evolving Regional Architecture", *The Pacific Review*, Vol. 27, No. 4, 2014, p. 565.

⑥ 魏玲:《关系平衡、东盟中心与地区秩序演进》,《世界经济与政治》2017 年第 7 期。

建立亚洲基础设施投资银行并加快自贸区建设；在互信、互惠、平等、协调、增强合作机制和战略互信的新安全观基础上推进区域安全合作；为中国和邻国之间长期的关系发展加强公共外交和个人对个人的民间交流。①

2019年6月，东盟出台《东盟印太展望》，强调东盟中心地位在印太地区开展合作的重要前提地位，既坚持把东盟主导的现有机制（东亚峰会、东盟地区机制论坛、东盟防长扩大会议、东盟海事论坛等）作为地区合作与对话的平台，又加强东盟主导的对话合作机制，与印太地区的其他地区和次地区合作机制进行对接合作。② 东盟希望在现有合作机制基础上加强印太合作，而不是取代现有机制，也不是将中国等重要利益攸关方排除在外，更不是强调冲突对抗和大国竞争。因此，东盟的印太展望是期望建立包容性的、开放性的、合作性的和平等性的印太地区秩序。

东盟发挥"功能性中心"的作用，③ 强化内部一体化，深化地区合作框架，提升东盟地区治理能力。中国坚定支持东盟共同体建设，支持东盟在区域合作中的中心作用，支持东盟在国际地区事务中发挥更大作用。中国在东南亚的国家角色定位是发展者、以伙伴关系为基础的合作者与安全维护者。东盟国家认为中国将东盟作为应对美国"印太战略"的重要抓手，共同推进地区合作制度化建设，维持地区均势格局和大国竞合状态。同时，东盟国家积极寻求中国以外的可替代选择，通过外资、市场的多元化来平衡中国的影响，弱化对中国的脆弱性相互依赖。东盟国家主动设置合作议程，或者追求有限度的合作。克里斯托弗·约翰逊（Christopher Johnson）认为中国"领导者"的角色定位符合中国国情变化及发展趋势，且东南亚是中国最容易实现中国领导者角色的地区。④

---

① Chen Xiangyang, "New Era in Global Diplomacy", *China Daily*, December 24, 2013, http://www.chinadaily.com.cn/kindle/2013-12/24/content_17193391.htm.

② ASEAN, "ASEAN Outlook On The Indo-Pacific", June 22, 2019, https://asean.org/storage/2019/06/ASEAN-Outlook-on-the-Indo-Pacific_FINAL_22062019.pdf.

③ 赵洪、杜莹：《"一带一路"倡议与中国—东盟关系》，《边界与海洋研究》2019年第1期。

④ Christopher K. Johnson, "Decoding China's Emerging 'Great Power' Strategy in Asia", CSIS, June 2014, https://www.csis.org/analysis/decoding-chinas-emerging-great-power-strategy-asia.

总的来看，中国与东盟建立对话关系已超过 30 年，双方建立了稳定和可持续的合作机制。中国坚定支持东盟在区域合作中的中心地位，支持东盟在构建开放包容的地区架构中发挥更大作用，成为中国应对大国关系和推进区域合作的重要路径基础。① 中国与东盟致力于共同推动东亚区域合作健康发展，共同应对地区现实和潜在挑战。双方在东盟与中日韩合作、东亚峰会、东盟地区论坛、亚洲合作对话、亚太经合组织等合作机制下保持良好沟通与合作。因此，中国与东盟的互动旨在推动与整个东南亚地区国家的关系发展与合作机制构建。② 中国期望有一个团结稳定的周边环境，希望东盟引领地区多边合作。因此，中国需要的是一个强大繁荣的东盟，而不是一个脆弱的、碎片化的和边缘化的东盟。

第三节　东盟对"一带一路"倡议的认知演变及合作路径

中国与东盟的关系从对话关系、伙伴关系提升到战略伙伴关系。"中国—东盟关系成为亚太区域合作中最为成功和最具活力的典范，成为推动构建人类命运共同体的生动例证"③。中国与东盟对高质量共建"一带一路"拥有广泛共识。随着高质量共建"一带一路"进入新阶段，"一带一路"倡议与东盟共同体发展战略的对接融合将进一步深化细化，促进中国和东盟国家优势互补和联动发展，为本地区互联互通和区域一体化建设做出重要贡献。④

---

① 张洁：《东盟中心主义重构与中国—东盟关系的发展》，《国际问题研究》2021 年第 3 期。
② 张蕴岭：《中国—东盟对话 30 年：携手共创合作文明》，《国际问题研究》2021 年第 3 期。
③ 习近平：《在第十七届中国—东盟博览会和中国—东盟商务与投资峰会开幕式上的致辞》，《人民日报》2020 年 11 月 28 日第 2 版。
④ 《中国—东盟对接发展规划为互联互通注入新动力》，新华社，2019 年 11 月 4 日，http：//www.gov.cn/xinwen/2019-11/04/content_5448569.htm。

一　东盟对"一带一路"倡议的认知

"一带一路"倡议共有6条走廊。其中，孟加拉国—中国—印度—缅甸经济走廊和中国—中南半岛经济走廊经过东盟地区。"一带一路"倡议能为东盟提供多边合作平台，这与东盟的多边地区组织角色有较高的契合度。东盟在欢迎并参与"一带一路"倡议的同时，出现了一些疑虑、反复等行为，[1] 呈现出欢迎与怀疑双重态度共存的特征。

东盟国家精英对"一带一路"倡议的认知程度存在较大差异。一方面，东盟国家积极支持"一带一路"倡议，认为"一带一路"为加强地区互联互通和经济合作、促进世界经济增长发挥了积极推动作用。[2] 另一方面，多数国家认为"一带一路"倡议会对东盟的自主性带来负面影响。部分国家（如柬埔寨、老挝）的大多数精英认为"一带一路"倡议为其提供亟需的基础设施资金。还有的国家精英认为"一带一路"倡议会促进地区经济发展，并增强中国与东盟的关系，但是越南的认同度最低。绝大多数东盟国家认为"一带一路"项目会惠及当地社会并取得成功，但是越南、马来西亚、菲律宾和印度尼西亚的负面评价较高。[3] 东盟最担心的是"一带一路"倡议会带来其自主性的下降以及收益的不均衡，而乐观预期是获得基础设施资金并带来经济发展。在东盟国家中，老挝、缅甸和柬埔寨对"一带一路"倡议的认同度较高。一是，两国经济发展较为落后，渴望获得中国的资金和技术；二是，两国与中国的经济相互依赖程度较高；三是，"一带一路"倡议为三国的经济竞争力提供外部支撑，如中老铁路将有助于提升老挝的交通枢纽地位，中缅经济走廊能更好地带动缅甸发展。

---

[1] 毕世鸿、屈婕：《东盟国家对"一带一路"倡议的认知及其应对探析——基于非对称相互依赖视角》，《太平洋学报》2021年第4期。

[2] 《东盟各方认为中国"一带一路"倡议惠及地区发展》，新华社，2019年4月10日，http://www.gov.cn/xinwen/2019-04/10/content_5381168.htm。

[3] "The State of Southeast Asia: 2019 Survey Report", ISEAS-Yusof Ishak Institute, 2019, p. 19, https://www.iseas.edu.sg/articles-commentaries/state-of-southeast-asia-survey/test-state-of-southeast-asia-survey-01/.

新加坡、泰国等国对"一带一路"倡议是欢迎与迟疑并重。"一带一路"倡议可以提升泰国互联互通水平，东部经济走廊将是泰国和东盟经济发展的新引擎。在中国与新加坡的合作中，互联互通、金融联通、第三方合作、专业与法律服务四个平台是突出亮点。比如，新加坡可以作为中立的第三方地点，让"一带一路"共建国家与企业能快速有效地化解商业纠纷。新加坡是"一带一路"倡议早期和强有力的支持者。2017年5月，中国同新加坡签署了《关于共同推进"一带一路"建设的谅解备忘录》，李显龙总理认为"一带一路"倡议对加强多边合作起到了重要作用。[①]

印度尼西亚、菲律宾、越南、马来西亚等国与中国存在南海争端；尽管双边经济相互依赖程度在加深，经贸互动水平在提升，但是，经济相互依赖程度高并不能自动带来东盟国家对"一带一路"倡议的积极认知。再加上经济议题与安全议题都是东盟议程中的重要议题，东盟国家担心政策议题间的联结度会限制其政策自主性，特别是担忧中国利用经济手段来解决南海争端。在缅甸问题上，中国支持东盟以东盟方式推动缅甸局势"软着陆"。菲律宾愿同中国积极对接《东盟互联互通总体规划2025》和"一带一路"倡议，推动中国—东盟关系不断稳定向前发展。2017年11月，越南同中国签署了《关于共同推进"一带一路"建设的谅解备忘录》。2019年4月，越南总理阮春福参加第二届"一带一路"国际合作高峰论坛。2004年，越南提出中越合作建设"两廊一圈"，"两廊一圈"与"一带一路"倡议的对接是中越经贸合作的关键议题。尽管越南对"一带一路"倡议的政治和经济方面仍有顾虑，且越南内部也存在较大差异，但越南对"一带一路"倡议的态度已由消极转向积极。

阿查亚认为东盟国家将"一带一路"倡议作为影响其经济格局和对外政策选择的诸多因素之一。[②] 戴维·阿瑞斯（David Arase）认为"中国

[①] 李显龙：《"一带一路"倡议可在加强区域和多边合作方面扮演重要角色》，驻新加坡经商参处，2019年4月28日，http://sg.mofcom.gov.cn/article/ydyl/201904/20190402858307.shtml。

[②] Amitav Acharya, "Four Factors that could shape Southeast Asia in the Coming Decade", Center for Security Studies, Zurich ETH, February 11, 2020, https://isnblog.ethz.ch/international-relations/four-factors-that-could-shape-southeast-asia-in-the-coming-decade.

可能会运用经济手段与东盟进行更为广泛、深入的'全方位'合作,从而有损东盟的统一性和凝聚力"①。新加坡尤索夫伊萨克东南亚研究院连续三年发布《东南亚态势》("The State of Southeast Asia")调查报告。根据《东南亚态势》2021年报告显示,中国与美国在东南亚地区的影响力都出现不同程度的变化,中国在东南亚地区最具经济影响力的比率从2020年的79.2%下降到76.3%,美国从7.9%下降到7.4%。中国在该地区最具政治和战略影响力的比率从88.6%下降到49.1%,但是美国从26.7%上升到30.4%。44.2%的东南亚受访者认为中国是新冠疫情期间为东南亚地区提供最多援助的东盟对话伙伴,远超其他国家,比如18.2%的受访者认为是日本,9.6%的受访者认为是美国。②

中国经济在东盟及其成员国主流媒体中呈现出复杂矛盾的多样形象。③ 面对《区域全面经济伙伴关系协定》(RCEP)的签署,超过六成的受访者认为该协定对他们国家的贸易与投资有所帮助。尽管如此,中国在东南亚地区的影响力仍有所下降,并且东南亚对中国的担忧持续增加。72.3%的受访者对中国经济影响力的增加表示担忧,88.6%的受访者对中国政治与战略影响力表示担忧。比如,46.3%的受访者认为中国有意把东南亚纳入影响力范围并且改变现有政治格局,比2020年增加8.1%。31.5%的受访者认为中国正逐渐取代美国在该地区的领导地位。15.1%的受访者认为暂时无法判断中国的战略意图。④ 中国与东盟国家力推《区域全面经济伙伴关系协定》,并建立亚洲基础设施投资银行来对冲美国在该地区的影响力。东盟及其成员国将中国经济影响力置于全球化

---

① David Arase, "Explaining China's 2 + 7 initiative towards ASEAN", Trends in Southeast Asia, ISEAS, No. 4, 2015, https://bookshop.iseas.edu.sg/publication/2060.

② "The State of Southeast Asia: 2021 Survey Report", ISEAS-Yusof Ishak Institute, 2021, https://www.iseas.edu.sg/articles-commentaries/state-of-southeast-asia-survey/test-state-of-southeast-asia-survey-01/.

③ 孙梦诗、张瑛、张祎彤:《东盟主流媒体报道中的中国经济形象研究——以中国加入RCEP相关报道为例》,《海南大学学报》(人文社会科学版)2021年第3期。

④ "The State of Southeast Asia: 2021 Survey Report", ISEAS-Yusof Ishak Institute, 2021, https://www.iseas.edu.sg/articles-commentaries/state-of-southeast-asia-survey/test-state-of-southeast-asia-survey-01/.

视角,强调中国对全球经济秩序的影响,既凸显了中国负责任的形象,又构建了中国经济强国的形象,其既强调中国—东盟合作的良好预期,也对中国能否成为东盟可靠贸易伙伴表示迟疑,并且还表现出制衡中国经济影响力的意图,如拉拢日本、韩国、新西兰和澳大利亚等国来制衡中国。

同时,安全和经济之间的界限越来越模糊。中美全面竞争围绕人工智能、5G技术、知识产权、出口管制、投资规则等展开,这些是欧盟和日本等具有强大经济和技术实力的组织及国家面临的新挑战。随着拜登政府上台后,东南亚对美国的政策期待较高,68.6%的受访者认为拜登政府将加强与东南亚的接触,远超2020年(9.9%),并且55.4%的受访者认为美国将是可靠的战略伙伴,也超过2020年的34.9%。面对中美全面战略博弈,东盟需要加强团结和韧性,53.8%的受访者认为东盟需通过自身建设抵抗中美两国的施压。同时,29.9%的受访者倾向于维持不选边的立场。但是,假如东盟被迫在中美之间选边站,大多数国家都倾向于选择美国,比选择中国的比例超过7.9%。只有老挝、越南和文莱略微倾向于选择中国,柬埔寨、印度尼西亚、马来西亚倾向于选择美国的比例较高。

总的来看,东南亚对大国的不信任度较高。亚洲晴雨表(Asian Barometer Survey)第四轮调查显示,48.8%的受访者对中国角色持负面看法。[①] 东南亚对中国的不信任度从2019年的51.5%上升到2021年的63%。东南亚对印度的不信任度从2019年的45.6%上升到2020年的53.5%,再滑落到2021年的50.3%。东南亚对美国的信任度在2021年有所上升,2019年和2020年的不信任度分别是50.6%和49.7%,2021年的不信任度是31.3%。东南亚对欧盟和日本的不信任度较低。比如东南亚对欧盟的不信任度从2019年的35.2%下降到2021年的29.6%,对日本的不信任度从2019年的17%下降到2021年的16.5%。在这样的背景下,东盟对"一带一路"倡议的认知深受东盟与其他大国关系的影响。

---

① The Asian Barometer Survey (2014 – 2016), Hu Fu Center for East Asia Democratic Studies, 2021, http://www.asianbarometer.org/survey.

二 东盟与"一带一路"倡议的合作议题

（一）政策对接

"一带一路"倡议源于亚洲、依托于亚洲。中国将周边国家作为外交政策的优先方向，践行亲诚惠容的理念。中国—东盟命运共同体建设必须要考虑到东盟的多样性、其成员国之间的差异性以及长期以来"东盟方式"的独特作用。中国加强与东盟的多政策领域对接，将"一带一路"倡议与东盟经济共同体建设有机结合；以亚洲基础设施投资银行为合作平台，支持东盟基础设施建设和区域互联互通建设，在具体经济领域中不断深化中国—东盟的经济合作伙伴关系。

2013 年，习近平主席提出愿同东盟国家共建 21 世纪海上丝绸之路，携手共建更为紧密的中国—东盟命运共同体，包括"讲信修睦、合作共赢、守望相助、心心相印、开放包容"[1] 五大原则。这表明了中国视东盟为周边外交优先方向和高质量共建"一带一路"的重点地区，支持东盟共同体建设，支持东盟在东亚合作中的中心地位，支持东盟在构建开放包容的地区架构中发挥更大作用。习近平主席就建设更为紧密的中国—东盟命运共同体提出 4 点倡议，提升战略互信，深入对接发展规划；提升经贸合作，加快地区经济全面复苏；提升科技创新，深化数字经济合作；提升抗疫合作，强化公共卫生能力建设。[2] "重申维护东盟在不断演变的区域架构中的中心地位的重要性，在东盟与中日韩、东亚峰会、东盟地区论坛、东盟防长扩大会等东盟主导的各机制中继续加强对话与协调，深化区域安全合作，维护开放、透明、包容和基于规则的区域架构"[3] 未来，中国依据《东盟愿景 2025》促进东盟一体化建设，加强与东盟国家在双边、次区域和区域层面的合作。

2020 年 11 月，习近平主席在第十七届中国—东盟博览会和中国—东盟商务与投资峰会开幕式上再次重申："中方视东盟为周边外交优先方向

---

[1] 习近平：《携手建设中国—东盟命运共同体》，《人民日报》2013 年 10 月 4 日第 2 版。
[2] 《建设更为紧密的中国—东盟命运共同体》，《人民日报》2020 年 11 月 28 日第 1 版。
[3] 《中国—东盟战略伙伴关系 2030 年愿景》，新华网，2018 年 11 月 15 日，http://www.xinhuanet.com/world/2018-11/15/c_1123718487.htm。

和高质量共建'一带一路'重点地区,支持东盟共同体建设,支持东盟在东亚合作中的中心地位,支持东盟在构建开放包容的地区架构中发挥更大作用"①。东盟 10 国都已同中国签署双边"一带一路"合作文件。在 2017 年"一带一路"国际合作高峰论坛期间,中国政府与新加坡、缅甸、马来西亚等东盟国家政府签署政府间"一带一路"合作谅解备忘录;与老挝、柬埔寨政府签署共建"一带一路"政府间双边合作规划。

政策沟通是共建"一带一路"的重要保障。中国与东盟合作机制多样,包括高官磋商、商务理事会、联合合作委员会、经贸联合委员会、科技联合委员会等对话合作机制。中国目前是东盟最大贸易伙伴、第三大外国直接投资来源国和重要的外国游客来源地。中国驻东盟大使黄溪连认为,随着高质量共建"一带一路"进入新阶段,"一带一路"倡议与东盟共同体发展战略的对接融合将进一步深化细化,促进中国和东盟国家优势互补和联动发展,为本地区互联互通和区域一体化建设做出重要贡献。②

(二) 经贸合作议题

随着各种生产和贸易要素在东盟内部自由流动,东盟成为一个更具发展活力、潜力和韧性的地区经济体。这不仅有利于中国与东盟提升双边经贸合作水平,还有利于加强双方产能与装备制造合作。中国—东盟经贸合作机制主要包括中国—东盟经贸部长会议、中国—东盟经济高官会、中国—东盟自贸区联委会、中国—东盟互联互通合作委员会,全面讨论双方经贸合作中的重点问题与未来方向。③

2020 年,东盟超过了欧盟、美国和日本,成为中国最大的贸易伙伴,不仅因为东盟拥有超过 6 亿人口的巨大市场,还因为东盟与中国接壤的独特地缘优势。2009 年,中国已成为东盟最大贸易伙伴。中国是马来西亚、印度尼西亚、越南和缅甸的最大贸易伙伴。中国海关总署、商务部

---

① 习近平:《在第十七届中国—东盟博览会和中国—东盟商务与投资峰会开幕式上的致辞》,《人民日报》2020 年 11 月 28 日第 2 版。
② 《中国—东盟对接发展规划为互联互通注入新动力》,新华网,2019 年 11 月 4 日,http://www.xinhuanet.com/world/2019-11/04/c_1125191590.htm。
③ 《东盟(2020 年版):对外投资合作国别(地区)指南》,商务部,2020 年 12 月,http://www.mofcom.gov.cn/dl/gbdqzn/upload/dongmeng.pdf。

的数据显示,外贸进出口上,2020年东盟同中国进出口增长7%,首次以4.74万亿元的进出口额成为中国第一大贸易伙伴;而欧盟、美国则分别以4.5万亿、4.06万亿位列第二、第三,与中国进出口额分别增长5.3%和8.8%。[①] 中国与东盟双边贸易额在2020年达到6846亿美元,比2019年增长6.7%,东盟超过欧盟、美国、日本和韩国,成为中国第一大贸易伙伴。中国与东盟的贸易总额大约是美国与东盟的2倍。中国向东盟主要出口工业制成品,占比达到70%—80%,东盟向中国主要出口的是农产品和矿产品,占比达50%—60%。这充分说明中国与东盟之间具有较强的贸易互补性,可以带来双方经贸关系的正向激励效应。但东盟内部存在较大的差异性。2020年,中国与越南、泰国、新加坡、印度尼西亚和马来西亚的贸易额占中国与东盟双边贸易额的87.2%,中越、中泰贸易额分别增长了17.5%和9.8%。同时,中国与东盟的经贸关系存在不对称性。东盟对中国的贸易依赖度更高,且投资依赖度超过贸易依赖度,其中,菲律宾和越南对中国贸易依存度的不对称性更为突出。2014—2022年中国与东盟的进出口商品数据,如表4-1所示。

表4-1　　　　中国—东盟进出口商品数据(2014—2022年)

单位:万元(人民币)

年度	进出口总额	进出口累计比上年同期± %	贸易顺差	占外贸总额比重(%)
2022年	651532218	15.0%	106598222	15.49
2021年	567430501	19.7%	57660213	14.51
2020年	473574296	7%	57430043	14.73
2019年	442522821	14.1%	53411763	14.03
2018年	387878857	11.2%	33435269	12.72
2017年	348439137	16.6%	29596303	12.54
2016年	298717098	2.0%	39158599	12.27
2015年	293176751	-0.6%	51238776	11.93
2014年	295056699	7.1%	39177458	11.16

资料来源:海关总署。

---

① 《乘风破浪:中国—东盟合作迈上新台阶》,中国自由贸易区服务网,2021年1月26日,http://fta.mofcom.gov.cn/article/rcep/rcepgfgd/202101/44345_1.htm。

2000年，中国与东盟国家首次提出建立中国—东盟自由贸易区（CAFTA）的构想。2002年11月，中国与东盟在第六次中国—东盟领导人会议上批准了《中国—东盟全面经济合作框架协议》，启动了中国—东盟自贸区建设进程，双方决定2010年建立自由贸易区。2004年11月，双方签署《货物贸易协议》和《争端解决机制协议》，自贸区建设进入实质性执行阶段。自2004年起，中国—东盟博览会每年在广西南宁举行，涵盖商品贸易、投资合作和服务贸易，成为双方经济往来的重要平台。在中国—东盟博览会框架下，中国与东盟在多领域交流合作，包括海关、检验检疫、金融、港口、物流、文化、科技、卫生和教育等40多个领域，形成全方位合作机制。2007年1月，双方签署《服务贸易协议》。2009年8月，双方签署《中国—东盟自由贸易区投资协议》。2010年1月1日，中国—东盟自由贸易区正式建成。中国—东盟自由贸易区是中国对外谈判建成的第一个自贸区，也是东盟对话谈判建成的第一个自贸区，是世界上涵盖人口最多的自贸区，也是世界上最大的发展中国家之间的自贸区。在中国与东盟自贸区合作框架下，双方经贸合作以陆域经济合作为主，海洋经贸合作较少。

2011年11月，东盟提出"区域全面经济伙伴关系"（RCEP）倡议，旨在构建以东盟为核心的地区自贸安排。2012年11月，东盟、中国、日本、韩国、澳大利亚、新西兰、印度启动RCEP谈判。2013年，李克强总理提出打造中国—东盟自贸区升级版，呼吁"进一步降低关税、削减非关税壁垒、积极开展新一批服务贸易承诺谈判、推动投资领域的实质性开放"。2014年，双方启动自贸区升级谈判。2015年11月，双方签署《关于修订〈中国—东盟全面经济合作框架协议〉及项下部分协议的议定书》，涵盖货物贸易、服务贸易、投资、经济技术合作等领域，标志着中国—东盟自贸区升级谈判正式结束。2019年10月，中国—东盟自贸区升级《议定书》全面生效。2019年11月4日，第三次区域全面经济伙伴关系协定领导人会议发布联合声明，宣布15个成员国已结束全部20个章节的文本谈判以及市场准入问题的谈判。

2020年11月15日，东盟十国以及中国、日本、韩国、澳大利亚、新西兰15个国家，正式签署《区域全面经济伙伴关系协定》，① 标志着全球规模最大的自由贸易协定正式达成。这是地区国家以实际行动维护多边贸易体制、建设开放型世界经济的重要一步，对深化区域经济一体化、稳定全球经济具有标志性意义。② 中国与东盟自贸区的向前推进推动了贸易投资便利化。作为一个囊括不同发展阶段、文化背景和人口规模国家的自贸协定，其涵盖全球一半以上人口，经济和贸易规模约占全球30%，RCEP的签署有助于推动地区一体化、促进地区经济发展、支持多边贸易体制。但随着RCEP的签署和生效，双方可能需要新的激励机制来扩大和深化经贸合作。中国与东盟借助海关标准一体化、RCEP带来的零关税优势，深化中国与东盟国家产业链的互补，提升中国与东盟产业竞争力。RCEP的签署不仅会助推后疫情时代的经济复苏，进一步释放相关国家的发展潜能；还会开拓更大的市场，推动地区经济一体化。

东盟国家资源禀赋是中国对外投资的重要动机，东盟地区是中国企业对外投资的首选区域之一。截至2019年底，中国在东盟累计投资达1123亿美元，东盟在华累计投资总额为1246亿美元。③ 中国是东盟最重要的投资来源国之一，如老挝、柬埔寨、泰国等国家。其中，债权性投资在中国对东盟投资中的比重较大。双方设立了中国—东盟合作基金、中国—东盟公共卫生合作基金、中国—东盟海上合作基金。近年来，中国对东盟投资额连续超过东盟对华投资。中国是东盟第三大外资来源地。在中国对外直接投资流量前20位的目的地中，新加坡、印度尼西亚、马来西亚、越南、老挝和柬埔寨等占据6席，前五个均超过10亿美元。新加坡是中国第一大外资来源国。外商投资东盟主要集中在制造业、金融和保险服务业、批发零售业和房地产业，大约占外商投资总额的84.5%。美国主要涉及金融和保险业、制造业、零售业等；日本主要投资金融和保险服务业、制造业、批发和零售业、人类健康产业；中国投资主要集

---

① 《区域全面经济伙伴关系协定》是由东盟领导，主张削减关税及非关税壁垒，更适合成为区域间合作的平台。
② 《15国签署RCEP，全球规模最大的自贸协定达成！》，《人民日报》2020年11月15日。
③ "中国—东盟关系（2020年版）"，中国—东盟中心，2020年3月13日，http://www.asean-china-center.org/asean/dmzx/2020-03/4612.html。

中在制造业、房地产业和金融服务业。① 有研究分析，中国对缅甸的投资效率最高，高于新加坡，新加坡的投资效率源于技术进步产生的积极效应。同时，中国对老挝的直接投资处于规模报酬递减阶段。② 中国企业对外投资可以获得逆向技术溢出效应，提升中国企业的技术创新能力。中国企业投资东盟地区能够提高企业全要素生产率，大致呈现倒 U 型的变化趋势。同时，中国企业对东盟地区的投资会促进全要素产生率，规模小的企业促进作用明显高于规模大的企业，非国有企业促进作用强于国有企业。③ 因此，我们要鼓励企业参与国际竞争，融入全球和地区生产链，实行差异化的对外投资政策。

东盟是国际产业转移的重要地区，东盟国家和企业投资的主要动力是国际分工转移和海外需求。④ 此外，东盟也是中国产业结构调整和产业转移的核心地区，还是中国对外承包工程行业的主要市场。中国对东盟的投资正从工业制造业转向基建、服务业、能源等领域。2020 年，中国企业在东盟国家签订承包工程合同总金额 611 亿美元，远低于 2019 年的 4516.9 亿美元。⑤ 东盟是中国重要的海外承包工程市场，在中国前十大工程承包市场中，印度尼西亚、马来西亚和老挝分别位列第 1 位、第 3 位和第 8 位。同时，新加坡、马来西亚、印度尼西亚和文莱是中国在东盟开展劳务合作的重要国家。⑥

（三）互联互通议题

加快基础设施互联互通建设是共建"一带一路"的关键领域和核心

---

① 《东盟（2020 年版）：对外投资合作国别（地区）指南》，商务部，2020 年 12 月，http：//www.mofcom.gov.cn/dl/gbdqzn/upload/dongmeng.pdf。

② 胡玫、郑伟：《中国对东盟直接投资的效率研究——基于 DEA 模型》，《山西大学学报》（哲学社会科学版）2021 年第 3 期。

③ 徐芳燕、曾紫幸、刘巍：《中国企业投资东盟是否提高了全要素生产率》，《国际经贸探索》2021 年第 5 期。

④ 鲁光盛、王子奇：《后疫情时代中国与东盟合作的前景与挑战》，《当代世界》2020 年第 8 期。

⑤ 驻东盟使团经济商务处：《2020 年中国—东盟经贸合作简况》，2021 年 1 月 25 日，http：//asean.mofcom.gov.cn/article/jmxw/202101/20210103033653.shtm。

⑥ 《东盟（2020 年版）：对外投资合作国别（地区）指南》，商务部，2020 年 12 月，http：//www.mofcom.gov.cn/dl/gbdqzn/upload/dongmeng.pdf。

议题。"一带一路"倡议助力东盟互联互通建设,一是,为了补足基础设施资金巨大缺口;二是,为了将东盟基础设施建设与全球市场结合起来,融入全球价值链产业链;三是,为了对接东盟互联互通规划,加速推进了地区一体化进程。设施联通建设是共建"一带一路"倡议的关键领域和核心内容。互联互通水平是影响一个地区一体化程度与发展水平的重要因素。中国与东盟的互联互通对接合作需要侧重于增强东盟内部连通性,而不仅仅是中国与某个国家的连通性。这样既能保证东盟的整体性和凝聚力,也能夯实中国与东盟对接机制的长期性和稳定性。

2010年,第17届东盟领导人会议通过《东盟互联互通总体规划》,指明了东盟互联互通未来发展的三大支柱,分别是基础设施、制度和民间互联互通。① 2016年9月,东盟领导人通过了《东盟互联互通总体规划2025》,其是《东盟共同体2025蓝图》的一部分,也是进一步改善东盟地区互联互通的战略性指导文件。② 该文件包括物理联通、制度联通和民心相通三个重点议题,将可持续基础设施、数字创新、无缝物流、卓越监管和人口流动作为五大优先发展的战略议题。该规划充分考虑了东盟成员国的不同责任和能力。除了在货物贸易、投资不断增长,中国与东盟在人文合作等多个重点合作领域不断深化。东盟赞赏中方提出的"3 + X 合作框架",即以政治安全合作、经济合作和人文交流为三大支柱,以双方同意的合作领域为支撑。③ 中国与东盟人文交流基础不断夯实。2005年,《中国—东盟文化合作谅解备忘录》的签署进一步促进中国与东盟人文交流成为双方重点合作领域。中国—东盟人文交流合作蓬勃发展,亮点纷呈。双方通过部长级会议、论坛研讨、人员培训、文明对话、艺术展演、主题年(如文化旅游年)等形式开展合作与交流。中国与东盟十

---

① "2010 Master Plan on ASEAN Connectivity: One Vision, One identity, One Community", Centre for International Law, October 28, 2010, https://cil.nus.edu.sg/wp-content/uploads/2017/07/2010-Master-Plan-on-ASEAN-Connectivity.pdf.

② ASEAN Secretariat, "Master Plan on ASEAN Connectivity 2025", December 2017, https://asean.org/wp-content/uploads/2018/01/47.-December-2017-MPAC2025-2nd-Reprint-.pdf.

③ 《中国—东盟战略伙伴关系2030年愿景》,新华网,2018年11月15日,http://www.xinhuanet.com/world/2018-11/15/c_1123718487.htm。

国签署了教育交流合作协议，与印度尼西亚、马来西亚、菲律宾、泰国、越南等国签署了互认学历学位协议。中国与东盟互为重要旅游客源国和目的地。① 2019 年，中国与东盟国家的航班数大约维持在每周 4500 多架次，往来人员超过 6500 万人次，互派留学生超过 20 万人，结成 200 多对友好城市。2011 年 12 月，中国—东盟中心正式成立，作为一个政府间国际组织，该中心致力于促进中国和东盟在贸易、投资、旅游、教育和文化领域的合作。

互联互通是中国与东盟合作的优先领域。一是，东盟基础设施建设需求巨大，东盟数字经济市场发展潜力巨大，东南亚通信市场是全球资本关注的热点。比如，联合国贸发会议报告显示，东南亚通信市场规模在 2019 年达 480 亿美元。② 二是，东盟互联互通建设拥有诸多融资平台，如亚洲开发银行、世界银行、东盟发展基金、中国—东盟合作基金、日本—东盟一体化基金、东盟—韩国特别合作基金、东盟 10 + 3 合作基金、东盟—印度基金等。③ 2016 年 1 月，亚洲基础设施投资银行（AIIB）成立，其宗旨是通过在基础设施及其他生产性领域的投资，促进亚洲经济可持续发展、创造财富并改善基础设施互联互通，并与其他多边和双边开发机构展开紧密合作，推进区域合作和伙伴关系，应对发展挑战。④ 亚洲基础设施投资银行现有正式成员 82 个，意向成员 21 个。三是，中国积极对接东盟发展战略，中国与东盟成立中国—东盟互联互通合作委员会，落实中国与东盟互联互通合作倡议，推进双方合作的重点领域和优先项目，如公路、铁路、通讯电站等基础设施项目。

传统地区一体化是以建立自由贸易区为开端，但这在东南亚地区可能不太合时宜。在缺乏必要的基础设施和适当的经济发展水平之前，一

---

① 《中国—东盟关系（2020 年）》，中国—东盟中心，2020 年 3 月 13 日，http://www.asean–china–center.org/asean/dmzx/2020–03/4612.html。

② ASEAN Secretariat and UNCTAD, "FDI in Services: Focus on Health Care", ASEAN Investment Report 2019, October 2019, https://unctad.org/system/files/official–document/unctad_asean_air2019d1.pdf.

③ 《东盟（2020 年版）：对外投资合作国别（地区）指南》，商务部，2020 年 12 月，http://www.mofcom.gov.cn/dl/gbdqzn/upload/dongmeng.pdf.

④ 亚洲基础设施投资银行，https://www.aiib.org/en/index.html。

个地区是无法真正达成一体化的。同时，大多数东南亚国家缺乏必要的基础设施，并且有强烈意向解决交通互联互通问题。当中国经济实力快速发展时，中国可以在经济一体化的框架下增添基础设施一体化，中国还可以利用亚投行等政策工具，为东盟及其成员国提供公共物品，如人的安全（贫困、健康、卫生和教育），环境安全和食品安全等。此外，区域化的水平型生产网络允许所有国家，无论其规模和技术复杂性，都可以受益于高度专业化和规模经济所生产的部件和组件，并在生产链中为产品增添价值。① 随着中国劳动力成本的上升，许多东盟经济体将从生产外包中获益，加之中国与大多数亚洲邻国之间存在贸易逆差（与西方国家在他们身上的持续盈余形成对比），使东盟国家更容易把中国视为一个机会而不是一个威胁。因此，地区互联互通可能成为亚洲（包括东南亚）地区一体化的新模式，② 也将成为中国与东盟合作对接的关键议题。

除此之外，中国的优势还在于能够向东盟国家的互联互通建设提供发展援助和其他资金支持。2013年10月，习近平主席在访问印度尼西亚和马来西亚时倡议筹建亚洲基础设施投资银行，为东亚国家的基础设施建设提供资金。2019年11月，第22次中国—东盟（10+1）领导人会议在泰国曼谷举行，发表了《中国—东盟关于"一带一路"倡议同〈东盟互联互通总体规划2025〉对接合作的联合声明》。中国与东盟成立了互联互通合作委员会，设立了中国—东盟投资合作基金，以及中国—东盟基础设施专项贷款。中国与东盟的互联互通合作项目包括中泰铁路、中老铁路、中缅油气管道、中新互联互通项目、印尼雅万高铁、越南河内轻轨项目、柬埔寨金边—西港高速公路、马来西亚东海岸铁路和中新国际陆海贸易新通道等在内的一大批项目正稳步推进。此外，中国与东盟在道路、港口、机场、电力和通信等基础设施方面的合作也将会进一步推进。在2019年第二届"一带一路"国际合作高峰论坛上，中国与东盟国

---

① Yukon Huang, "Can a Chinese 'Maritime Silk Route' Cool Tensions in Asia？", East Asia Forum, May 5, 2014, http：//www.eastasiaforum.org/2014/05/05/can－a－chinesemaritime－silk－route－cool－tensions－in－asia/.

② 王玉主：《"一带一路"与亚洲一体化模式的重构》，社会科学文献出版社2015年版，第21—35页。

家签署了中老经济走廊合作文件、中缅经济走廊合作规划、中新加强第三方市场合作实施框架的谅解备忘录、中国—印尼"区域综合经济走廊"建设合作规划、中菲和中泰反腐败合作谅解备忘录、中越关于2019—2023年合作计划的谅解备忘录等。

通过推进"一带一路"倡议和区域基础设施的发展,中国可以将基础设施互联互通的经验和做法转向东盟及其成员国。[①] 随着中国在东南亚地区修筑高速公路、高速铁路、管道和港口等新举措,以及这些新设施的投入使用,东南亚国家将同中国提供的公共产品捆绑在一起,中国也将在东南亚地区获得影响力。东盟经济发展水平不均衡,对基础设施投资的需求比较旺盛。基础设施的完善与更新、国际产能合作的拓宽与深化,不仅改善了东盟各国经贸投资的营商环境,还有助于中国与东盟加速建设统一市场,构建互利共赢的经济合作格局。同时,《新基建蓝皮书》显示,2019年中国数字经济规模达到了36万亿,占GDP的比重达36.2%,对经济增长的贡献率接近70%。[②] 考虑到互联互通水平低、基础设施投入不足是东盟国家经济发展的瓶颈和障碍,"一带一路"倡议与东盟互联互通总体规划的对接将推动东盟基础设施以及东盟一体化的发展。

中国致力于支持和帮助缩小成员国间发展差距,并将与东盟在相关次区域框架和合作机制中继续加强合作。除了东盟层面,次地区合作也不断发展,如澜沧江—湄公河合作、大湄公河次区域经济合作、东盟—湄公河流域开发合作、三河流域经济合作战略、中国—中南半岛经济走廊、中国—东盟东部增长区合作等次区域合作机制都在蓬勃发展中。澜沧江—湄公河合作机制逐渐成为"一带一路"倡议在东盟地区推进的重要载体。2016年3月,澜沧江—湄公河合作机制正式建立,主要包括政治安全、经济发展和文化合作三大议题领域。《三亚宣言》强调"一带一路"倡议与澜沧江—湄公河合作机制的协同发展。在次区域层面,中国

---

① Zheng Wang, "China's Alternative Diplomacy", *The Diplomat*, January 30, 2015, http://thediplomat.com/2015/01/chinas-alternative-diplomacy/.
② 《〈新基建蓝皮书〉首发:数字经济成为中国经济重要组成部分》,中国新闻网,2020年11月5日,https://www.chinanews.com.cn/cj/2020/11-05/9331054.shtml。

依托澜沧江—湄公河合作、中国—东盟东部增长区合作等机制，为缩小地区发展差距作出了积极贡献。

中国与东盟都希望拥有和平稳定的国际环境，实现国家和地区的繁荣强大。因此，中国与东盟都致力于维护和实现全球与地区和平，并通过融入全球产业链价值链大循环系统来实现经济发展。2015年8月，在马来西亚举行的第48届东盟外长会议上，中国外交部长王毅提出要深化中国与东盟关系，帮助缩小东盟内部发展的差距，以及通过"一带一路"倡议为东盟共同体的建设提供更多的帮助。[①] 2020年12月1日，第23届欧盟—东盟外长会议举行，双方宣布将欧盟—东盟对华伙伴关系提升为战略伙伴关系。"中国—东盟关系已成为亚太区域合作中最为成功和最具活力的典范，成为推动构建人类命运共同体的生动例证。"[②]

第四节　影响东盟参与共建"一带一路"的因素

鉴于周边地区在中国外交战略布局中处于首要地位，推进与周边地区的一体化组织的发展是中国外交战略重点之一。中国首先是一个地区性大国，然后才是一个全球性大国，因此中国一直深耕周边地区，提出了"睦邻、富邻、安邻"的周边政策、"亚洲命运共同体"的理念、地区安全合作与地区经济合作交织的路径和"互信、互利、平等、协作"的新安全观。"一带一路"倡议的重点在于提高贸易、基础设施建设和区域连通性，但该倡议在中国周边地区还具有安全维度，一是，改善同亚洲邻国的关系；二是，避免与美国亚洲再平衡或印太战略发生直接冲突或挑战。尽管东亚地区的地区合作制度化程度较低，但东盟作为一体化组织在地区事务中的影响力不断扩大，逐渐成为东亚地区不可忽视的一股力量。作为地区治理的重要行为体，东盟未来能否继续发挥作用关键在于东盟多大程度上能处理东盟内部以及东盟与域外大国的利益与认

[①] 《王毅就中国—东盟合作提出10项新建议》，人民网，2015年8月6日，http://world.people.com.cn/n/2015/0806/c1002-27421179.html。

[②] 习近平：《在第十七届中国—东盟博览会和中国—东盟商务与投资峰会开幕式上的致辞》，《人民日报》2020年11月28日第2版。

知关系。① 同样，中国—东盟关系不仅遇到美国因素的干扰，也受到东亚地区主义的竞争，更受到东盟实力地位、利益偏好和战略诉求在东盟一体化进程中的差异性影响。

一　美国因素的干扰

冷战的结束为中国—东盟对话关系提供了外部机遇，中国—东盟的对话主要聚焦于政治与安全议题，双方都致力于维护和实现全球与地区和平，在和平稳定的国际环境下实现国家和地区的繁荣强大，并且通过融入全球产业链价值链大循环系统来实现经济发展。在中美关系和缓、大国关系以合作作为主流的背景下，东盟"以维护自身在地区经济、政治与安全架构的发展方向、进程推进以及议题设置等方面的主导地位为优先选择"②，尚能在大国博弈中维持战略平衡，拥有较大的政策空间。鉴于东盟在一定程度上建立在脆弱平衡的基础之上，东盟国家大多都希望在经济领域与中国合作，同时在安全议题上与美国合作，并不愿意看到两国中的任何一方完全主导该地区，也不希望在两者之间选边站。③ 如果大国博弈打破了脆弱平衡，东盟在处理大国关系时的政策空间将会进一步被压缩。东盟在大国间通过"两面下注"来降低风险的"对冲外交"往往陷入困境。④ 因此，当面对美国对华战略调整时，东盟国家也不得不面临"选队站"的难题。

美国战略界一般强调（全球和地区）均势状态是东盟中心地位存在的关键。⑤ 约翰·米尔斯海默（John Mearscheimer）认为现实主义和自由

---

① 张云：《地区性国际组织与地区治理——东盟的东亚国际秩序观与中国—东盟—美国关系》，《南洋问题研究》2018年第1期。
② 张洁：《东盟中心主义重构与中国—东盟关系的发展》，《国际问题研究》2021年第3期。
③ Lee Hsien Loong, "The Endangered Asian Century: America, China, and the Perils of Confrontation", *Foreign Affairs*, June 4, 2020, https://www.foreignaffairs.com/articles/asia/2020-06-04/lee-hsien-loongendangered-asian-century.
④ 唐小松、刘江韵：《论东盟对中美的对冲外交困境及其原因》，《南洋问题研究》2008年第3期。
⑤ G. John Ikenberry, "From Hegemony to the Balance of Power: The Rise of China and American Grand Strategy in East Asia", *International Journal of Korean Unification Studies*, Vol. 23, No. 2, 2014, pp. 41-63.

主义都指向了权力均势的政策。东亚地区安全秩序是在实力不平等和文化存在差异的基础上形成的各国间相互适应的关系模式。亨利·基辛格（Henry Kissinger）建议美国在东亚地区实施均势战略，通过军事手段将潜在对手纳入可约束的制度框架中，使各方力量在地区内形成相互制衡的均衡状态，同时，美国作为平衡者选择通过对话和协调来主导地区均势结构。① 在实践中，奥巴马政府放弃离岸平衡战略（offshore balancing），采取重返亚太战略（pivot to Asia），由"亚太平衡"战略转向"亚太再平衡"战略，再到之后深度布局印太战略，美国战略调整进一步凸显了东盟的地位和重要性。2008 年，美国成为第一个任命东盟大使的非东盟国家。2009 年 7 月，美国前国务卿希拉里·克林顿（Hillary Clinton）在东盟会议上首次提出"重返亚太"。同月，美国加入《东南亚友好合作条约》。② 2015 年美国和东盟正式建立战略伙伴关系。在《联合声明》中，美国支持东盟的中心地位，美国与东盟将通过由东盟领导的重要机制（如东亚峰会、东盟地区论坛和东盟防长扩大会议）继续合作。美国—东盟联通计划（US – ASEAN Connect）是美国政府与东盟及其成员国经济接触的新战略框架。③ 该倡议围绕四大支柱——商业联系、能源联系、创新联系和政策联系——组织起来，为美国在东南亚地区的经济活动提供战略重点。

特朗普执政期间，尽管对区域主义和全球主义的热度有所下降，但仍强调东盟是美国在印太地区的不可或缺的战略伙伴。2017 年，《美国国家安全战略报告》强调东盟和亚太经合组织是印太地区架构的核心。在 2019 年第 32 届"美国—东盟对话"中，双方同意将在美国—东盟智慧城市伙伴关系、美国—东盟互联互通以及基础设施、能源安全、数字商务

---

① ［美］亨利·基辛格：《美国需要外交政策吗？——21 世纪的外交》，胡利平、凌建平译，中国友谊出版社 2003 年版，第 185—188 页。

② Hillary Clinton, "America's Pacific Century", Foreign Policy, October 11, 2011, https://foreignpolicy.com/2011/10/11/americas – pacific – century/.

③ "US – ASEAN Connect: Partnering for Sustainable and Innovative Economic Growth", US Mission to ASEAN, https://asean.usmission.gov/connect/.

和网络安全等领域进行合作。① 同年,美国国务院还专门发布了《美国和东盟:扩大持久的伙伴关系》文件。② 美国还出台了《亚洲再保险倡议法案》,确定每个财政年度为国务院、美国国际开发署和国防部拨款15亿美元,以促进美国在亚洲地区的外交政策利益。2019年6月,美国国防部发布《印太战略报告》,强调美国将继续支持东盟在地区安全架构中的中心地位,并寻求进一步增强东盟的作用。③ 2019年11月,美国发布的《自由开放的印太:推进共同愿景》继续强调东盟不仅是印太地区的地理中心,也是美国印太愿景的中心。④ 美国印太战略的核心是通过加强美国的存在和动员盟友来遏制中国的地区影响力。2021年4月,美国国会参议院外交委员会审议通过"2021年战略竞争法案",目的是运用所有战略、经济和外交工具阻止中国在印太地区建立"霸权"。⑤ 该法案提议,美国与东盟在战略性技术和关键基础设施的投资与出口、网络安全和人工智能等领域加强合作。美国在东盟地区的影响力主要体现在军事安全领域。

美国利用东盟国家对安全议题的敏感性,企图塑造中国是挑战地区安全秩序的负面角色。2017年,美国对外关系委员会强调中国是一个"挑战者",挑战美国在南海的主导地位。美国印太战略主导下的联盟体系正朝着牵制中国的趋势发展。⑥ 在东盟国家中,菲律宾和泰国是美国的军事盟友,并且新加坡拥有美军基地。同时,美国印太战略和

---

① US Mission to ASEAN, 32nd US – ASEAN Dialogue, April 1, 2019, https://asean.usmission.gov/32nd-u-s-asean-dialogue/.

② US Mission to ASEAN, "The United States and ASEAN: An Enduring Partnership", August 2, 2019, https://asean.usmission.gov/the-united-states-and-asean-an-enduring-partnership/.

③ U. S. Department of Defense, "Indo-Pacific Strategy Report: Preparedness, Partnerships and Promoting a Networked Region", June 1, 2019, https://media.defense.gov/2019/Jul/01/2002152311/-1/-1/1/DEPARTMENT-OF-DEFENSE-INDO-PACIFIC-STRATEGY-REPORT-2019.PDF.

④ United States, "A Free and Open Indo-Pacific: Advancing a Shared Vision", November 4, 2019, https://www.state.gov/wp-content/uploads/2019/11/Free-and-Open-Indo-Pacific-4Nov2019.pdf.

⑤ United States Senate Committee on Foreign Relations, "Strategic Competition Act of 2021", April 8, 2021, https://www.foreign.senate.gov/press/chair/release/chairman-menendez-announces-bipartisan-comprehensive-china-legislation.

⑥ 林民旺:《中国周边安全新形势与中国的应对策略》,《太平洋学报》2021年第1期。

"四国安全对话"（Quad）机制，还催生或升级了美日印、美日澳、美澳印和日澳印等三边对话机制。美国还尝试建立"Quad+"机制，2020年3月20日，美国副国务卿史蒂芬·比根召开美日澳印以及韩国、新西兰和越南的首次视频会议。面对美国加大介入南海问题以及布局印太地区，中国与东盟关系面临的考验或挑战是如何妥善应对南海地区的新形势。

美国不仅在军事方面依赖志同道合的伙伴，而且在经济、技术和政治遏制方面也依赖于志同道合的伙伴。东盟作为一个整体，多年来一直能够从与美国的贸易顺差中受益，在1997—1998年的亚洲金融危机和2008年国际金融危机之后更是如此。但是，美国更愿意单独和分开对待东盟成员国，比如越南参与《全面与进步跨太平洋伙伴关系协定》（CPTPP），同时与美国签署《全面能源合作伙伴备忘录》，保证能源进口的多元化；同时，美国对部分东盟国家的支持力度更大，比如对马来西亚和新加坡的支持强于柬埔寨和老挝，对菲律宾的支持强于印度尼西亚，对泰国的支持强于越南。总的来看，作为整体的东盟正遭受大国竞争带来的撕裂，中国—东盟关系也随之受到美国加速布局印太地区的负面影响。

美国将在2022年初启动"印太经济框架"，涉及供应链、数字标准、清洁能源、基础设施建设和贸易便利化等方面。拜登政府希望该倡议至少能部分填补特朗普退出TTIP以来美国与东南亚关系的一个缺口。

拜登政府上台后，国防部长奥斯汀、副总统哈里斯、副国务卿舍曼、负责东亚和太平洋事务的助理国务卿克里滕布林克、国务卿布林肯陆续访问东南亚，包括新加坡、越南、菲律宾、柬埔寨、泰国、马来西亚、印度尼西亚等国，展现对东南亚地区的重视，认为东南亚是美印太战略的核心区域。2021年10月拜登以视频方式参加的第9届美国—东盟峰会，也是2017年以来美国总统首次与东盟进行高层互动。美国国家安全委员会印太事务协调员库尔特·坎贝尔称，美国2022年的首要任务是"尽一切可能加强我们与东盟的接触"。2022年2月，美国发布新版印太战略，是拜登总统发布的第一份区域战略报告。美国在印太地区追求五大目标，推进自由和开放的印太地区，建立区域内外的联系，推动地区繁荣，加强印太安全，在区域内形成抵御跨国威胁的能力。

二 东盟内部的差异性

自 20 世纪 90 年代柬埔寨、老挝、缅甸和越南加入东盟以来，东盟一直采用双层机制，新加入的国家旨在促进发展，原有的东盟国家更关注国际竞争力。[①] 东盟国家经济发展水平差异较大，有中等收入国家（马来西亚、菲律宾、泰国），发展水平较低的发展中国家（越南、柬埔寨）以及最不发达国家（老挝、缅甸）。根据世界银行 2019 年数据，缅甸人均 GDP 为 1407.8 美元，新加坡人均 GDP 为 65233.2 美元，两国相差高达 46 倍。[②] 东盟国家政治体制较为多样化，新加坡实行议会民主制，越南、老挝和缅甸实行人民代表制度，印度尼西亚和菲律宾实行总统共和制，马来西亚、泰国、柬埔寨和文莱实行君主立宪制。新加坡、马来西亚、泰国和文莱的法律体制比较健全，其他东盟国家的法律法规执行效果较弱。东盟国家民族较为复杂，缅甸大约有 135 个民族，印度尼西亚有 100 多个民族，越南有 54 个民族，泰国和菲律宾也有数十个民族。此外，东盟国家语言种类较多，常出现官方语言与常用语言并存的现象。东盟国家宗教也较为多样，泰国、老挝、柬埔寨和缅甸以佛教为主，马来西亚、印度尼西亚和文莱是伊斯兰教国家，菲律宾信奉天主教。

东盟作为浅层一体化的典范，尚未达到欧盟在国际舞台上的地位，但仍是东南亚地区及印太地区的关键行为体。东盟坚持不干涉内政、协商一致原则，也在一定程度上影响了东盟协调各成员国的利益的有效性，进而限制了东盟连贯性、一致性行为体角色的塑造。为了进一步提升东盟一体化水平和约束成员国，东盟需要成立超国家机构，提升东盟秘书

[①] Clara Portela, "The Perception of Flexible Integration in Southeast Asia", in Thomas Giegerich, Desirée C. Schmitt and Sebastian Zeitsmann, eds, *Flexibility in the EU and Beyond*: *How Much Differentiation Can European Integration Bear?*, Baden‐Baden, Hart Publishing/Nomos, 2017, pp. 349 – 360.

[②] Trade (% of GDP) – Myanmar, The World Bank, https://data.worldbank.org/indicator/NE.TRD.GNFS.ZS?locations = MM.

处的功能和地位。东盟的发展一直是渐进的，是"正在进行的工作"，采取开放的区域主义，以贸易为推动一体化的主导，在其决策中以双方同意的方式或东盟方式采用，这也往往反映了地缘政治和地缘经济环境。作为一个规模小得多的外向型集团，东盟在其经济深化过程中从未像欧盟那样雄心勃勃。尽管将欧盟视为一体化模式的榜样，但东盟作为发展中国家区域一体化模式的成功在于其他地方，更多体现在东盟正成为与主要国家召开会议的"俱乐部"或"东盟中心"的方式，即所谓的对话和战略伙伴，以处理安全、地区事务和新出现的问题。

目前，东盟一体化也呈现出差异性一体化特征，具体可以概括为三种主要类型。一是多速式，即成员国在不同时间追求相同目标；二是可变几何式，由核心成员国和边缘成员国组成的同心圆，源于部分成员国长期无法执行共同政策；三是菜单式，成员国可以选择不参与某些一体化政策议题，带来不同成员国身份的政策体系。除了上述三种，同心圆（concentric circles）是一种差异性一体化的形式，是东亚地区的关键组成部分。可以说，东盟存在结构性问题。一致同意原则是东盟的运作规范之一，① 由于政策共识的代价较为高昂，东盟的行动能力受到了严重的弱化。同心圆模式在经济自由化政策以及地区间关系层面发挥着关键作用。②

差异性一体化也会对地区间关系产生负面影响。以欧盟—东盟贸易协定为例，双方于 2007 年开启谈判，在 2009 年遭遇中断，部分原因是受到东盟国家之间巨大的异质性影响。此后，欧盟与新加坡、越南分别于 2012 年和 2015 年签订了自由贸易协定，并与印度尼西亚进行了谈判。东盟自由贸易协定的实施是建立在国家基础之上的，同样缺乏具有强大授权（mandate）的地区机构。同时，在东亚地区主要大国之间普遍存在不信任的背景下，东盟对主权和不干涉原则的强调使其能够在地区多边倡议中发挥带头作用。此外，灵活的参与机制会带来不同议

---

① Mie Oba, "ASEAN and the Creation of a Regional Community", *Asia-Pacific Review*, Vol. 21, No. 1, 2014, pp. 63 – 78.

② Bart Gaens, Bernardo Venturi and Anna Ayuso, "Differentiation in ASEAN, ECOWAS and MERCOSUR: A Comparative Analysis", EUIDEA Policy Papers, No. 6, 2020, pp. 1 – 20.

程或不同水平的参与,这会影响到东盟与外部参与者的关系,并可能带来离心力(centrifugal dynamics)。超国家组织的能力缺乏导致东盟成员国之间以及中国、日本、印度和美国等大国针对双边和多边伙伴关系的外部资源的竞争加剧。这导致地区和国家层面缺乏互补性以及目标的匹配性。①

目前,东盟仍然是一个松散且制度化程度较弱的一体化组织,依赖政府间主义和共识政治,需要更多的灵活性和务实主义。② 东盟高度强调国家主权和不干涉内政原则。因此差异性是东盟一体化的政策和制度元素。这一元素的结果,一方面,适应了东盟的多样性,鼓励更多的包容性;另一方面,迎合了东盟对政府间主义的关注,促进更大程度的地区合作。东盟形成代表亚洲的独立立场和声音的地区认同,但泛亚主义(Pan-Asianism)思想让位于亚洲国家的矛盾以及共同身份的分歧。正如卢多·库弗斯(Ludo Cuyvers)所表明的,差异性一体化对缩小发展差距几乎没有作用。此外,选择退出的机制可能会使一体化组织丧失一定能力。③ 中国应充分评估一体化组织及其成员国的战略,根据东盟一体化路径以及成员国之间的权力博弈,实现有效对接。以东盟为例,东盟2025愿景、印度尼西亚的全球海洋支点战略和新加坡的第三个中新政府间合作项目都是中国可以积极对接的发展战略。

三 地区主义规范竞争

中国与东盟的关系面临地区主义的规范竞争,不仅体现在中国和东

---

① Lukas Maximilian Müller, "Governing Regional Connectivity in Southeast Asia: The Role of the ASEAN Secretariat and ASEAN's External Partners", Southeast Asian Studies at the University of Freiburg Occasional Papers, No. 42, December 2018, https://www.southeastasianstudies.uni-freiburg.de/documents/occasional-paper/op42.pdf.

② Bart Gaens and Olli Ruohomäki, "Regionalism à la ASEAN: Past Achievements and Current Challenges", FIIA Briefing Papers, No. 237, March 2018, https://www.fiia.fi/en/publication/regionalism-a-la-asean.

③ Ludo Cuyvers, "The 'ASEAN Way' and ASEAN's Development Gap with Cambodia, Laos, Myanmar and Vietnam: A Critical View", Asia Pacific Business Review, Vol. 25, No. 5, 2019, pp. 683-704.

盟在地区主义的认识和地区一体化实践路径方面的分歧，还体现在欧盟等一体化组织对东盟地区主义模式施加的影响。东盟所在地区的地缘政治环境复杂，不仅要面对中国、美国在该地区的合作竞争，还要承受日本、印度等地区大国不断施加的影响，更要满足东盟国家多样化的政策诉求。东盟将地区大国和域外大国纳入地区关系网络之中，通过对关系的主动管理和调节，实现关系均衡。由于亚洲地区内的国家以及域外大国无法建立一个涵盖所有行为体的交流对话机制，东亚地区出现了领导权真空。因此，东盟不仅需要继续同外部大国进行接触，更要加强东盟共同体建设。东盟在与其他国家在东亚地区合作互动过程中，建立了东盟主导的对话机制，逐渐被其他国家承认为具有中心地位的身份，东盟地区主义规范也面临着更大的竞争。

（一）地区内部规范竞争

竞争性地区主义（rival regionalism）成为亚洲合作的新常态，竞争性地区主义的经济合作维度让位于安全合作，制度竞争更加凸显。[1] 在20世纪50年代和60年代的第一波地区主义浪潮中，尽管存在一些双边或多边协定的磋商，亚洲地区一体化进程并未有重大突破。[2] 在冷战期间，亚洲地区出现了一些一体化的努力，如阿拉伯国家联盟和东盟，帮助新成立的民族国家在两极格局的国际环境中处理地区安全议题。尽管地区主义的第一波浪潮主要集中在欧洲，并将欧洲一体化视为一体化进程的榜样。但是，随着东亚地区实施的工业化战略，东亚地区建立了区域跨境生产网络，从而发展起了自下而上的经济一体化路径。

随着地区主义的第二波浪潮在亚洲释放其动力，旨在促进经济一体化和政治体制建设的正式协议在东亚变得越来越重要。冷战后，亚太地区的区域安全结构以美国为中心的双边主义和以东盟主导的多边主义为主导。但是，人们对亚太地区安全结构有效性的怀疑日益增加，导致各

---

[1] 张弛：《竞争性地区主义与亚洲合作的现状及未来》，《东北亚论坛》2021年第2期；贺凯：《亚太地区的制度制衡与竞争性多边主义》，《世界经济与政治》2019年第12期。

[2] Howard Loewen and Anja Zorob, *Initiatives of Regional Integration in Asia in Comparative Perspective: Concepts, Contents and Prospects*, Springer, 2018, p.1.

国转向了其他形式的合作，例如小边安排（minilateral arrangements）[①]等。与多边集团相比，小边平台的规模较小，而且更具排他性、灵活性和功能性。亚洲地区一体化的制度化程度较低，主要由国家主导，促进了区域和区域间层面的多边实践的发展，这挑战了全球机构中长期以来运作的规范和实践。亚洲地区合作形成了"东盟+"的制度结构，维持着一定程度上的地区中心性和主导权，以"小马拉大车"的形态拉动东亚地区合作。

东盟已成功在亚太地区的经济和安全秩序及结构中发挥出重要作用，甚至在某些政策议题发挥了主导作用。1994年7月，东盟地区论坛首次会议在曼谷举行，东盟6国及其对话伙伴（美国、日本、韩国、加拿大、澳大利亚、新西兰和欧盟）、磋商伙伴（中国、俄罗斯）[②]、观察员国（越南、老挝、巴布亚新几内亚）出席会议。1996年3月，第一届亚欧首脑会议召开，东盟7国、中国、日本、韩国与欧盟15国首脑及欧盟委员会主席参加会议。1997年12月，东盟9国和中国、日本、韩国首脑举行首次东亚"9+3"会晤，拉开东亚区域经济合作和一体化的序幕。1998年12月，第二次"9+3"会晤呼吁建立面向21世纪的更为密切的友好关系。1999年11月，东盟10国与中国、日本、韩国领导人举行"10+3"会晤，发表《东亚合作联合声明》。总的来看，"东盟+3"、"东盟+6"、东亚峰会、东盟地区论坛等地区机制均是东盟发挥重要作用的平台。

但是，东盟地区主义面临着地区内部规范的竞争。其一，中国、日本、新加坡成为东亚地区一体化的主要推动力，比如大多数观点认为东

[①] William T. Tow, "Minilateral Security's Relevance to US Strategy in the Indo-Pacific: Challenges and Prospects", *The Pacific Review*, Vol. 32, No. 2, 2019, pp. 232–244; Bhubhindar Singh and Sarah Teo, eds., *Minilateralism in the Indo-Pacific: The Quadrilateral Security Dialogue, Lancang–Mekong Cooperation Mechanism, and ASEAN*, London: Routledge, 2020, p. 1; Amalina Anuar and Nazia Hussain, "Minilateralism for Multilateralism in the Post–Covid Age", RSIS Policy Report, January 2021, pp. 135–136, https://www.rsis.edu.sg/wp-content/uploads/2021/01/PR210119_Minilateralism-For-Multilateralism-in-the-Post-COVID-Age.pdf; Moises Naim, "Missing Links: Minlateralism", *Foreign Policy*, No. 173, July/August 2009, https://foreignpolicy.com/2009/06/21/minilateralism/.

[②] 1996年7月，东盟第29届常设委员会第6次会议一致同意中国、俄罗斯和印度由东盟磋商伙伴国升级为对话伙伴国。

亚经济一体化依赖中日两国的战略路径，因为中日是该地区的两个大国，也是该地区一体化的主导力量。中国与日本就"10＋3"模式还是"10＋6"模式展开争论。[①] 2005 年，"10＋3"领导人会议与东亚峰会实现了两种方案的妥协，一方面，将"10＋3"模式作为推动东亚共同体建设的主导力量；另一方面，将普世价值的主张应用于东亚地区主义。其二，日益复杂的双边和多边贸易协定网络正式形成，这被认为是亚洲的"面条碗"（noodle bowl）。[②] 除了双边和多边的自由贸易协定，金融合作成为亚洲区域合作的重要组成部分，尤其是在 1997—1998 年亚洲金融危机对亚洲国家造成灾难性影响之后，清迈倡议（Chiang Mai Initiative）成为区域金融流动基金的很好例子。其三，中国与东盟的相互依赖程度不断深化，但是中国与东盟国家之间的实力差距较大，两者之间的相互依赖关系是非对称性的。处于相互依赖关系中较为弱势的一方容易陷入一个两难困境，一方面，希望寻求合作并获取利益；另一方面，担心付出相应的政策成本。中国需要一个更加和平的环境来实现中国外交战略诉求的实现。但是，珊蒂·卡拉提尔（Shanthi Kalathil）认为，与中国努力确保贸易协定安全、增加投资和覆盖这一区域的发展援助的背景相冲突，中国在东盟地区的软实力地位并不突出，也没有免受地区内外国家的外交掣肘。[③] 最后，一些失败国家或不稳定国家产生的安全问题也促进了地区一体化进程。非传统安全的扩散也容易对地区合作产生外部刺激。

（二）地区间规范竞争

目前，全球主要行为体的目光都转向亚太地区或印太地区。例如，欧盟及英法德等国都出台了相应的印太战略，均突出了东盟在其方案构

[①] 田凯：《中日竞争效应下的东亚地区主义》，《当代世界与社会主义》2018 年第 5 期。

[②] Richard E. Baldwin, "Managing the Noodle Bowl: The Fragility of East Asian Regionalism", Asian Development Bank Working Paper Series on Regional Economic Integration No. 7, February 2007, https: //www. adb. org/sites/default/files/publication/28464/wp07 – baldwin. pdf.

[③] Shanthi Kalathil, "Influence for Sale? China's Trade, Investment and Assistance Policies in Southeast Asia", East and South China Seas Bulletin 4, September 2012, accessed December 1, 2015, http: //www. cnas. org/files/documents/publications/CNAS_ESCA_bulletin4. pdf.

想中的中心地位。同时，2019 年，东盟发布《东盟印太展望》，确保其在地区秩序构建中的重要地位。亚太地区呈现出秩序多元化特征，面临着地区间的规范竞争。在安全上，美国主导的军事同盟与东盟主导的地区安全合作框架以及中国防御性安全战略共存；在经济上，中日韩与东南亚各国以及其他国家共同构建多层级的地区经济秩序，如建立了"10＋1"、"10＋3"、RCEP、APEC 等合作框架。亚太的概念更多强调经济维度，特别是亚太地区的经济快速发展的背景下，亚太地区的经济一体化快速发展。但是亚洲地区合作主要是应对外部威胁的产物，而不是内生驱动的合作，因此经济合作的成分较少。同时，印太的概念更多强调安全维度，以美日印澳四方安全对话（Quad）作为制衡中国的安全合作机制。安全压力凌驾于经济合作之上的后果是弱化了经贸合作作为地区合作压舱石的地位，加剧了亚洲地区秩序的撕裂。

此外，东盟还启动了"东盟＋N"对话机制，统称为东盟外部对话伙伴关系，比如"东盟＋1"、"东盟＋3"、东盟峰会、东盟地区论坛等。东盟参与亚太经合组织、科伦坡计划、亚欧会议（ASEM）、东盟—欧盟伙伴关系、东亚—拉美合作论坛（FEALAC）、东盟—南方共同市场伙伴关系、东盟—安第斯共同体伙伴关系、亚非次区域组织会议（AASROC）、亚非会议（Afro-Asian Conference）、亚洲—中东对话会议等地区间主义合作机制。值得关注的是欧盟与东盟的关系，因为两者拥有相同基因。[1] 鉴于东盟及其合作伙伴更改了《东南亚友好合作条约》（TAC），允许地区组织（而不是国家）加入，欧盟于 2012 年签署了该条约，并且仍然是唯一签署该条约的区域组织。[2] 2014 年，东盟与欧盟同意将伙伴关系升级为战略伙伴关系。2016 年，欧盟成立驻东盟代表团。[3]

---

[1] EU Delegation to ASEAN, "EU – ASEAN: Natural Partners", January 2013, https://eeas.europa.eu/archives/delegations/indonesia/documents/eu_asean/20130101_brochure_en.pdf.

[2] European Commission, "The EU accedes to Treaty of Amity and Cooperation in Southeast Asia", July 12, 2012, https://ec.europa.eu/commission/presscorner/detail/en/IP_12_781.

[3] Josep Borrell, "An EU-ASEAN Strategic Partnership: how did that happen and what does it mean?", EEAS, December 5, 2020, https://eeas.europa.eu/headquarters/headquarters – homepage/89962/eu – asean – strategic – partnership – how – did – happen – and – what – does – it – mean_en.

2021年4月，欧盟理事会首次发布《欧盟印太合作战略报告》，① 强调支持东盟的中心地位，比如继续支持欧盟—东盟峰会、亚欧会议机制、欧盟—东盟战略伙伴关系等合作机制。在欧盟与东盟的交往过程中，规范已成为双方互动的关键维度。作为地区一体化组织，欧盟与东盟内部的多样性和差异性，不仅影响着两者作为规范性力量的塑造，也强烈影响着两个地区的互动形态。随着双方各自内部发展需求及外部预期的调整，欧盟与东盟的规范互动正在发生变化。东盟从规范接收者和学习者的角色正积极争取成为地区间安排的制度设计者和引领者。对东盟而言，维护"东盟中心地位"、发展和维持东盟特色，是与欧盟保持均衡的建设性关系的前提条件。而欧盟也需要承认东盟在其地区内的影响力和行动体角色不断增强，更加理解和接受东盟地区主义发展的独特路径。

大国竞争的加剧和地缘政治的回归在一定程度上削弱了东盟的议题设置权和话语主导权。比如，《东盟印太展望》强调东盟的身份是"诚实的中间人"（honest broker），而非此前的"驾驶员"。② 灵活的小多边形式是印太地区合作的关键。印太地区的地缘特征需要多国合作，尽管印太地区的各个利益攸关方都宣布了自己的战略、愿景或政策指导方针，但任何利益攸关方无法单独实现宣称的目标。③ 未来东盟将争取实现地区制度化与大国协调机制的融合。比如，随着中美贸易摩擦加剧，东盟更加希望确保其更广泛的贸易一体化。伊沃林恩·戈赫（Evelyn Goh）认为东盟应推动创建一个基于东盟模式的微边规范框架，既能使得域内和域外大国的角色合法化，也能够保证现有东盟中心的地区架构，继而建立

---

① European Union, EU Strategy for Cooperation in the Indo-Pacific, April 19, 2021, https://eeas.europa.eu/headquarters/headquarters-homepage_en/96741/EU%20Strategy%20for%20Cooperation%20in%20the%20Indo-Pacific.

② Pooja Bhatt, "ASEAN's Outlook for the Indo-Pacific: An Attempt to Set Rules of the Game", South Asia Voice, July 31, 2019, https://southasianvoices.org/aseans-outlook-for-the-indo-pacific-an-attempt-to-set-rules-of-the-game/.

③ Michito Tsuruoka, "New Rules of Multilateralism: Minilateral and Multilateral Formats in the Indo-Pacific and Beyond", PEACELAB, December 3, 2020, https://peacelab.blog/2020/12/new-rules-of-multilateralism-minilateral-and-multilateral-formats-in-the-indo-pacific-and-beyond.

一种制度化权力关系。① 但是，东盟面临着地区内和地区间的规范竞争。中国需要将东盟定位为推动合作的一体化组织，坚持开放包容的地区主义路径，尊重东盟方式和支持东盟中心地位，助推东亚地区合作、稳定与发展。

---

① Evelyn Goh, "The Modes of China's Influence: Cases from Southeast Asia", *Asia Survey*, Vol. 54, No. 5, 2014, pp. 825–848.

第五章

"一带一路"背景下的中国—非盟关系

非洲是发展中国家最为集中的大陆,也是"一带一路"的自然和历史延伸,① 是"一带一路"国际合作不可或缺的重要组成部分。尽管中非关系总体上呈现出稳定发展、持续深化的良好局面,并成为南南合作的典范,但在非洲内部政治环境变化及国际情境因素的影响下,中非关系也将面临新的发展机遇与挑战。非盟是一个泛非组织,其目标是推动一个统一的非洲大陆走向和平与繁荣。非盟将加速非洲大陆的政治和社会经济一体化,促进非洲大陆的和平、安全与稳定,并促进经济、社会和文化层面的可持续发展以及非洲经济的一体化。"一带一路"倡议与非盟对接合作为新时代中非关系发展提供了新的平台。

第一节 非盟及其发展历程

全球化的时代浪潮给非洲各国带来了极大的发展机遇,但也引发了诸多问题。对于已经实现民族独立的非洲国家来说,在经济、社会得到一定程度发展的同时,也不得不去思考一系列由发展带来的新问题。面对内部围绕国家权力、经济利益、自然资源引发的竞争甚至是冲突,加之欧美等西方国家对地区内国家及地区事务的干预,一些非洲国家日益表现出对增强非洲稳定性、促进非洲经济发展及提升非洲国际地位的强

---

① 中国驻非盟使团:《刘豫锡大使在中非"一带一路"合作对话会上发表主旨讲话》,2019年5月30日,http://au.fmprc.gov.cn/chn/sghd/t1669131.htm。

烈诉求。同时,全球化并未给所有国家带来均等的红利,考虑到非洲国家普遍实力有限,国际影响力也因此受到极大限制,在既有的国际事务及全球治理机制当中,非洲国家普遍无法掌握话语权,其自身诉求也很难得到满足。在这些背景因素的推动之下,非洲国家逐渐开始加强合作,以集体力量带动个体权力、利益、国际地位的提升,在非洲整体实现发展与复兴的同时,促进非洲各国实现自身在权力、利益及影响力方面的诉求。

一 非盟及其一体化进程

(一) 非盟建立的背景

1963年5月25日,非洲统一组织(Organization for African Unity, OAU,以下简称"非统")成立,总部设在埃塞俄比亚首都亚的斯亚贝巴。其目标是促进非洲国家之间的团结和声援,改善非洲人民的生活,捍卫成员国的主权和领土完整,根除非洲一切形式的殖民主义,以及加强国际合作。非统组织所体现的正式国际一体化的动力主要来自独立运动以及泛非主义这一政治意识形态。非洲国家独立后,早期的一体化努力主要是政治性的,尽管一些区域经济集团已经在殖民统治下在非洲大陆建立起来。[1] 早期泛非主义运动关注的是团结黑人,争取从种族歧视和殖民主义中解放出来,并不太关心非盟今天实行的政治或经济一体化。在寻求非洲大陆一体化的过程中,非洲大陆统一的根本理由依然在于反对新殖民主义和对外部的不对等依赖。非统组织能否转化为有效的地区性机构,团结统一的思想在面对非洲自独立以来的政治和经济现实时是否趋于崩溃,都成为非洲一体化进程中不得不面对的考验,也是地区一体化组织必须要进行回应的问题。在这一背景下,以塔博·姆贝基(Thabo Mvuyelwa Mbeki)为首的新一代泛非领导人呼吁非洲复兴,并创建了一个地区性组织,在非洲国家之间、非洲地区甚至是全球范围内唤起了希望。

---

[1] Paul Nugent, *Africa Since Independence: a comparative history*, New York: Palgrave Macmillan, 2004, pp. 1 – 6.

但是非统尚不足以应对非洲国家面临的新旧两个基本挑战。旧的挑战是不发达,而新的挑战来自全球化。①

其一,不发达与殖民主义在非洲大陆的遗产有关。尽管《非统组织宪章》将改善非洲人民的生活列为其目标之一,但发展仍然是一个主要由国家主导的国内政策领域。许多非洲经济体变得容易受到全球商品价格波动的影响,并且缺乏减少脆弱性的生产多样化。此外,殖民主义的后果是,除了少数例外,即埃及、埃塞俄比亚、利比里亚和苏丹,非洲国家没有参与在国际联盟、联合国和关税及贸易总协定(关贸总协定)框架下建立全球合作和一体化制度的进程。加上非统组织严格不干涉成员国内政的原则,这些政策经常导致非洲国家经济最好的情况是停滞,最坏的情况是衰退。在非统组织转变为非盟时,不发达的挑战已经变得显而易见,但非洲国家缺乏单独应对不发达的能力。至少自 1980 年非统组织支持《非洲经济发展拉各斯行动计划》(The Lagos Plan of Action,以下简称"《拉各斯行动计划》")以来,成员国一直寻求集体解决与非洲发展有关的问题。《拉各斯行动计划》旨在提高非洲经济的自给自足能力,改善非洲国家的国际贸易条件,特别是与西方的贸易条件。但该计划最终没有得到实施,因为世界银行发表了《伯格报告》,对非洲发展采取了与《拉各斯行动计划》截然不同的方法,主张进一步的贸易自由化,与非统组织的文件不同,它指责是非洲领导人,而不是国际社会,造成了非洲令人沮丧的经济状况。② 这些事态发展助推深化非洲大陆一体化的谈判,并推动非盟的成立。

其二,全球化。全球化将跨国公司产品推向全球各地,而成本的下降以及信息技术的普及,继而减少了建立和维护本地和远程社会关系的障碍。同时,新自由主义经济政策通过增加商品、服务、资本和劳动力

---

① Bekmanis, Elizaveta, "The State of the Union: What Future for African Integration in a Globalizing World?", International Studies Honors Projects, 2016, http://digitalcommons.macalester.edu/intlstudies_honors/22.

② Bekmanis, Elizaveta, "The State of the Union: What Future for African Integration in a Globalizing World?", International Studies Honors Projects, 2016, p.58, http://digitalcommons.macalester.edu/intlstudies_honors/22.

的国际流动,使国家市场不断融入全球资本主义经济。在一个日益相互联系的世界里,全球化进程正在发挥作用。除了布雷顿森林机构和世贸组织之外,还出现了多种区域经济和政治一体化协定。区域政治和经济一体化也成为世界许多国家外交议程上的优先事项,在多样化和迅速去殖民化的非洲大陆,对大陆统一的渴望首先表现在1963年非统组织的成立,但由于非统组织未能实现一体化,其成员国难以集体应对全球化和发展带来的挑战,在全球事务中的影响力也较低,成员国开始寻求促进一体化的新途径。1990年,非统组织成员国认为全球化的力量正在影响非洲,非洲大陆岌岌可危的政治和社会经济形势应该通过促进和平与发展的一体化来解决。最终,非盟的成立为寻求非统组织解决发展和全球化挑战的愿望提供了新的动力。

(二) 非盟建立的过程

1999年9月9日,非统第四届特别首脑会议通过《锡尔特宣言》,决定成立非洲联盟(以下简称"非盟")。2002年7月,非盟正式取代非统,目前非盟共有55个成员。非盟的成立标志着非洲一体化进入新的历史发展阶段,为非洲的发展增添了新的强大动力。[①]

1957年加纳独立后,非洲第一代独立后领导人将区域一体化视为克服新独立国家面临挑战的一种方式。1958年,二十八个非洲国家代表和殖民地(其中八个独立)的代表在阿克拉举行了第一次独立非洲国家会议,讨论非洲大陆的未来。然而,当一群前法国殖民地在1960年加入新独立国家俱乐部时,这种早期的团结变得复杂了。在1960年的独立非洲国家第二次会议上双方围绕两个关键问题出现了分歧,即欧洲大陆领土的重组和从欧洲列强手中彻底解放的可能性。[②] 非洲国家的保守派领导人

[①] 罗建波:《非洲一体化进程中的非盟:历史使命与发展前景》,《当代世界》2014年第7期。

[②] Paul Nugent, *Africa since Independence: A Comparative History*, New York: Palgrave Macmillan, 2004, p. 100.

于 1960 年组成了布拉柴维尔集团（the Brazzaville bloc）①，虽然他们不反对区域一体化本身，但他们拒绝立即建立非洲合众国，并寻求与法国保持密切关系。作为对布拉柴维尔集团的回应，阿尔及利亚、埃及、加纳、几内亚、利比亚、马里和摩洛哥的领导人于 1961 年成立了卡萨布兰卡集团（the Casablanca Group）②，该集团坚定地致力于反对帝国主义的斗争，并支持组建非洲合众国。1961 年，布拉柴维尔集团与埃塞俄比亚、利比亚、利比里亚、尼日利亚、多哥、索马里和突尼斯的温和派领导人一起，成立了蒙罗维亚集团（the Monrovia Group），该集团倾向于建立独立非洲国家的松散联邦，而不是非洲合众国。③ 此时两个阵营似乎不可能就非洲一体化达成协议。然而，当激进分子和保守分子之间的主要分歧来源消失后，一体化谈判获得了动力。④ 1963 年卡萨布兰卡集团和蒙罗维亚集团的领导人聚集在亚的斯亚贝巴，由 33 个创始国共同成立非统组织，⑤ 非洲大陆其余国家在独立后也先后加入了该组织。

自 1963 年以来，非洲一体化的轨迹一直以两个阵营之间的妥协为特征，反对将国家主权交给超国家机构。《非统组织宪章》第 3 条规定了成员国主权平等和领土完整的原则，以及严格遵守不干涉成员国内政的原则。它在一定程度上阻止了激进阵营建立非洲合众国的野心，也阻碍了实现促进非洲国家间团结和改善非洲人民生活的目标。非统组织仍然是政府间组织，其主要机构是国家元首和政府首脑大会、部长理事会和总秘书处。同时，非统组织被认为是一个未能解决非洲大陆最紧迫问题的大陆组织。尽管非统组织基本实现了其反对殖民主义和种族隔离，以及

---

① 布拉柴维尔集团也称为马达加斯加联盟，包括喀麦隆、中非共和国、乍得、刚果布、达荷美、加蓬、科特迪瓦、马达加斯加、毛里塔尼亚、尼日尔、塞内加尔和上沃尔特 12 个国家，该集团于 1964 年非洲统一组织成立后解散。

② 卡萨布兰卡集团包括加纳、几内亚、马里、埃及、摩洛哥和阿尔及利亚 6 国。

③ [英]尼尔斯·哈恩:《泛非主义和及对新殖民主义的斗争》，阎鼓润译，载李安山主编《中国非洲研究评论》，北京大学出版社 2014 年版，第 145—180 页。

④ Paul Nugent, *Africa Since Independence: A Comparative History*, New York: Palgrave Macmillan, 2004, p. 101.

⑤ Elizaveta Bekmanis, "The State of the Union: What Future for African Integration in a Globalizing World?", International Studies Honors Projects, 2016, http://digitalcommons.macalester.edu/intlstudies_honors/22.

保护成员国主权和领土完整的目标，但它未能促进该大陆有意义的经济或政治一体化。

20世纪80年代被称为非洲"失去的十年"，许多非洲国家出现巨额预算赤字，越来越无法提供基本的公共产品。严重的经济问题、债务增加、税收减少和公共支出减少，明显挑战了许多非洲国家领导人的合法性，因为他们对国家的管理不善是结构调整方案前后危机的最终原因。公众对更具参与性的治理的需求上升，关于治理的范式在非洲大陆逐渐开始转变。当塞缪尔·亨廷顿（Samuel P. Huntington）所说的第三次民主浪潮产生了溢出效应时，[1] 非洲国家摆脱了独裁统治，但不太清楚它们正在向什么方向转变，因为其中许多国家仍然处于独裁统治和民主之间的灰色地带。尽管许多观察家开始谈论"非洲复兴"，但非洲第三波民主的成就仍然有限且不平衡。在20世纪最后十年，非洲领导人要求改革区域和大陆一体化制度的呼声越来越高。

非统组织使非洲大陆从殖民主义和种族隔离中解放出来，并保护了会员国的国家主权，却因其在其他目标方面的糟糕表现而受到批评。非统组织被认为是一个兼顾各国政府利益的组织，但未能解决其成员国及其人民在其存在的这些年中所面临的挑战。冷战的结束、反对种族隔离的连续胜利以及20世纪90年代非洲各地独裁政权的开始瓦解，为非洲大陆的政治和经济变革带来了希望。因此，在20、21世纪之交，一群非洲领导人试图恢复泛非主义（Pan-Africanism）的意识形态，并为夸梅·恩克鲁玛（Kwame Nkrumah）关于一个统一的非洲大陆的愿景提供新的动力。非洲国家领导者设想了一个非洲国家的未来，其中非洲国家将减少对外部援助和干预的依赖，期望集体建立非洲大陆，并成为全球治理主要参与者。在讨论为非洲问题制定解决方案和获得国际影响力的核心先决条件时，他们认为，通过集中主权和协调政策，非洲国家将增加其与世界其他国家的讨价还价能力，加速经济一体化还将通过释放扩大国内市场的好处来促进发展。起初，非统组织成员承诺审查《非统组织宪章》

---

[1] Samuel P. Huntington, *The Third Wave: Democratization in the Late Twentieth Century*, Norman and London, University of Oklahoma Press, 1993, pp. 3 – 30.

(the OAU Charter),评估是否应该对该组织进行改革,以及这种改革的性质是什么,以便在非统组织框架下促进更密切的一体化,但上述审查进展缓慢,促使成员国创建了一个全新的组织。因此,在1999年非统组织第四届特别会议上,他们通过了《苏尔特宣言》(Sirte Declaration),宣布即将建立非洲联盟,但没有具体说明该联盟是应该与非统组织和非共体并存还是取代它们。随着2000年在洛美通过《非盟组织法》,重组非统组织的计划被完全放弃。非盟于2001年确定成立,随后于2002年7月在南非德班正式成立,取代非统组织。

非盟的成立标志着非洲国际关系的范式转变。《非洲联盟组织法》(the Constitutive Act of the African Union) 于2001年5月生效,表明了深化非洲大陆一体化的愿望。《非洲联盟组织法》赋予非盟在严重情况下以及在违宪更换政府的情况下干预成员国的权力,不愿意参与成员国国内事务自独立以来一直主导着非洲的国际关系。非统组织被认为是一个未能促进一体化的清谈俱乐部(talking shop)[①],但非盟是在重新致力于非洲统一的情况下成立的,其法律和体制框架显示出对一体化、发展和民主化的雄心勃勃的承诺,但在实践中遇到了功能性问题,进而延缓了其实施。

(三)非盟的目标原则及主要机构

非盟在推动非洲一体化和发展非洲与域外伙伴关系等方面发挥重要作用。非盟为非洲一体化提供机制化基础,拥有更大制度能力和更高的治理水平,既推动非洲经济发展,又关注非洲集体安全。

《非盟章程》为非盟组织确定了一份较为丰富详实的发展目标,其中包括了政治、经济、社会、国际合作等多方面内容。具体来说,非盟致力于实现非洲国家和人民间更广泛的团结和统一;维护成员国主权、领土完整和独立;促进和平、安全和稳定;加快政治、社会和经济一体化进程;促进民主原则、大众参与和良政;促进和保护人权;推动非洲经

---

① Elizaveta Bekmanis, "The State of the Union: What Future for African Integration in a Globalizing World?" International Studies Honors Projects, Paper22, 2016, http://digitalcommons.macalester.edu/intlstudies_honors/22.

济、社会、文化的可持续发展；推动在各领域的泛非合作，提高人民生活水平；协调和统一次区域经济体政策；维护非洲共同立场和利益；加强国际合作，创造条件使非洲在全球事务中发挥应有作用。①

非洲一体化进程的发展推动着非盟组织机构的不断丰富和完善，目前已经形成两个核心机构。其一，首脑会议（The Assembly of the Union），非盟最高权力机构，自2019年起由之前的每年两次例会改为每年一次，若有成员国提议并经三分之二成员国同意，可召开特别首脑会议；其二，执行理事会（The Executive Council），由成员国外长或指定部长组成，每年举行两次例会，若有成员国提议并经三分之二成员国同意，可举行特别会议。执行理事会对首脑会议负责，落实其通过的有关政策并监督决议的执行情况；非盟委员会作为非盟常设行政机构，负责处理非盟日常事务。2001年的《组织法》规定了非盟的新机构，即非洲法院（the African Court of Justice）、泛非议会（the Pan-African Parliament，PAP）和经济及社会理事会（the Economic and Social Council，ECOSOCC），这些机构旨在通过民间社会的参与建立一个更加民主的联盟。它还反映了《非统组织宪章》所载的国家主权和不干涉准则的范式转变。其中，泛非议会作为非盟内的立法与监督机构，目前只具有咨询和建议职能，非洲法院是非盟的司法机构，经济、社会和文化理事会则是非盟内的咨询机构。另外，由15个成员国组成的和平与安全理事会（The Peace and Security Council）拥有维护地区和平安全、预防地区冲突，对成员国实施军事干预与维和行动，帮助战后重建，进行人道主义和灾难救援等功能，可以制订非盟对成员国干预的形式和计划，制裁以违宪手段更迭政权者，监督非盟反恐政策落实，推动成员国实行民主、良政、法治和保障人权等。除此之外，非洲发展新伙伴计划（NEPAD）自2010年起正式并入非盟框架，并在2017年第28届非盟首脑会议上改为非盟发展署。非盟内也进行了金融机构的安排，比如非洲中央银行、非洲货币基金和非洲投资银行等，但均尚未建立。

---

① 《非洲联盟》，外交部，2023年7月，https：//www.fmprc.gov.cn/web/gjhdq_676201/gjhdqzz_681964/lhg_683022/jbqk_683024/.

2015年第24届非盟首脑会议在亚的斯亚贝巴举行,通过非盟《2063年议程》。非洲联盟目前的发展倡议被宣布为"新非洲复兴"(the New African Renaissance),非盟还没有在这个概念框架下构建自己的发展模式。① 阻碍非盟实现其目标的挑战是缺乏财政资源、能力薄弱和缺乏政治意愿。要使联盟对非洲复兴的愿望变为现实,关键是打破依赖文化。这可以通过自主的发展方式实现,一是创建和提升机构能力,促进非盟和成员国公民之间的协同效应;二是提供一种机制,鼓励非洲领导人作出真正的承诺,为欧洲联盟的内部方案提供资金。总体来看,非盟在引领非洲一体化建设、联合自强、发展振兴、应对全球性挑战、加快推进非洲自贸区建设、斡旋非洲热点问题上发挥重要作用,引领非洲国际地位和影响力不断提升。

二 非盟一体化的解释路径

地区主义以地区合作、市场一体化、发展一体化和地区一体化的形式承载着经济、政治、社会和文化的互动。② 地区一体化研究的特点之一是不同学科的结合,传统上,一体化需要政治和经济政策的融合,但在实践中一体化项目往往会超越单纯的政治和经济合作,需要进行法律和原则的协调。地区一体化既是历史路径依赖的结果,也是国家之间和国家内部以及国家与不同区域组织之间的谈判、讨价还价和权力博弈的结果。具体到非洲一体化,它指的是非洲人民和国家之间期望的和现存的政治、经济、文化、社会和地理凝聚力,这种凝聚力可以构建一种归属感。在政治意识形态领域,它有时会被理解为"泛非主义"的概念和哲学。③ 早在20世纪初,非洲已出现泛非主义的一体化征兆。从这一角度来看,非洲一体化运动始于前而现代主权国家成于后,具有跨越式和直

---

① Patricia Agupusi, "The African Union and the path to an African Renaissance", *Journal of Contemporary African Studies*, Vol. 39, No. 2, 2021, pp. 261–284.

② Margaret Lee, "Regionalism in Africa: A Part of Problem or A Part of Solution", *Polis/R. C. S. P/C. P. S. R*, Vol. 9, Numéro Spécial, 2002, pp. 1–24.

③ Kwame Nkrumah, *Africa Must Unite*, London: Panaf Books, 1963, p. 132.

接过渡的独特性。①

　　几十年来，地区一体化一直是非洲的发展战略。非洲地区合作起步于20世纪60年代，非洲统一组织的成立是标志性实践，而非统也基本实现了其目标，尤其是成员国的去殖民化。获得独立后，非洲领导人将区域一体化作为发展战略的重要组成部分，并通过机制化的形式推动了区域一体化进程。与此同时，在非洲一体化进程中还涌现出大量的次地区合作机构，如西非经济共同体、东非共同体、阿拉伯马格里布联盟、南部非洲发展共同体等。早在20世纪60年代中期，非洲经济委员会（ECA）就成为区域一体化的倡导者，提议将非洲划分为多个次区域以促进经济发展。② 非洲各国政府也已经通过政府间谈判缔结了大量的区域一体化安排，其中一些具有显著的成员重叠现象。③ 1991年，非统组织签署了《阿布贾条约》，创建了非洲经济共同体（African Economic Community）。非洲经济共同体呼吁到2025年实现非洲经济的全面一体化。2018年3月，非洲国家签署了具有里程碑意义的贸易协定——《非洲大陆自由贸易区协定》（AfCFTA），该协定承诺各国取消90%的商品关税，逐步开放服务贸易，并解决一系列其他非关税问题。如果成功实施，该协议将创造一个拥有超过10亿消费者、GDP总额超过3万亿美元的单一非洲市场。④ 这将使非洲成为世界上最大的自由贸易区，并将成为强化非洲内部贸易的游戏规则改变者。2021年1月，非洲大陆自由贸易区的启动显示了非洲的政治意愿，通过重新界定其嵌入国际贸易的模式，将一体化视为重新定位非洲地位和发展路径的工具，使非洲不仅成为廉价原材料的出口方和工业产品的进口方，还要成为高附加值的最终产品的生产商和出口方。

---

　　① 刘鸿武、杨惠：《非洲一体化历史进程之百年审视及其理论辨析》，《西亚非洲》2015年第2期。

　　② "African Union Commission Retrieved from Regional integration and food security in developing countries", FAO Corporate Document Repository 2013, http://www.fao.org/docrep/004/y4793e/y4793e0a.htm。

　　③ Trudi Hartzenberg, "Regional Integration in Africa", Staff Working Paper ERSD – 2011 – 14, October 2011, https://www.wto.org/english/res_e/reser_e/ersd201114_e.pdf.

　　④ AFCFTA Secretariat, https://afcfta.au.int/en.

非盟是非洲一体化愿望的制度表现。地区一体化将在释放非洲大陆的增长潜力方面发挥关键作用。因此，促进社会和文化发展、经济一体化和贸易以及人员和货物的自由流动是非洲联盟、非洲开发银行（AfDB）和区域经济共同体（RECs）等大陆和区域组织的基本原则，最终目标是创建一个统一的大陆市场。但是，在没有实现非洲经济一体化的情况下，非洲国家在事实上进入了世界经济体系。自由贸易在非洲造成了负贸易平衡——贫困、低增长和失业仍然是一个挑战。全球化不仅没有带来好处，反而在很大程度上引发了对当地资源的进一步开发，使一些国家的经济愈发薄弱。

非盟在区域和次区域层面启动了各种促进一体化的方案。目前，非洲有八个地区性组织，这背后的主要框架是非洲经济共同体（AEC）。地区经济共同体的主要目的是促进成员国之间的区域经济一体化，他们也是实现更广泛非洲贸易一体化的极其重要的基石。1980 年的《拉各斯行动计划》和 1991 年的《阿布贾条约》提议建立区域经济共同体，以期实现区域一体化并最终实现大陆一体化。非洲经济共同体将增加非洲内部贸易、提高非洲进口需求的自给自足能力、降低贫困水平以及推动更加和平的相互依存。但是，地区经济共同体是单独开发的，它们的作用和结构各不相同。① 虽然地区经济共同体往往涵盖农业、工业、贸易便利化、和平与安全等领域，却并不意味着该组织对成员国的决策产生重大影响。非洲一体化进程在很大程度上取决于对其现有区域机构的改革，其不仅让民间社会团体和当地商业利益更多地参与了进来，而且还简化了非洲令人困惑的组织多样性。这样造成非洲区域经济共同体的结构、职责和成员资格在不同时期为不同目的而设立，经常重叠，有时甚至相互矛盾。2019 年 7 月，非盟与地区经济公共体之间的协调会议在尼亚美举行。该峰会是非盟最新一轮机构改革的一项具体举措。这涉及的一个核心问题是：什么级别的组织最适合处理区域政策制定、规范制定并解决相关问题？

---

① "Regional Economic Communities", AFRICA Regional Integration Index, https://www.integrate-africa.org/rankings/regional-economic-communities/.

目前，在非洲的区域性经济共同体中有三个明显的领跑者——西部非洲经济和货币经济联盟（UEMOA）、西非国家经济共同体（ECOWAS）和南部非洲发展共同体（SADC）。西非经济货币联盟（UEMOA）① 的成员也在西非国家经济共同体（ECOWAS）② 中，但这两个集团的起源和整合程度却大不相同。西非国家经济共同体（以下简称"西共体"）是一个既有英语国家也有法语国家的关税同盟，而西非经济货币联盟是西非法语国家的货币联盟。因此，内部权力平衡和成员国忠诚度差异很大。尼日利亚在西共体中占主导地位，占其经济的70%，使其有能力通过促进或阻止该集团的政策倡议来影响地区动态。此外，西非经济货币联盟的成员国在西共体谈判中往往只用一种声音说话，并且没有确保其政策优先于西非经济货币联盟政策的机制。虽然两者举行了机构间会议以改善一体化，但如果西非经济货币联盟被纳入西共体，其成员国并不会带来好处。比如，科特迪瓦的影响力会下降，基于尼日利亚石油驱动经济的共同货币将意味着进口石油波动，与非洲金融共同体法郎的欧元绑定稳定性发生根本性转变。同时，我们需要认识到西非经济货币联盟需要西共体来推进经济一体化。

此外，尽管政治稳定也是非洲一体化的目标之一，但由于部分国家缺乏合作意愿和合作热情，非洲一体化进展缓慢。非盟试图建立一个类似于欧盟的政治体系，主要意图是为共同体发展提供能力支持。以此为基础，非盟于2004年3月成立了泛非议会，该机构就非洲地区问题进行讨论，并为非盟成员国提供政策建议。同时，非盟也建立了人权法院、中央银行和货币基金。然而，在一体化组织的组成、职能和重要性方面，它仍然落后于欧盟。此外，与欧盟相比，非盟的决定并不具有法律约束力。非盟认为，必须先解决冲突，才有可能实现繁荣，为此，它在2004年成立了和平与安全理事会，但是非盟对成员国事务从不干涉（non-interference）原则转向非冷漠（non-indifference）原则，这在很大程度上影

---

① 西非经济货币联盟成立于1994年1月，旨在促进成员国间人员、物资和资金流动，目前成员国共8个。

② 西非国家经济共同体是非洲最大的发展中国家区域性经济合作组织，共有15个成员国，人口约占非洲总人口的三分之一。2021年6月，西共体峰会决定2027年发行统一货币。

响了该机制的效果及合法性。①

对非洲地区一体化发展的困境进行分析,主要可以归纳为以下几个因素。

第一,在不信任和分裂的环境中,顺利推进一体化进程确实是一个巨大的挑战,但必须承认一体化并不是一成不变的,非盟必须制定"非洲问题的非洲解决方案"。为了加快非洲一体化进程,经济一体化的优先次序必须与社会、文化和政治一体化的优先次序相平衡。非洲必须借助地区一体化的势头,为非洲工业化和经济发展开辟新的道路。一体化不仅可以通过市场促进强劲和公平的经济增长,而且还可以减少冲突和促进贸易自由化。应该平衡其在尽量减少非洲冲突方面取得的成功与采取更多措施促进经济一体化的重要性。虽然解决暴力冲突是非洲一体化的一项重要的短期需求,但增加非洲内部贸易、建立非洲消费者基础和建立非洲相互依存关系可能会带来更好的愿景。这些都是朝着建设繁荣与和平的非洲的目标迈出的一步。②

第二,非洲存在较大程度的政治、经济和社会差异。根据"非洲晴雨表"的数据,非洲国家对一体化的支持有限,其因国家和地区而异。平均而言,在36个国家(或地区)中,大多数非洲民众赞成人员和货物的自由跨境流动,但这并不是其中15个国家(或地区)的多数观点。与此同时,只有四分之一的非洲民众表示跨越国际边界很容易。大多数非洲民众强调国家主权,并且认为非盟对他们国家的帮助并不大。③ 与世界其他地区一样,成功实现地区一体化的主要障碍是非洲国家的规模、自然资源、发展水平和与全球市场的联系存在的巨大差异。小国贝宁与其石油资源丰富的邻国尼日利亚没有相同的经济利益。南非和马拉维并没

---

① Innocent EW Chirisa, Artwell Mumba and Simbarashe O Dirwai, "A Review of the Evolution and Trajectory of the African Union as an Instrument of Regional Integration", *SpringerPlus*, Vol. 3, No. 101, 2014, pp. 101–114.

② African Union, https://au.int/en/overview.

③ Markus Olapade, Edem E. Selormey and Horace Gninafon, "AD91: Regional integration for Africa: Could stronger public support turn 'rhetoric into reality'?", AFR Barometer, May 25 2016, No. 91, https://afrobarometer.org/publications/ad91-regional-integration-africa-could-stronger-public-support-turn-rhetoric-reality.

有以同样的方式体验区域贸易安排的成本和收益。更为严重的是，非洲缺乏一体化进程的物质基础与社会条件。[①] 非洲一体化存在先天不足的劣势，一是，非洲处于世界经济体系的边缘位置；二是，非洲民族国家建设并不完善；三是，非洲文明发展水平较为落后；四是，非洲深受西方殖民国家的影响，易受西方原宗主国的影响。由此可见，完全依赖政治倡议或狭隘地关注经济动态是无法实现一体化的。区域一体化要取得成功，就非常需要"平衡、公平的发展"，以便所有国家都感到他们最终会有所收获。因此，非洲一直以"临时的、渐进的方式"寻求区域一体化。

第三，成员国是地区一体化与合作的最终推动者。一般情况下，成员国往往与最能代表其利益的组织进行合作，旨在解决特定的地区问题或需求。地区层面的政治牵引力在很大程度上取决于国家利益。非洲政治领导人以零和博弈思维面对一体化进程，担心合作净收益的公平、平等或平衡分配。这种短视思维在政治上是可以理解的，但这揭示了非洲领导人对关税同盟机制的误解。如果关税同盟机制造成的分配不均越严重，国家间发展水平的差异就越大。[②] 一些非洲国家特别担心，降低或取消与区域伙伴的贸易关税会剥夺它们重要的政府收入来源。同时，市场力量本身也往往会加剧国家之间现有的不平等。比如，非洲最不发达的国家极不情愿与发达经济体签署自由贸易协定，因为担心它们的国内产业将无法在竞争中生存下来，尤其是面对发达国家的农业等部门。大多数非洲国家已经不得不维持与高收入国家的重大结构性贸易不平衡。因此，非洲一体化需要协调政策工具，尤其是针对重叠的地区经济共同体的成员国。目前，现有条约执行不力和非关税壁垒继续阻碍着货物、服务和人员跨境自由流动。鉴于非洲部分地区普遍存在国家脆弱性，移民挑战将成倍增加，不安全性也会成倍增加。尽管诸多国家是多个区域组织的成员，但由于实施缓慢或效率低下，这些组织的实际运作方式往往不尽如人意。此外，尼日利亚、南非和埃塞俄比亚等地区大国在解决地区

[①] Timothy Murithi, *The African Union: Pan-Africanism, Peacebuilding and Development*, Ashgate Publishing Limited, 2005, p. 1.

[②] Rolf J. Langhammer, "Regional Integration and Cooperation in Africa: A History of Disappointments?", *Intereconomics*, Vol. 12, No. 9/10, 1977, pp. 257–262.

问题方面也发挥着重要作用,但他们并未充当核心推动者,无法有效聚拢非洲各国并助推一体化进程。

在国际竞争加剧的时代,非洲地区一体化必须加速,以便非洲整个大陆能够更有效地应对全球化世界。①

首先,非洲一体化组织更多是制度导向型路径,而非市场导向型路径,即通过成员国政府间谈判建立一体化制度来约束各成员国。尽管非洲一体化在基础设施、贸易自由化和便利化、人员自由流动以及和平与安全等政策议题领域取得缓慢但稳定的发展,但是,非洲开发银行2018年的研究表明,非洲内部贸易比例是全球所有地区中最低的,约为15%,而北美自由贸易区为54%,欧盟为70%,亚洲为60%。② 非洲经济外向型特征导致其严重依赖外部世界和碎片化的内部市场,路径依赖趋势较强,这也导致非洲经济一体化程度较低,存在大量预期目标不断推延的问题。地区经济一体化有两个优点,一是,可以降低发展基础设施的成本,包括运输、通信、能源、供水系统和科学技术研究,而这些成本往往超出了个别国家的能力;二是,通过"增强经济吸引力,降低风险"促进大规模投资,进而为非洲生产者和消费者创造更多机会。遵循功能主义路径,非洲经济一体化能够为非洲政治一体化奠定基础。

其次,非洲地区性有一定的文化基础,比如非洲文化源于共同种族、生存环境和历史文化,有较大程度的相似性和共同性。③ 非洲作为一种整体的文化形态,为非洲一体化提供了文化基础。部分非洲国家和地区拥有较强的非洲认同基础。同时,非洲文化也具有较大程度的异质性,呈现部落性的特征。这可能是因为非洲各地区之间、各部落之间、各国家之间的文化交往较为有限,并未形成整体的非洲地区性。比如,非洲没有建立真正意义上的帝国体系,也没有建立治理有效的政治共同体。

---

① Ernest Harsch, "Making African Integration a Reality", Africa Renewal, September 2002, https://www.un.org/africarenewal/magazine/september-2002/making-african-integration-reality.

② Aristide Ahouassou, "Importance of Regional and Continental Integration for Africa's Development", African Development Bank Group, December 13, 2018, https://www.afdb.org/en/news-and-events/importance-of-regional-and-continental-integration-for-africas-development-18773.

③ 刘鸿武:《黑非洲文化研究》,华东师范大学出版社1997年版,第30—31页。

最后，随着非洲人口结构的巨大变化，青年人口激增和城市化进程迅速发展，非洲中产阶级人数在未来十年将从 2.45 亿扩大到 3.8 亿。这样的变化导致其对商品和服务的需求增加，对住房、卫生、交通等各部门的基础设施需求增加，从而对基础设施融资需求规模巨大。[①] 非盟《2063 年议程》描述了未来几十年的经济和社会愿景，其优先事项之一是加强非洲市场和人口的一体化。在非盟的领导下，非洲一体化正在推进，特别是支持非洲大陆人员自由流动和非洲大陆自由贸易协定，旨在建立单一非洲市场。不管如何，实现非洲一体化本身并不是目的，其目的必须是为非洲公民提供繁荣和安全，受益于旨在实现共同繁荣、团结和一体化的非洲《2063 年议程》的共同目标。

第二节　发展中国家外交逻辑下的中国—非盟关系

中国与非洲国家的合作交往是最能体现中国外交战略中连贯性及一致性特征的部分。自中华人民共和国成立以来，以非洲国家为代表的发展中国家，一直处在中国外交战略中的关键位置。中华人民共和国成立初期就确立了独立自主的发展战略，其不仅为中国与非洲国家建立互相尊重、平等协商的友好关系奠定了基础，同时也为广大非洲国家争取本国在国际社会中的合法权利及利益提供了经验参考。之后"三个世界"论断的提出，进一步推动了中国与非洲国家的合作。非洲国家及其地区一体化组织——非盟，在中国对外关系中的战略性意义日益凸显。

一　中国—非盟关系概况

中非友谊源远流长，中非有着相似的历史遭遇，在争取民族解放的斗争中始终相互同情、相互支持。同时，中非也拥有"共同的发展任务、

[①] "African Economic Outlook, 2018", African Development Bank Group, October 2018, https://www.icafrica.org/fileadmin/documents/Knowledge/GENERAL _ INFRA/AfricanEconomicOutlook2018.pdf.

共同的战略利益和共同的精神追求",这构成了中非命运共同体的坚实基础,也是中非传统友谊历久弥坚的根源。① 中华人民共和国成立和非洲国家独立开创了中非关系新纪元。半个多世纪以来,中国同非盟及其前身非洲统一组织保持友好往来和良好合作,双方政治关系密切,高层互访不断,人员往来频繁,经贸关系发展迅速,其他领域的合作富有成效,在国际事务中的磋商与协调日益加强。随着国际形势、非洲形势以及中国自身的发展变化,中国的对非政策也经历了一个不断发展、丰富和完善的历程。毛泽东主席在会见赞比亚前总统卡翁达时提出"三个世界"理论,确定了以坦赞铁路为代表的中国对非重大援助项目,支持非洲国家和人民的解放事业,帮助非洲人民发展民族经济。周恩来总理曾三次访问非洲,为中非关系发展提出了五项原则,为中国对外援助政策实践提出八项原则,给中非友好合作奠定基调、打下坚实基础。江泽民主席也曾三次访问非洲,提出了中国发展同非洲各国面向21世纪友好合作关系的五点建议,为新世纪中非合作的深入发展指明了方向。非洲被认为是全球经济增长最快和最具发展潜力的大陆之一,成为"世界政治舞台上的重要一极"。② 非洲国家也在寻求通过进一步联合的方式在国际舞台施加非洲影响力,但考虑到中非在对发展和国际关系民主化等问题上的共同诉求,非洲依然是中国在推动构建公正合理完善的国际政治新秩序进程中的坚定伙伴。进入21世纪后,2004年胡锦涛主席访问非洲,就加强中非关系提出了三点倡议,即"坚持传统友好,推动中非关系新发展;坚持互利互助,促进共同繁荣;坚持密切合作,维护发展中国家权益"③。中国向非洲国家提供了力所能及的援助,非洲国家也给予中国诸多有力的支持。

---

① 《关于全面深化中国非盟友好合作的联合声明》(全文),外交部,2014年5月6日,https://www.fmprc.gov.cn/web/gjhdq_676201/gjhdqzz_681964/lhg_683022/zywj_683034/t1152908.shtml。

② 张宏明:《大变局背景下中国对非洲的战略需求》,《西亚非洲》2021年第4期。

③ 胡锦涛:《巩固中非传统友谊 深化中非全面合作——在加蓬议会的演讲》,外交部,2004年2月3日,https://www.fmprc.gov.cn/web/gjhdq_676201/gj_676203/fz_677316/1206_677800/1209_677810/t61781.shtml。

在外交领域，2005年3月，中国成为首批向非盟派遣兼驻代表的域外国家。2014年中国设立驻非盟使团，这也标志着中国与非盟关系发展进入新阶段。2015年发布的对非政策文件中也提到，中国希望借此契机，组织建立和完善各种对话合作机制，进一步加强同非盟高层的交往，并充分调动双方战略对话机制作用，以此来加强中国与非盟的政治对话，提升政治互信。2015年5月，中国驻非盟使团开馆。2018年2月，非盟委员会主席法基访华期间，称非盟将在北京设立驻华代表处。同年9月，非盟驻华代表处开馆。目前，中非合作论坛是中国与非盟之间最稳定长效的沟通交流机制。中非合作论坛为非洲大陆与世界其他地区的关系注入了新的活力，在首届中非论坛之后，中国在非洲的影响力越来越大。2011年10月，中非合作论坛第八届高官会决定接纳非盟委员会为论坛的正式成员。2012年7月，非盟委员会首次以正式成员身份出席中非合作论坛第五届部长级会议。2008年11月，首次中国—非盟战略对话召开，为中国与非盟的合作交流提供了新的平台，目前双方共举行了七次战略对话。2011年1月，中国与非盟举行首次外交政策磋商，目前双方共进行了两次外交政策磋商。2014年10月，外交部副部长张明与非盟委员会和平与安全事务委员切尔古在北京共同主持中国—非盟战略对话和平与安全分组首轮对话。

在高层互访方面，中国与非盟充分利用双边及多边场合、借助公共外交平台，定期组织进行了多次富有成果的高层对话。1996年5月，江泽民主席访问非统总部，并就中国对非洲政策发表重要演讲。2003年11月，温家宝总理利用在埃塞俄比亚出席中非合作论坛第二届部长级会议的机会，会见了非盟委员会主席科纳雷。2005年8月，科纳雷访华。2012年1月29日，全国政协主席贾庆林在非洲联盟第十八届首脑会议开幕式上发表题为《加强中非团结合作携手共创美好未来》的演讲，其间分别会见非盟轮值主席、赤道几内亚总统奥比昂和非盟委员会主席让·平，并出席中国援建的非盟会议中心落成典礼。2014年5月，李克强总理访问非盟总部，会见非盟委员会主席祖马，并在非盟会议中心发表演讲，同非盟方发表《全面深化中国非盟友好合作的联合声明》和《加强中非减贫合作纲要》。① 2015年12月，习近平主席在南非会见出席中非合作论坛约翰内斯堡峰会的非盟委员会主席祖马。2015年10月，非盟委员会主席祖马访华。

维护、拓展与发展中国家之间的战略友好关系，特别是加强与新兴国家之间的战略协调与合作，是中国在国际组织内快速提升国际动员力、增强议程设定能力的可行选择。② 中国与非盟也充分利用联合国等重要的多边机构和多边场合，寻求交流与合作。比如，2011年9月，杨洁篪外长在纽约出席第66届联合国大会一般性辩论期间会见让·平主席，非洲发展新伙伴计划规划协调局首席执行官马亚基应邀访华。2013年9月，王毅外长在纽约出席第68届联合国大会一般性辩论期间会见祖马主席。2013年3月，习近平主席在南非出席金砖国家领导人会晤期间，会见非盟轮值主席、埃塞俄比亚总理海尔马里亚姆。2017年5月，非盟委员会副主席夸第和基础设施与能源委员阿玛尼来华出席第一届"一带一路"国际合作高峰论坛高级别会议。2017年9月，非盟轮值主席、几内亚总统孔戴来华出席在金砖国家领导人厦门会晤期间举行的新兴市场国家与发展中国家对话会。2015年9月，习近平主席在第七十届联合国大会一般性辩论时宣布，未来五年将向非盟提供1亿美元军事援助，用于支持非洲常备军和危机应对快速反应部队建设。③ 2019年4月，非盟基础设施与能源委员阿玛尼和非盟委员会主席非洲基础设施发展高级代表奥廷加来华出席第二届"一带一路"国际合作高峰论坛高级别会议。同年9月，国务委员兼外长王毅在出席第74届联合国大会一般性辩论期间会见非盟委员会主席法基。

双方关注的议题领域也在不断拓展，如2016年6月，非盟委员会副主席姆温查来华出席第三届中非媒体合作论坛。2008年8月，非盟委员

---

① 《中国和非洲联盟加强中非减贫合作纲要》（全文），外交部，2014年5月6日，https：//www.fmprc.gov.cn/web/gjhdq_676201/gjhdqzz_681964/lhg_683022/zywj_683034/t1152906.shtml。

② 蒲俜：《全球化时代的国际组织变迁与中国的战略选择》，《教学与研究》2012年第1期。

③ 习近平：《论坚持推动构建人类命运共同体》，中央文献出版社2018年版，第257页。

会主席让·平来华出席北京奥运会开幕式。2010年10月,让·平主席来华出席上海世博会闭幕式,并进行中国—非盟第三次战略对话。2017年12月,非盟委员会副主席夸第来华出席第四届世界互联网大会。2017年6月,王毅外长访问非盟总部并与非盟委员会主席法基共同出席中非减贫发展高端对话会暨智库论坛。2019年2月,中方同非盟委员会和中非合作论坛非方共同主席国塞内加尔共同举办中非实施和平安全行动对话会。中非关系不断向全方位、多层次、高质量发展,不仅为非洲带来发展机遇,还走在国际对非合作前列。从"十大合作计划"到"八大行动"再到"九项工程",在中非关系发展中,中国尊重非洲的自主性和发展模式的多样化,支持非盟和非洲国家以及次区域组织以非洲方式解决非洲问题,推动全球发展倡议同非盟《2063年议程》,推动构建高水平中非命运共同体。

二 发展中国家外交逻辑下的中国—非盟合作路径

(一) 中国的发展中国家战略

以非洲国家为代表的广大发展中国家始终是中国在国际政治舞台上的重要基础,也是中国在国际事务中的可靠朋友和真诚伙伴。伴随着经济的快速发展,非洲国家对国际影响力和话语权的诉求也在不断提升,除了加强国家自身发展外,非洲国家也越来越倾向于通过加强一体化的方式,实现对外"以一个声音说话",以此来提升国际影响力。[①] 尤其是大国竞争日益激烈的背景下,非洲的政治精英们也在思考如何能在大国博弈的框架下,保障生存并追求更大的利益。与此同时,中国作为负责任的发展中大国;其经济发展为全球经济提供了动力,其政治稳定为国际秩序带来了保障,同时,中国还在积极寻求建立南南合作新架构,推动改变既有国际秩序中不公正、不合理的因素,为推动全球伙伴关系、构建人类命运共同体而努力。在此背景下,中非之间南南合作的价值被凸显出来,中非关系中秉持的相互尊重、平等互利的理念能够为国际社会提供一种不同于西方主导的国际关系发展路径。

---

① 张宏明:《大变局背景下中国对非洲的战略需求》,《西亚非洲》2021年第4期。

中国—非盟合作是中国独立自主和平外交政策的体现,也是中国和平、发展、合作思想的具体实践。在2014年《关于全面深化中国非盟友好合作的联合声明》中提到,中国与非盟的合作长期以来遵循"真诚平等相待、增进战略互信、共谋包容发展、创新务实合作、弘扬传统友好"的指导原则,这一原则是在中国与非盟长期交往中总结出的宝贵经验。[1]在《中国对非洲政策文件》中提到,"真诚友好、平等互利、团结合作、共同发展是中非交往与合作的原则,也是中非关系长盛不衰的动力"[2]。面对着国际社会中单边主义、保护主义抬头的情况,中非双方应共同维护多边主义和自由贸易体制,共同维护以联合国宪章宗旨和原则为核心的国际体系,共同推动全球治理体系变革朝着更加公正、合理的方向发展,维护广大发展中国家的根本利益。[3] 新形势下,中国应继续坚持正确义利观和真实亲诚理念,着力把中非关系打造成以合作共赢为核心的新型国际关系典范,更好地造福中非人民。具体来说,中非将在真实亲诚政策理念和正确义利观指引下,秉持共同发展、集约发展、绿色发展、安全发展、开放发展五大合作发展理念,携手打造责任共担、合作共赢、幸福共享、文化共兴、安全共筑、和谐共生的中非命运共同体。

第一,正确的义利观。

党的十九大报告指出,要"秉持正确义利观和真实亲诚理念加强同发展中国家团结合作"[4]。正确的义利观是中国开展发展中国家外交时的核心理念之一,也是中国为新时期南南合作提出的建设性理念。中国在非洲利益的内容是客观的,体现在中短期内明确的经济利益优先取向,但是在实践中,"如何理解、判断中国在非洲利益却离不开人的主观能动

---

[1] 《关于全面深化中国非盟友好合作的联合声明》(全文),外交部,2014年5月6日,https://www.fmprc.gov.cn/web/gjhdq_676201/gjhdqzz_681964/lhg_683022/zywj_683034/t1152908.shtml。

[2] 《中国对非洲政策文件》,外交部,2006年1月12日,http://www.gov.cn/zwjw/2006-01/12/content_156498.htm。

[3] 中国驻非盟使团团长:《中非交往与合作掀起新热潮》,2019年9月10日,http://www.gov.cn/xinwen/2019-09/10/content_5428694.htm。

[4] 习近平:《决胜全面建成小康社会 夺取新时代中国特色社会主义伟大胜利——在中国共产党第十九次全国代表大会上的报告》,人民出版社2017年版,第60页。

性",最终反映的是"客观实在与主观认知相结合的产物"。① 长久以来,中华民族始终坚持的"重义轻利、先益后利、取利有道"的道德准则和行为规范,② 就成为塑造和影响中国对非政策的重要因素。

2013年3月,习近平主席访问非洲期间首次提出中国外交要坚持"正确义利观",具体来说要找到中国与非洲的利益共同点和交汇点,"义利并举、以义为先","做到义利兼顾,要讲信义、重情义、扬正义、树道义","永远做发展中国家的可靠朋友和真诚伙伴"。③ 2013年9月,外交部长王毅在《人民日报》发表《坚持正确义利观 积极发挥负责任大国作用》一文时引述了习近平主席对"正确义利观"的重要阐述:"我们希望全世界共同发展,特别是希望广大发展中国家加快发展。要恪守互利共赢原则,不搞我赢你输,要实现双赢。我们有义务对贫穷的国家给予力所能及的帮助,有时甚至要重义轻利、舍利取义,绝不能唯利是图、斤斤计较。"2014年11月,中央外事工作会议提到"要坚持正确义利观,做到益利兼顾,要讲信义、重情义、扬正义、树道义"。正确义利观是中国作为负责任的发展中大国这一身份的体现,传递了中国始终坚定维护世界和平与国际正义的决心,与发展中国家共同构筑人类命运共同体的信念。

在实践中,我们首先需要明确中国在非洲利益的不同层次,从全局统筹的战略视角,以"重要性(重要程度)"与"紧迫性(紧迫程度)"为标准,区分中国在非洲的重要利益和一般利益,综合把握、辩证处理中国在非洲利益的"轻重缓急"。④ 在政治上,正确的义利观要求中国坚持公平正义,充分尊重非洲国家自主解决非洲问题的努力。中国人并没有侵略与霸权的基因,不论在什么时候,不论对什么国家,始终不渝地奉行独立自主的和平外交政策,坚持走和平发展道路,坚持互利共赢的

---

① 张宏明:《中国在非洲利益层次分析》,《西亚非洲》2016年第4期。
② 王毅:《坚持正确义利观 积极发挥负责任大国作用——深刻领会习近平同志关于外交工作的重要讲话精神》,人民网,2013年09月10日,http://theory.people.com.cn/n/2013/0910/c40531-22864489.html。
③ 习近平:《论坚持推动构建人类命运共同体》,中央文献出版社2018年版,第135页。
④ 张宏明:《中国在非洲利益层次分析》,《西亚非洲》2016年第4期。

对外开放战略，愿意在和平共处五项原则的基础上，同所有国家建立和发展友好合作关系。在2018年中非合作论坛北京峰会上，习近平主席提出了"五不原则"，即"不干预非洲国家探索符合国情的发展道路，不干涉非洲内政，不把自己的意志强加于人，不在对非援助中附加任何政治条件，不在对非投资融资中谋取政治私利"[①]。中国的"一带一路"倡议也向全世界传递着和平发展、合作共赢的"中国方案"，表达了中国希望为推动构建新型国际关系、构建人类命运共同体做出贡献的意愿。[②] 在经济上，坚持互利共赢、共同发展。始终坚持向发展中国家提供不附加任何政治条件的援助，包括设置南南合作援助基金、开展6个100项目建设等，并期待与非洲各国一同推进"一带一路"建设。同时，中国也一直号召国际社会继续加大对非洲发展问题的关注，在国际机制及国际谈判中反映非洲国家的关切，积极履行各自的援助承诺，推动联合国可持续发展大会更多关注非洲经济社会可持续发展。

第二，"真实亲诚"理念。

2013年3月，习近平主席首访非洲，在坦桑尼亚尼雷尔国际会议中心发表题为《永远做可靠朋友和真诚伙伴》的演讲，其中提到"对待非洲朋友，我们讲一个'真'字；开展对非合作，我们讲一个'实'字；加强中非友好，我们讲一个'亲'字；解决合作中的问题，我们讲一个'诚'字"。[③]

"真"，旨在强调中国将永远做非洲的真朋友、真伙伴，中非团结互助，在国际事务中相互支持，维护共同利益。中国在合作中坚持真诚友好、平等相待，始终尊重非洲、热爱非洲、支持非洲，坚持做到"五不"。坚定维护非洲和平、稳定、发展的局面。中国尊重非洲国家自主选择发展道路，尊重非洲国家推动经济社会发展、改善人民生活的实践和

---

① 习近平：《携手共命运 同心促发展——在2018年中非合作论坛北京峰会开幕式上的主旨讲话》，人民出版社2018年版，第3页。

② 何蒨：《非洲学者：人类命运共同体理念根植于中国哲学传统》，中国一带一路网，2021年7月30日，https://www.yidaiyilu.gov.cn/xwzx/hwxw/181942.htm。

③ 习近平：《永远做可靠朋友和真诚伙伴——在坦桑尼亚尼雷尔国际会议中心的演讲》，《人民日报》2013年3月26日第2版。

努力，愿在平等自愿的基础上同非洲开展治国理政经验交流，促进双方对彼此政治制度和发展道路的了解、认同和借鉴。中国一贯真诚支持非洲发展，不干涉非洲国家内政，不把自己的意志强加于非方，对非援助不附加任何政治条件。中国高度重视发展同非盟的关系，把非盟视为中国在非洲和国际事务中的重要合作伙伴，坚定支持非盟在非洲内外事务中发挥更大的积极作用。

"实"，强调中非合作务实。即务实高效、合作共赢，不折不扣落实对非互利合作方针和举措，在支持非洲实现自主发展的过程中实现中非共同发展。中国愿本着"筑巢引凤""授人以渔"的理念，坚定支持非洲国家致力于基础设施建设和人力资源开发，帮助非洲破除长期制约发展的两大瓶颈，积极开展产业对接和产能合作，助力非洲工业化和农业现代化进程。2020年底中国与非盟签署的《"一带一路"合作规划》，不仅是中国与区域性组织签署的第一份共建"一带一路"合作文件，而且在其中明确了双方将就"五通"开展的合作内容、重点项目，为合作确定了时间表、路线图，充分论证了中非"一带一路"合作"从来不是'清谈馆'，而是务实高效的'行动队'"。①

"亲"，强调中非民心相通。中非关系发展是建立在双方情感上亲近、彼此尊重的基础上，不断提升双方的认同感，推动中非命运共同体的构建。具体来说，中非需要在人文领域加强文明交流、文明互鉴，促进中非民心相通，为中非友好提供坚实的民意和社会基础。尤其是要加强中非在科教文卫等社会人文领域的交流与合作，充分发挥智库、高校、媒体的作用，加强地方往来与合作，带动二轨外交发展。

"诚"，强调中非交往以诚待人，言必信、行必果，培育双方政治互信，从战略高度和长远角度处理中非关系。中非应本着相互尊重、合作共赢的原则，加强政策协调和沟通。中国相信非洲国家有能力、有智慧解决好自己的问题，同时中方认为国际社会应在尊重非洲人民意愿的基础上，以"非洲提出、非洲同意、非洲主导"原则，为解决非洲问题提

---

① 《中国政府与非洲联盟签署共建"一带一路"合作规划》，新华社，2020年12月17日，https：//www.yidaiyilu.gov.cn/xwzx/gnxw/158570.htm。

供支持和帮助，采取建设性行动，支持和帮助非洲实现持久和平与可持续发展。①

（二）中国对非政策文件

在中国与非洲国家开启外交关系50周年之际，2006年1月，中国发表了第一份《中国对非政策文件》，提出中非应建立和发展"政治上平等互信、经济上合作共赢、文化上交流互鉴的新型战略伙伴关系"，并对非盟在维护地区和平与稳定及促进非洲团结与发展中的作用表示了赞赏，同时提到中国一直重视与非盟在地区及国际事务各领域的相互支持与合作。② 这份政策文件对指导中非关系发展发挥了重要作用。

2015年是中非合作论坛成立15周年，非洲大陆也在2015年首次举办中非峰会。此次峰会将中非关系提升为全面战略合作伙伴关系，中非决心共同致力于做强和夯实政治上平等互信、经济上合作共赢、文明上交流互鉴、安全上守望相助、国际事务中团结协作"五大支柱"。以此为契机，中国政府发表第二份《中国对非洲政策文件》。③ 这份文件可以理解为新形势下中国巩固和发展中非友好合作关系的一份政策宣示。在政策文件中提到，应建立和发展中非全面战略合作伙伴关系，以此来发展和巩固中非命运共同体。政策文件也再次强调"重视并坚定支持非洲联盟在推进非洲联合自强和一体化进程中发挥领导作用、在维护非洲和平安全中发挥主导作用、在地区和国际事务中发挥更大作用"，对于非盟提出的《2063年议程》表示赞赏并支持非盟开展议程的第一个10年规划，同时要积极促进中非在"发展规划、减贫经验分享、公共卫生、和平安全和国际事务"等领域的双边和多边合作。2015年的对非政策文件进一步阐明了中国对非政策的新理念、新主张、新举措，以及致力于发展中非友好关系的坚定决心，在加强中非团结、引领中非合作中发挥了重要

---

① 《中国对非洲政策文件》，新华社，2015年12月5日，http://www.gov.cn/xinwen/2015-12/05/content_5020197.htm。

② 《中国对非洲政策文件》，新华社，2006年1月12日，http://www.gov.cn/zwjw/2006-01/12/content_156498.htm。

③ 《中国对非洲政策文件》，新华社，2015年12月5日，http://www.gov.cn/xinwen/2015-12/05/content_5020197.htm。

作用，具有里程碑意义。

2021年11月，国务院新闻办公室发布《新时代的中非合作》白皮书，不仅介绍新时代中非合作成果，还展望未来中非合作前景，进一步强调同非洲国家携手共建"一带一路"，构建更加紧密的中非命运共同体。具体来看，第一，中非巩固和深化政治互信，从新型战略伙伴关系到全面战略合作伙伴关系，完善政府间对话、磋商及合作机制；第二，中非提高经贸合作水平，聚焦发展援助、贸易发展、投融资合作、农业发展、非洲工业化、基础设施合作、金融合作、数字经济合作等议题；第三，中非加强社会合作，包括分享减贫经验、加强卫生健康领域合作、扩大教育和人力资源开发合作、加强科技合作与知识共享、深化生态保护和应对气候变化合作等领域；第四，中非扩大人文交流合作，包括拓展文化旅游交流合作、深化新闻传媒与影视合作、推进学术与智库合作、增进民间交流；第五，中非拓展和平安全合作，不仅参加联合国维和行动，还推进执法部门合作共同打击跨国犯罪、斡旋非洲热点问题。中非通过中非合作论坛引领对非合作，推展互利合作新动能，推动中非合作高质量发展，建设更加公正合理的国际秩序。

第三节　非盟对"一带一路"倡议的认知演变及合作路径

非洲是中国推进"一带一路"建设的重要方向和落脚点，是参与"一带一路"合作最积极的方向之一，合作前景广阔。自2013年"一带一路"倡议提出以来，非盟及非洲国家积极响应中非共建"一带一路"的号召，推动本国及本地区发展战略与"一带一路"实现有效对接。2021年1月，中国同刚果（金）和博茨瓦纳分别签署共建"一带一路"谅解备忘录，标志着"一带一路"大家庭里的非洲成员壮大到了46个国家。中非共建"一带一路"政策沟通不断深入，"一带一路"的落地实践也将给中非合作及非洲地区发展带来前所未有的新机遇。

一 非盟对"一带一路"倡议的认知

"一带一路"倡议与非盟《2063年议程》在本质上是相辅相成的，能够互相支持以充分调动政策效果。这也为非盟更好地接受"一带一路"倡议的相关内容，并推动其与本地区发展战略形成对接奠定了基础。在2020年最新一份的"非洲晴雨表"中显示，有59%的非洲受访者认为中国对本国的经济和政治影响力是"比较积极"或"非常积极"的，只有15%的受访者持负面看法。① 总体上来看，在非盟层面上展现出来对"一带一路"倡议及其实践的积极支持、正面肯定始终占据主导位置。

但是，总体上的肯定并不意味着非洲地区内部就不存在其他声音。在越来越多的非洲国家加入"一带一路"倡议之后，随着中国投资的不断增加，加之西方媒体别有用心地散布"中国威胁论""资源掠夺论"等关于中国政策的负面报道，部分非洲民众也对"一带一路"建设产生疑虑。对比2014/2015年和2019/2020年两轮"非洲晴雨表"的调研数据，在同时参与的16个被调查国家中，对中国影响力持积极看法的比例均值从65%下降至60%，其中有9个国家出现下降，最突出的是纳米比亚下降了18%，博茨瓦纳也下降了17%。② 在西方媒体的渲染下，非洲民众对"债务陷阱""经济依赖""新殖民主义"的担忧也始终存在。③ 比如，部分非洲民众认为中国企业在非洲的大规模投资、中国产品的大量涌入，会对非洲本土企业造成重大打击，甚至会威胁到本土的产品供应链。而非洲目前占主导的劳动密集型产业也难以在短时间内实现技术的转型升级，有可能会在市场竞争中被淘汰。肯尼亚蒙内铁路项目是"一带一路"

---

① 非洲晴雨表：《非洲人认为中国的影响力是显著而积极的，但有所下降》，欧亚系统科学研究会，2021年4月1日，https://www.essra.org.cn/view-1000-2353.aspx。

② AD407: Africans regard China's influence as significant and positive, but slipping, AFR BAROMETER, November 17, 2020, https://afrobarometer.org/sites/default/files/publications/Dispatches/ad407-chinas_perceived_influence_in_africa_decreases-afrobarometer_dispatch-14nov20.pdf.

③ 周玉渊：《中国在非洲债务问题的争论与真相》，《西亚非洲》2020年第1期；Daily Nation, "Debt Weapon of Choice for China to Penetrate Developing Countries", Center for Global Development, August 18, 2018, https://nation.africa/oped/opinion/Debt-weapon-of-choice-for-China-/440808-4717560-19buny/index.html。

倡议在非洲地区的旗舰项目之一，严格按照生态环境保护的要求进行施工，本地员工超过 80%，并提供相关的技术培训，项目建设也将极大推动沿线地区的经济发展。然而这一项目在肯尼亚国内出现了极大争议，包括指责该项目业主未进行公开招标、项目没有进行充分调查也没有独立的可行性研究和设计、危害生态环境、区别对待当地员工等质疑，而这些质疑绝大部分都是断章取义的结果，是在别有用心的媒体推波助澜之后得到的结果。①

除此之外，社会及安全问题也是一些非洲民众的顾虑，如中国企业的投资并没有给当地居民带来预期中的大量就业机会。一些非洲国家内部的政治斗争也可能会影响到项目的如期开展及其效果的发挥。当现实与其预期目标不一致时，就有可能引发抱怨和不满的情绪。而中美大国竞争在非洲地区的表现，如双方在吉布提的军事基地问题上的矛盾也促使一些当地民众关注如何在大国博弈之间实现生存的问题。这里反映出的问题在于，一方面，非洲国家迫切需要"一带一路"建设来带动当地的经济及社会发展；另一方面，对于如何开展项目实践、项目标准的评判以及项目更广泛的后果等问题依然存在担心和质疑，尤其是以美国为代表的西方国家主导的国际话语体系下，担心和质疑很容易被转化为反对，"一带一路"的认知逆差也在这种负面语境下被不断强化。

要有效解决上述问题，或是缩小"一带一路"建设中的认知差异，需要从多方面入手，这是一个持续性的漫长工作。首先，在中国开展与非洲地区的交往过程中，应继续加强政治互信建设。政治互信的培育是建立在丰富、深入的沟通交流基础之上的。中非之间有着深厚的友谊积淀，应将这份友谊在新时代以更加多样化的渠道进行传承，如增加双方在人文领域的沟通交流、为人员互访进一步提供便利。其次，加强中国媒体对外传播能力和有效性，减少或抵消西方负面舆论的影响，加强与非洲当地智库、学者及决策者的直接交流对话，减少对"一带一路"的误读或曲解。目前非洲舆论对"一带一路"建设的诸多质疑都源自西方

---

① 朱可人：《如何缩小与非洲合作的一带一路建设项目的认知逆差》，《中国对外贸易》2020 年第 8 期。

媒体别有用心的误导,而非洲民众所接触到的数据与之存在明显差距。2020年的"非洲晴雨表"调查显示,只有不到半数(48%)的非洲受访者知道中国向本国提供了贷款或发展援助。① 这也暴露了中国媒体在话语竞争中的弱势,如何以更令受众接受的方式讲述、讲好中国故事就成为中国媒体及企业、研究单位需要思考的问题。同时,中国与非洲应当成为相互信赖、相互支持的战略伙伴,也要加强中非在国际社会的相互支持与配合,共同致力于推动国际关系民主化,为推动构建合理、公正、完善的国际政治经济秩序而努力。

二 非盟与"一带一路"倡议的合作议题

在2018年9月召开的中非合作论坛北京峰会暨第七届部长级会议上,中非双方一致决定携手构建责任共担、合作共赢、幸福共享、文化共兴、安全共筑、和谐共生的中非命运共同体,推进中非共建"一带一路"合作,将"一带一路"建设同非盟《2063年议程》、联合国《2030年可持续发展议程》和非洲各国发展规划深入对接,促进政策、设施、贸易、资金和民心协同发展,获得了非洲人民广泛赞誉和拥护。在2019年5月举行的中非"一带一路"合作对话会上,刘豫锡大使提到,中非双方以政策沟通为平台加强战略对接,聚焦非洲互联互通,促进民间交流,拓展合作思路,坚持创新驱动和市场原则,着眼数字经济、能源和产业发展等领域,携手应对非洲面临的基础设施、人才和资金等发展挑战,推动"一带一路"合作沿着高质量方向不断前进。② 2020年12月17日,中国与非盟签署《中华人民共和国政府与非洲联盟关于共同推进"一带一路"建设的合作规划》(以下简称《合作规划》),根据《合作规划》要求,双方将成立共建"一带一路"合作工作协调机制,利用沟通磋商机制及时解决实践中的问题,从而帮助双方找准政策契合点,进而推动

---

① 非洲晴雨表:《非洲人认为中国的影响力是显著而积极的,但有所下降》,欧亚系统科学研究会,2021年4月1日,https://www.essra.org.cn/view - 1000 - 2353.aspx。
② 《驻非盟使团与非盟委员联合举办中非"一带一路"合作对话会》,中国驻非盟使团,2019年5月30日,http://au.fmprc.gov.cn/chn/sghd/t1668629.htm。

"一带一路"倡议与非洲各国发展战略深度对接。① 同时，《合作规划》还起到了积极的示范带动作用，为中国与全球伙伴实现战略对接、高质量共建"一带一路"提供了参考。②

中非发展战略高度互补，中国在发展经验、适用技术、资金、市场等领域具有相对优势，非洲在人力资源、产业升级和基础设施建设上有巨大需求。自"一带一路"倡议提出以来，中国在非洲地区的"一带一路"建设采取的是渐进推广方式，以埃及和南非为重点国家，以埃塞俄比亚、肯尼亚、坦桑尼亚、刚果（布）为产能合作的先行先试国家，待条件成熟后再向非洲其他地区国家推进。③ 目前中非在基础设施建设、经济贸易投资、人文交流等领域已经形成了较为广泛深入的合作，除了继续深化上述传统优势领域的务实合作之外，近几年中非在安全、生态治理、卫生治理等领域也展现出新的合作空间。

（一）互联互通议题

基础设施是经济发展的根本，而基础设施落后也是长期以来制约非洲发展的一大瓶颈。非洲人口是世界上增长最快的，在未来20年将占全球人口增长的近一半；预计到2035年，人口将从目前的约12亿增加到18亿以上，届时非洲的人口将大大超过印度或中国。④ 极其迅速的人口增长将加剧撒哈拉以南非洲的贫困和经济机会的缺乏，同时，对医疗、教育、住房和基础设施等服务的需求也将大幅增加，这些都会给非盟及非洲国家政府带来巨大压力。为了提高抵御外部冲击的能力，非洲国家需要实现经济多样化，提高生产率，推动经济转型，尤其是需要借助于关键基础设施投资和人力资源发展创造就业机会。作为负责任的发展中大国，中国始终关注非洲国家的发展问题，在"一带一路"框架下，就互

---

① 《中国政府与非洲联盟签署共建"一带一路"合作规划》，中国驻非盟使团，2020年12月16日，http：//au. fmprc. gov. cn/chn/zfmgx/t1840653. htm。

② 《中非"一带一路"合作开启新篇章》，经济日报，2020年12月24日，http：//www. gov. cn/xinwen/2020 - 12/24/content_5572897. htm。

③ 姚桂梅：《中非共建"一带一路"：进展，风险与前景》，《当代世界》2018年第10期。

④ Julia Bello-Schünemann, Jakkie Cilliers, Zachary Donnenfeld, Ciara Aucoin and Alex Porter, "African futures Key trends to 2035", Institute for Security Studies, September 1, 2017, https：//media. africaportal. org/documents/policybrief105. pdf。

联互通的落地实践进行了有针对性的部署。比如，2015年1月，国家发展改革委与非盟委员会签署关于促进中国与非洲开展铁路、公路、区域航空网络和工业化领域（简称"三网一化"）合作的谅解备忘录，① 通过带动非洲地区高速铁路网、高速公路网、区域航空网和工业化的发展，为中非合作奠定基础。同时，从非洲自身的禀赋和中国的需求出发，加强中非在资源、产业、产能方面的合作，也是与中国在非洲地区的优先利益取向相一致的。在中短期的时间内，在中国国家利益及国家战略中，以经济利益为核心的发展利益依然是中国在非洲的优先利益。② 截至2021年底，共有52个非洲国家以及非盟委员会与中国签署了共建"一带一路"合作谅解备忘录。③

在以政府为引导、企业为主体、坚持市场运作原则的指导下，中非在基础设施建设领域取得了诸多合作成果，极大地带动了非洲国家经济发展、就业岗位增加和人民生活水平提高。截至2020年12月，中国在非洲建设了近20个港口和80多个大型电力设施，修建的铁路和公路里程均超过6000公里，蒙内铁路、亚吉铁路、蒙巴萨港等一大批"一带一路"旗舰项目在非洲建成并投入使用，为非洲工业化进程和经济转型发挥了重要作用。④ 中国政府积极支持中国企业参与非洲国家的基础设施建设，同时，秉承"授之以鱼不如授之以渔"的理念，在中非共建"一带一路"的项目中，中国非常注重加强双方在技术、管理方面的合作，从而帮助非洲国家提高自主发展能力。⑤ 尽管疫情给中非合作项目开展带来了诸多困难与挑战，但是2020年6月在非洲第一大经济体尼日利亚的经济中心拉各斯，中企在西非最大的港口投资项目莱基港依然如期开工，截至2021年6月中旬，该项目已为当地居民提供了超过1200个就业岗位，实

---

① 《专访：为促进中非关系发挥更大作用——访中国驻非盟使团团长旷伟霖》，新华社，2016年1月30日，http://www.gov.cn/xinwen/2016-01/30/content_5037524.htm。
② 张宏明：《中国在非洲利益层次分析》，《西亚非洲》2016年第4期。
③ 《已同中国签订共建"一带一路"合作文件的国家一览》，中国一带一路网，2021年12月31日，https://www.yidaiyilu.gov.cn/xwzx/roll/77298.htm。
④ 《外交部就中国同非盟签署共建"一带一路"合作规划等答问》，外交部，2020年12月19日，http://www.gov.cn/xinwen/2020-12/19/content_5571116.htm。
⑤ 姚桂梅：《中非共建"一带一路"：进展，风险与前景》，《当代世界》2018年第10期。

现了岗位 80% 以上属地化。该项目预计在 2023 年完工，建成后将成为中西非最大现代化深水港，将直接和间接创造超过 17 万个就业岗位。①

（二）经贸合作议题

中非经贸合作的规模不断扩大，质量不断提升，潜力持续增大。自 2009 年起，中国连续保持非洲最大贸易伙伴国地位，中非贸易总额累计超 2 万亿美元。中非合作论坛约翰内斯堡峰会和北京峰会分别宣布实施"十大合作计划"和"八大行动"，将中非经贸合作水平推向历史新高。目前，中非经贸合作的领域更加多元，不仅支持非洲大陆自贸区建设，开展中非贸易投资便利化的政策，还推进中非经贸合作机制化，如举行中非经贸博览会。2023 年 6 月，"中国—非洲贸易指数"首次发布，显示中非贸易关系呈现快速向好发展趋势。

2014 年至 2022 年中非进出口商品的贸易总额，如表 5-1 所示。

表 5-1　　　　　　　中非进出口商品数据（2014—2022 年）

单位：万元（人民币）

年度	进出口总额	进出口累计比上年同期±%	贸易顺差	占外贸总额比重（%）
2022 年	187860435	14.5	31657698	4.47
2021 年	164318016	26.3	27463720	4.20
2020 年	129455116	-10.1	28757952	4.03
2019 年	143791024	6.8	12330972	4.56
2018 年	134688587	16.4	3702242	4.42
2017 年	115261727	17.3	13263749	4.15
2016 年	98369547	-11.4	23165571	4.04
2015 年	111123160	-18.4	23720133	4.52
2014 年	136253287	4.3	-5848928	5.15

资料来源：海关总署。

---

① 姜宣：《中企西非最大港口投资项目莱基港建设进度过半》，中国一带一路网，2021 年 7 月 3 日，https：//www.yidaiyilu.gov.cn/xwzx/hwxw/179023.htm。

铁路、公路、港口、机场等一大批基础设施项目完工，为非洲经济社会发展创造了新的契机。在此基础上，中国积极发展中非在经济贸易金融领域的合作关系。截至 2018 年底，中国在非洲设立的各类企业超过了 3700 家，对非全行业直接投资存量超过 460 亿美元。① 中国已连续 11 年成为非洲最大贸易伙伴国和主要投资国，连续多年对非洲经济增长贡献率超过 20%。②

具体来说，中国鼓励和支持中国企业到非洲投资，也采取积极措施为更多非洲产品进入中国市场提供便利，继续与非洲国家商签并落实《双边促进和保护投资协定》和《避免双重征税协定》，认真实施给予非洲最不发达国家部分对华出口商品免关税待遇。为了落实中非合作论坛提出的"八大行动"，推进中非贸易务实发展，2019 年 6 月在长沙举办了首届中国—非洲经贸博览会，非盟与 53 个非洲国家共同参展。③ 为了妥善解决中非贸易中遇到的分歧和摩擦，中国国际贸易促进委员会发起成立了"中国非洲联合工商会"，为中国对非企业提供信息支持，也为中非贸易营造良好的投资合作环境。

同时，考虑到非洲国家及非洲经济一体化相对落后的现状，以"一带一路"专项贷款、丝路基金、中非发展基金、中非产能合作基金、非洲中小企业发展专项贷款为代表的投融资平台发挥了重要作用，为中非共建"一带一路"提供资金支持，保障了中非合作项目的顺利开展。④ 以中非发展基金为例，截至 2020 年 8 月，该基金已在 37 个非洲国家投资超过 54 亿美元，投资项目涉及基础设施、产能合作、农业民生、能源矿产等多个领域，带动中国企业对非投资达 260 亿美元，有效推动了联合国

---

① 《新闻办就中国与非洲国家经贸合作及首届中国—非洲经贸博览会有关情况举行发布会》，中国网，2019 年 6 月 4 日，http：//www. gov. cn/xinwen/2019 - 06/04/content_5397330. htm。
② 《中非"一带一路"合作开启新篇章》，经济日报，2020 年 12 月 24 日，http：//www. gov. cn/xinwen/2020 - 12/24/content_5572897. htm。
③ 《新闻办就中国与非洲国家经贸合作及首届中国—非洲经贸博览会有关情况举行发布会》，中国网，2019 年 6 月 4 日，http：//www. gov. cn/xinwen/2019 - 06/04/content_5397330. htm。
④ 《驻非盟使团团长刘豫锡大使就中非共建"一带一路"发表署名文章》，中国驻非盟使团，2021 年 1 月 15 日，http：//au. fmprc. gov. cn/chn/sghd/t1846706. htm。

2030 年可持续发展目标在非洲地区的落地实践。①

在新冠疫情期间，中国也积极为中非企业创造便利条件，如利用"跨境电商平台、线上推介会等方式"推介非洲特色产品，在第三届中国国际进口博览会上召开面向非洲的"云推介会"，向非洲大陆自贸区秘书处提供现汇援助等。在中非关系中，传统的捐助国和受援国关系将转变为一种新型的伙伴关系，旨在应对全球和地区挑战，不再侧重于单向的、主要以慈善为基础的发展合作方式。②面对疫情冲击，为了帮助非洲国家尽快渡过难关、解决现金流短缺难题，"中国已同 12 个非洲国家签署缓债协议，减免 15 个非洲国家 2020 年底到期无息贷款，并积极推动国际社会特别是二十国集团延长缓债期限"③。

（三）人文交流领域

民心相通是中非共建"一带一路"的基础，中国政府致力于通过文化交流、教育培训、旅游、学术交流等路径，为中非人民提供更加丰富多样的交流渠道。④孔子学院、文化中心等平台为中非民众沟通交流搭建起桥梁，中国非洲研究院、中非智库论坛为中非民众加强了解、认识真实的中国与非洲提供了信息支持。而近几年中国文化在非洲的传播也出现了新的变化，以《媳妇的美好时代》为代表的中国影视剧推动了中非民间交流更加活跃。⑤列入中国公民组团出境旅游目的地的非洲国家达到 34 个，2019 年中国内地居民前往非洲达 60.6 万人次，中非已建成 150 对

---

① 《联合国发布中非发展基金案例专刊 高度评价中非投资合作成果》，人民网，2020 年 09 月 12 日，http://world.people.com.cn/n1/2020/0912/c1002 - 31859034.html。

② Bernt Berger and Uwe Wissenbach, "EU – China – Africa trilateral Development Cooperation: Common Challenges and New Directions", German Development Institute/ Deutsches Institut für Entwicklungspolitik, Discussion Paper, 21/2007, http://edoc.vifapol.de/opus/volltexte/2011/3092/pdf/BergerWissenbachEU_China_Africa.pdf.

③ 《驻非盟使团团长刘豫锡大使就中非共建"一带一路"发表署名文章》，中国驻非盟使团，2021 年 1 月 15 日，http://au.fmprc.gov.cn/chn/sghd/t1846706.htm。

④ 《刘豫锡大使在中非"一带一路"合作对话会上发表主旨讲话》，中国驻非盟使团，2019 年 5 月 30 日，http://au.fmprc.gov.cn/chn/sghd/t1669131.htm。

⑤ 《"真实亲诚"引领中非关系行稳致远》，新华社，2019 年 1 月 4 日，http://www.gov.cn/xinwen/2019 - 01/04/content_5354977.htm。

友好城市。① 截至 2020 年 10 月，"中国累计向非洲国家提供了约 12 万个政府奖学金名额，在非洲 46 国合建 61 所孔子学院和 44 家孔子课堂"②。但需要指出的是，中非人文交流还存在较大的发展空间，根据"非洲晴雨表"的数据显示，当受访者被问及年轻人应该学习的最重要的国际语言是什么时，71% 的受访者选择了英语，只有 2% 的受访者选择了中文；高教育人群对中文的兴趣相对更高。③

非洲地区传染病多发，且医疗卫生条件有限，医疗卫生问题也相应地成为中非在人文领域中的重点议题。中国与非盟在艾滋病、疟疾等传染病防治、公共卫生应急机制、医疗人员培训等方面已开展了一定程度的交流与合作。2016 年 6 月和 12 月，商务部与国家卫生和计划生育委员会（现已改名为国家卫生健康委员会）分别同非盟委员会签署了关于开展非洲疾控中心合作和公共卫生合作的谅解备忘录，以进一步促进双方在医务、卫生人员及相关信息方面的交流，落实中非公共卫生合作计划。2020 年新冠疫情暴发，中非相互声援、并肩战斗，医疗卫生成为中非合作中的关键议题。在 2020 年 6 月中非团结抗疫特别峰会上，习近平主席发表题为《团结抗疫共克时艰》的主旨讲话，其中强调在此次疫情期间，中非更加团结、友好互信更加巩固。同时表示，中方将继续全力支持非洲抗疫行动，共同打造中非卫生健康共同体和更加紧密的中非命运共同体。④ 在此次合作抗疫过程中，"一带一路"合作框架下的诸多基础设施项目也发挥了重要的联通作用，肯尼亚内马铁路一期、莫桑比克马普托大桥、纳米比亚沃尔维斯湾港新集装箱码头等一大批项目有力促进了非

---

① 《驻非盟使团团长刘豫锡大使就中非共建"一带一路"发表署名文章》，中国驻非盟使团，2021 年 1 月 15 日，http://au.fmprc.gov.cn/chn/sghd/t1846706.htm。

② 王毅：《二十载命运与共，新时代再攀高峰——纪念中非合作论坛成立 20 周年》，2020 年 10 月 15 日，http://www.gov.cn/guowuyuan/2020-10/15/content_5551662.htm。

③ AD407: Africans regard China's influence as significant and positive, but slipping, AFR BAROMETER, November 17, 2020, https://afrobarometer.org/sites/default/files/publications/Dispatches/ad407 - chinas_perceived_influence_in_africa_decreases - afrobarometer_dispatch - 14nov20.pdf。

④ 《习近平主持中非团结抗疫特别峰会并发表主旨讲话》，《人民日报》2020 年 6 月 18 日第 1 版。

洲国家抗击新冠疫情和经济社会发展。① 在 2021 年 3 月 7 日十三届全国人大四次会议记者会上，王毅部长表示，中国"已向非洲提供近 120 批紧急抗疫物资，向 15 个国家派出抗疫医疗专家组，已经并将向 35 个非洲国家及非盟委员会提供疫苗"，同时中方援建的非洲疾控中心总部大楼项目也已正式开工，"30 个中非对口医院合作机制正抓紧推进"。②

（四）安全领域

"一带一路"建设需要一个稳定安全的外部环境，中非在安全领域的合作必不可少，其中不仅包括了传统安全问题，随着非传统安全问题在非洲地区的日益凸显，其也逐渐成为中国与非盟关注的重点，为双方合作提供了新的动力。在传统安全方面，中国与非洲在安全领域合作的着眼点在于增强非洲国家和区域的维护和平的能力和国防建设。作为地区一体化组织，非盟也在不断加强自己在安全领域的作用及影响力，目前已经成立了以和平与安全理事会为核心的非洲集体安全机制。在非洲人的事非洲人自己解决原则指导下，中国认可并支持非盟在维护地区和平与安全事务中发挥的主导作用，并通过提供资金、人员、技术等方式与非盟开展日益深入的安全合作。自 2003 年以来，中国每年向非盟提供 30 万美元的捐款，并对非盟在索马里和苏丹的维和行动及非盟在非洲地区的反恐行动提供捐款支持。2009 年至 2011 年底，中国向非洲派出近 1500 名维和人员执行维和任务。根据安理会有关决议精神，应索马里政府邀请，"中国派遣了 11 批海军舰艇编队赴亚丁湾和索马里海域实施护航，先后为 457 批共 4700 艘各国船舶提供安全保护，成功解救遭海盗袭击船舶 43 艘"③。2012 年 7 月中非合作论坛第五届部长级会议后，中国发起了"中非和平安全合作伙伴倡议"，推动中非在和平与安全领域人员交流与培训，为非洲冲突预防、冲突管理、冲突解决、冲突后重建提供力所能

---

① 《外交部就中国同非盟签署共建"一带一路"合作规划等答问》，外交部，2020 年 12 月 19 日，http：//www.gov.cn/xinwen/2020 – 12/19/content_5571116.htm。

② 《国务委员兼外交部长王毅答记者问"一带一路"成焦点》，人民网，2021 年 3 月 8 日，https：//www.yidaiyilu.gov.cn/xwzx/gnxw/166552.htm。

③ 《历届中非合作论坛后续行动落实成果》，中国驻肯尼亚大使馆，2015 年 12 月 28 日，https：//www.fmprc.gov.cn/ce/ceke/chn/zfgx/t1328367.htm。

及的资金和技术支持。2014年，中国派遣了700人步兵赴南苏丹执行维和任务，并向非洲援助了用于自卫的轻武器、装甲输送车和个人防护装备。① 同时，中国承担了联合国在非洲的多项维护任务。在这一点上，中国始终坚持非洲国家自主解决非洲问题的原则，呼吁国际社会在"非洲提出、非洲同意、非洲主导"原则下为非洲国家和地区组织提供实现和平稳定的必要支持。

在非传统安全领域，中非也展现出了广阔的合作空间。中国和非洲有着相似的历史遭遇，面临共同的发展任务，在气候变化问题上也持有共同的原则和立场。与中国相比，非洲大陆正面临着来自气候变化更加严峻的挑战。除了极端天气的影响外，气候变化还加剧了非洲的粮食安全问题、传染病问题，甚至出现了因资源竞争导致的地区冲突问题，"气候难民"也相应而生，这些问题都极大地影响了非洲地区的稳定和发展。中国和非洲在应对气候变化中均坚持"公平原则"、"共同而有区别的责任"原则和"各自能力"原则，支持国际社会在《联合国气候变化框架公约》下进行国际气候谈判，遵循《巴黎协定》承诺，支持维护和加强发展中国家团结。中国也通过技术交流、人员培训、资金援助等方式，推动非洲国家和地区组织有效采取减缓和适应气候变化的各项行动，将绿色发展纳入非盟及非洲各国的发展目标。2018年中非合作论坛北京峰会确定的中非"八大行动"中就包括了"绿色发展行动"。目前，中国已向非洲提供了50个绿色发展和生态环保援助项目，旨在加强中非在应对气候变化、荒漠化防治、生物多样性保护方面的交流合作。2020年底启动的中非环境合作中心提出的"中非绿色使者计划"和"中非绿色创新计划"，为中非双方加强应对气候变化的对话与合作搭建了新的平台。② 2021年4月22日，习近平主席在"领导人气候峰会"上指出，中方应秉持"授人以渔"理念，通过多种形式的南南务实合作，尽己所能帮助发

---

① 《历届中非合作论坛后续行动落实成果》，中国驻肯尼亚大使馆，2015年12月28日，https：//www.fmprc.gov.cn/ce/ceke/chn/zfgx/t1328367.htm。

② 《中非合作气候变化问题 为共建绿色人类命运共同体树典范》，中国一带一路网，2021年5月29日，https：//www.yidaiyilu.gov.cn/ghsl/gnzjgd/175163.htm。

展中国家提高应对气候变化能力。①

第四节　影响非盟参与共建"一带一路"的因素

中国—非盟的友好关系既是中国作为负责任发展中大国这一身份定位的必然要求，也是新时代大国特色外交框架下，中国开展发展中国家外交、处理与地区一体化组织之间关系的重要平台。中国—非盟的合作是建立在中非长期友好的历史积淀之上的，体现了新时代南南合作的新面貌和新特征；同时，中国—非盟合作也是建立在中国对非政策的框架之下，基于中国国家利益的全局考量，遵循正确的义利观和"真实亲诚"的基本理念，将中国—非盟友好关系及其合作实践视为中国整体国家利益的重要组成部分。因此，妥善解决中国—非盟合作中面临的问题与挑战，为中非关系开展创造良好的外部环境，保障"一带一路"建设顺利进行，就成为中国外交政策中迫切需要解决的问题。影响中国—非盟合作的因素有以下几点。

一　美国因素的干扰

长期以来，受限于自身发展和历史原因，非洲并非是大国竞争的重点。这也造成各大国在外交决策中，并没有将非洲视为优先考虑对象。但是随着中国崛起，"一带一路"倡议提出并落地实践，非洲开始成为各大国关注的对象，特别是美国。

第二次世界大战之前，美国对非洲的政策不像对欧洲、亚洲或拉丁美洲那样积极。美国与非洲国家元首定期举行高层会晤并不频繁，效果也远低于欧盟—非盟峰会和中非合作论坛。冷战时期，美国的非洲政策主要是从超级大国竞争的角度来看待的。随着冷战的结束和国际恐怖主义的兴起，以及中国在非洲的参与增加，与崛起的中国竞争成为美国非洲政策的一个主要组成部分。2009年，美国作为第一个任命全职驻非盟

---

① 习近平：《共同构建人与自然生命共同体——在"领导人气候峰会"上的讲话》，《人民日报》2021年4月23日第2版。

大使的主要非盟国家，展示了对通过跨地区合作和支持联合国区域控制体系来建立世界新秩序的绝对信心。据美国驻非盟大使迈克尔·巴特（Michael Battle）说，这是为了证明"美国人民对他们与非洲人民的伙伴关系的重视"。奥巴马总统和时任国务卿希拉里一直认为非洲"有能力在整个大陆的问题上发出统一的声音"，就像欧盟在影响欧洲的问题上发出统一的声音一样。

在某种程度上，美国对非洲的政策是失败的，因为美国的参与架构没有及时适应非洲的迅速转变以及其不断变化的期望。2000年，美国、法国和意大利分别是非洲前三大贸易伙伴。2017年，前三大贸易伙伴为中国、印度和法国。截至2016年，美国对非洲的外国直接投资仍然是最大的，但美国的投资自2010年以来几乎没有增加。[①] 美国过去对非洲的政策和计划受益于国会两党的支持，总体上是积极的和有影响力的。《非洲增长与机会法案》（The African Growth and Opportunity Act, AGOA）是美非经济关系的基石之一，促进了美国和非洲之间的贸易。[②] 美国在非洲的贸易和投资中心正在促进区域内以及美非贸易。美国在2007年至2012年向非盟提供了580万美元和2.58亿美元的援助，以支持非洲联盟驻索马里特派团，这些资金直接发送给非洲各国政府，而不是将资金转给美国代表团或非盟本身。显然，美国这种对非政策的双边、逐个国家的方式与非盟的偏好并不一致。美国并没有为对非接触提供所需的具有清晰度、可预测性和稳定性的战略。[③]

拜登政府上台后继续调整对非战略，如强调多边解决方案而不是双边解决方案，将气候行动纳入贸易政策讨论之中等。尽管美国也试图与

---

① Brahima Sangafowa Coulibaly, "Looking Forward: US-Africa Relations", Brookings, March 27, 2019, https://www.brookings.edu/testimonies/looking-forward-us-africa-relations/.

② George Boateng, "Deepening Regional Integration in Africa: Maximizing AGOA in ECOWAS for Economic Transformation", Wilson Center, No. 2, 2016, https://www.wilsoncenter.org/sites/default/files/media/documents/publication/boateng_research_paper.pdf.

③ Liz May and Andrew Mold, "Charting a New Course in US-Africa Relations: The Importance of Learning from Others' Mistakes", Brookings, June 21, 2021, https://www.brookings.edu/blog/africa-in-focus/2021/06/21/charting-a-new-course-in-us-africa-relations-the-importance-of-learning-from-others-mistakes/.

中国在非洲开展经济领域的竞争，但在拜登政府看来，美国将更容易在意识形态方面取得优势。以价值观为核心的意识形态博弈或将成为拜登政府时期美国与中国在非洲较量的一个重要方面。① 尽管非洲国家的民主政体并未完全复制"西方模式"，但无论是非洲国家政治民主化的制度性安排，还是非洲政治精英和民众的认知，都在一定程度上回应了美国期望在非洲实践的战略意图。2020 年底"非洲晴雨表"进行的调查显示，在被问及"更喜欢哪个国家发展模式"时，32% 的非洲受访者选择了美国，23% 选择中国，11% 选择英国、法国、葡萄牙等前宗主国，11% 选择南非。同时，拜登上任以来也采取了一系列措施来试图拉拢、迎合非洲国家，如拜登刚一上台就撤销了特朗普时期对非洲国家的旅行和移民限制的歧视性禁令，还在非盟第 34 届峰会上发表视频演讲，传达希望加强美非合作、支持非洲国家深化民主化的意愿。

近年来，美国质疑甚至捏造"一带一路"导致非洲国家陷入债务陷阱。2022 年 6 月七国集团峰会称其将为造成"债务陷阱"的基建合作模式提供替代选项。"一带一路"造成非洲国家"债务陷阱"是个伪命题，其目的是破坏中国与非洲国家共建"一带一路"。部分非洲国家债务飙升的根源在于美国超宽松、扩张性的货币政策引发非洲国家流动性不足、货币贬值等负面外溢效应。同时，中国贷款在非洲国家的债务占比中远低于西方和多边金融机构。面对非洲国家债务问题，核心是增强非洲国家经济竞争力，改善发展经济的基础条件。"一带一路"倡议是帮助非洲国家摆脱"贫困陷阱"的重要平台和机制。

2021 年 6 月，美国在七国峰会期间提出"重建美好世界"倡议，希望推进有别于"一带一路"的全球基础设施建设。2022 年 6 月，美国在七国集团峰会期间宣布启动"全球基础设施和投资伙伴关系"。对于非洲国家来说，面对大国竞争，需要思考的一个问题在于是选择"输出合法性"即评判一个政府是否提供足够的成果，还是选择"输入合法性"即评判一个政府是否具有足够的包容性并因此是合法的。问题不在于民主和发展之间的选择，而在于如何以与社会和经济发展相称的速度稳步推

---

① 张宏明：《大变局背景下中国对非洲的战略需求》，《西亚非洲》2021 年第 4 期。

进包容性。① 对比中美在非洲的政策及实践，有学者指出，在常态情况下，美国更应该被理解为"一个重要的利益攸关方"，尚不足以成为中国的主要竞争对手。② 但面对日益激烈的中美全面竞争状态，中美关系也会对中非关系及美非关系的开展带来极大影响。

二 非盟内部发展面临的挑战

非盟内部面临的风险和威胁尤为突出。非洲正在经历人口、经济、技术、城市和社会政治等若干重大转型，且这些转型都是相互关联的，它们将共同塑造非洲大陆的未来。展望未来，非洲的总体情况呈现出积极趋势，但是这一趋势既不稳定，也不均衡。③ 在非盟发布的《非洲2063年议程框架文件》中，非洲大陆面临的主要风险或威胁被概括为以下几点，冲突、不稳定和不安全，社会和经济不平等，有组织犯罪、毒品贸易和非法资金流动，多样性管理不善、宗教极端主义、种族主义和腐败，非洲疾病负担升级，气候风险和自然灾害。④

（一）政治方面

受政治转型的影响，一些非洲国家政府更迭频繁、国内政党竞争激烈，国内政策及其对外政策都缺乏连贯性和稳定性。一个国家的政局动荡，将直接影响到该国的投资环境和营商环境。作为世界上最动荡的地区之一，非洲国家很难制定有吸引力的、令人信服的外资保护法律法规，同时政府服务和优惠政策也难以保障。非洲国家的城市治理需要改善，以适应快速城市化的需求，并利用它促进经济发展。目前"一带一路"倡议在非洲的合作国家，如埃及、南非、肯尼亚、坦桑尼亚等，都属于

---

① Julia Bello-Schünemann, Jakkie Cilliers, Zachary Donnenfeld, Ciara Aucoin and Alex Porter, "African futures Key trends to 2035", Institute for Security Studies, September 1, 2017, https://media.africaportal.org/documents/policybrief105.pdf.

② 张宏明：《大变局背景下中国对非洲的战略需求》，《西亚非洲》2021年第4期。

③ Julia Bello-Schünemann, Jakkie Cilliers, Zachary Donnenfeld, Ciara Aucoin and Alex Porter, "African futures Key trends to 2035", Institute for Security Studies, September 1, 2017, https://media.africaportal.org/documents/policybrief105.pdf.

④ 非盟：《非洲2063议程框架文件》，中国一带一路网，2021年4月16日，https://www.yidaiyilu.gov.cn/wcm.files/upload/CMSydylgw/202104/202104160140056.pdf。

政局相对稳定、经济发展较快、参与非洲地区一体化进程较为积极以及与中国有着长期友好关系的国家。在处理同埃塞俄比亚、尼日利亚等存在政治安全风险的国家关系时，需要中国政府及相关企业进行更为详尽的调研和测评。另外，有学者指出对于非洲国家而言，历史经历促使其格外重视维护国家主权独立和完整，这在一定程度上可能会在非洲地区一体化未来的深入发展中带来阻碍，如何处理民族国家构建与泛非主义之间的关系，如何在民族国家倡导的"国家性""国民性"与泛非主义倡导的"泛非性""非洲性"之间寻求平衡，也成为非洲一体化发展必须面对的理论与现实问题。①

（二）安全方面

近年来非洲地区主要由暴乱和抗议驱动的暴力事件数量有所增加，2016年的数据显示，暴乱和抗议占非洲冲突事件总数的近40%，比前一年增加了10%。② 2016年，最常见的事件类型是（按降序排列）骚乱和抗议、针对平民的暴力、战斗和远程暴力（使用简易爆炸装置）。尽管社会冲突有所增加，但武装团体之间的战斗和使用远程暴力依然是目前非洲地区最常见的冲突类型。大多数武装冲突集中在四个区域，北非、萨赫勒和西非、非洲之角、大湖区，而在未来的几十年中这些地区很可能将处于持续冲突中。非洲地区的安全问题具有传统安全与非传统安全并存、根深蒂固加之深受外部影响、问题之间具有极强的关联性、单一国家问题极易上升为多国甚至是地区问题等特点，一直是影响非盟政治团结、阻碍非盟国际影响力提升的关键因素。比如，刚果（金）东部地区的战乱一度将周边国家卷入其中，甚至几乎演化为一场地区性战争；南非的种族主义、暴力犯罪事件频发；北非政治动荡，马里、中非、南苏丹的局势恶化；埃及的"伊斯兰国"组织西奈分支，尼日利亚北部的

---

① 罗建波：《非洲一体化进程中的非盟：历史使命与发展前景》，《当代世界》2014年第7期。

② Julia Bello-Schünemann, Jakkie Cilliers, Zachary Donnenfeld, Ciara Aucoin and Alex Porter, "African futures Key trends to 2035", Institute for Security Studies, September 1, 2017, https：// media. africaportal. org/documents/policybrief105. pdf.

"博科圣地"极端宗教组织、东南部的比亚法拉分离主义者活跃。① 面对上述问题，非洲集体安全机制并没有发挥根本效果，非盟和平与安全机制90%的经费开支需要依靠外来援助，② 非洲冲突的解决仍然主要依靠外部力量的介入，非洲至今仍是世界上最为动荡的地区之一。这不仅会影响到中国企业的人员财产安全，还从根本上限制了中非合作的深入发展。

(三) 发展方面

在发展方面，非盟及非洲国家将面临以下几个方面的挑战。

一是，人口的快速增长带来的发展压力。从全球角度来看，非洲的人口潜力是无与伦比的。然而，按照目前的发展轨迹，极其快速的人口增长可能会加剧贫困和缺乏经济机会。预计到2035年，极端贫困的非洲人可能比2016年多1.7亿。③ 非洲处于结构转型与产业升级的关键时期，配套基础设施严重滞后，熟练技术人员和产业工人短缺，资金需求缺口大。

二是，非洲地区内部发展不平衡。非洲将继续经历经济增长，从长期来看，撒哈拉以南非洲的年均增长率可能会稳定在4%至4.5%。④ 非洲国家未来的经济前景取决于非洲政府创造新的可持续增长来源的能力，而后者既取决于政府经济政策的质量，也取决于政府长期综合规划和监管框架的改进水平。不同的国家将根据其特定的经济状况和比较优势选择不同的道路。因此，可以预测的是不同地区和国家的表现将会存在很大差异。预计东非和西非增长最快，北非最慢。非洲大部分地区仍将容易受到全球发展的影响。非洲的石油和金属出口国将继续最容易受到全球价格冲击的影响。依赖石油的尼日利亚、安哥拉、乍得和赤道几内亚

---

① 姚桂梅：《中非共建"一带一路"：进展，风险与前景》，《当代世界》2018年第10期。

② 罗建波：《非洲一体化进程中的非盟：历史使命与发展前景》，《当代世界》2014年第7期。

③ Julia Bello-Schünemann, Jakkie Cilliers, Zachary Donnenfeld, Ciara Aucoin and Alex Porter, "African futures Key trends to 2035", Institute for Security Studies, September 1, 2017, https://media.africaportal.org/documents/policybrief105.pdf.

④ Julia Bello-Schünemann, Jakkie Cilliers, Zachary Donnenfeld, Ciara Aucoin and Alex Porter, "African futures Key trends to 2035", Institute for Security Studies, September 1, 2017, https://media.africaportal.org/documents/policybrief105.pdf.

等国家将会尤其脆弱。非洲的能源进口国和农业出口国的增长在一定程度上经受住了来自外部的冲击,并可能保持稳定发展,科特迪瓦、埃塞俄比亚、卢旺达和塞内加尔等非洲农业出口国目前的和预期的增长率与亚洲增长最快的经济体一致。

三是,非盟既有的行动能力不足。如果非洲地区能够成功利用不同经济部门的增长机会,并将其与生产率的提高、关键基础设施投资、人力资本和人类发展相结合,那么非洲大陆将不会那么容易受到外部冲击的影响,并越来越有能力决定自己的经济未来。作为非洲地区的一体化组织,非盟在联合非洲国家、提升非洲地区竞争力方面被寄予厚望,但实践效果并不理想。非盟的经费主要依赖外部支持,经费不足极大制约了非盟工作的开展。比如,其一,非盟在索马里的维和行动一直无法达到联合国批准的维和人数也部分源自财力所限;其二,旨在推动非洲国家经济自立、推动非洲经济一体化的"非洲发展新伙伴计划"也因资金短缺未能充分发挥效果。近年来非洲国家也在寻求通过调整本国经济政策来吸引外国投资,2018年,非洲的外国直接投资流入量相较去年有较快增长,但与其他发展中国家和地区相比仍处于劣势。① 非洲地区内部的吸引力也呈现差异化特征,2019年,非洲经济增速为3.4%,高于世界平均增长水平,但是撒哈拉以南非洲经济增长率仅为2.5%。② 新冠疫情对非洲外向型经济造成明显冲击。

非洲缺乏基本的社会基础和基础设施,这阻碍了非洲资本主义的发展。由于气候变化、跨国传染病、饥荒、极端主义和种族间暴力,非洲在可预见的未来仍将经历该地区大多数国家无法应对的危机。这些危机将可能导致饥荒、大规模人口流动,并加剧国内和区域不稳定。非洲对世界其他国家都很重要,其影响可以远远超过非洲大陆的边界。有非洲学者指出,中非共建"一带一路"面临着诸多挑战,而非洲建设能力不足始终是制约中非合作的关键,突出表现在非洲的运营能力、综合能力、

---

① 周密:《2018年国际对非洲直接投资》,载张宏明、詹世明主编《非洲发展报告No. 22 (2019~2020)》,社会科学文献出版社2020年版,第340—356页。

② 姚桂梅:《2019~2020年非洲经济复苏进程遭遇严峻挑战》,载张宏明、詹世明主编《非洲发展报告No. 22 (2019~2020)》,社会科学文献出版社2020年版,第41—60页。

关键技术能力和变革型领导能力四个方面。① 因此，如果作为合作伙伴，中国可以通过"一带一路"建设帮助非洲国家改善治理，构建关键基础设施，刺激国内经济发展，这将提升非洲在全球舞台上的影响力，也将推动中非关系进一步发展。

三 地区主义规范竞争

中非关系的主体虽然主要是中国与非洲双方，但随着"大国因素"的介入，非洲地区的"利益攸关方"也不断增多，中非关系已超出双方范畴，具有多边特点，② 而大国在非洲地区围绕利益、规范、制度展开的竞争与博弈也将为中非关系发展带来新的挑战。因此，如何与中国在非洲地区展开竞争或是实现三方合作，成为大国在外交决策中的关注议题。中国与非盟外交关系的开展以及"一带一路"在非洲的实践还将不可避免地受到外部因素的影响，特别是地区主义规范和规则的竞争。

欧洲国家一直是非洲地区最重要的"利益攸关方"，长期的历史经历和相同的语言习惯，使得非洲国家及其民众在脱离了殖民统治之后，依然对欧洲的政治模式和价值理念保有一定的认同。而作为地区一体化的先驱，欧盟对其他地区一体化组织的影响不言而喻，对非盟也不例外。虽然非洲一体化的现状尚不足以达到欧洲一体化的广度和深度，非盟的组织架构也仍停留在政府间主义的框架内，但是非洲国家联合自强、以一个声音说话的意愿愈发强烈，这也为非盟与欧盟之间进行机制建设和治理能力方面的交流奠定了基础。

对于欧洲国家来说，非洲是宛如"自家后院"一般的存在，这也就意味着当面对其他行为体进入非洲、开拓其影响力时，欧洲国家将会表现得更加敏感。而当这一行为体是欧盟定义中的"经济竞争者"和"制度性对手"，同时还是和非洲国家一样拥有发展中国家身份的中国

---

① ［布隆迪］阿兰·尼亚米特韦：《"一带一路"倡议与非洲能力建设》，赵雅婷译，《中国非洲学刊》2020年第2期。
② 张宏明：《中国在非洲经略大国关系的战略构想》，《西亚非洲》2018年第5期。

时,欧盟的对非政策也不得不适时进行调整。在谈及中国、非盟和欧盟的关系时,欧洲学者们主要呈现出两种不同的观点。一种观点倾向于将中国在非洲地区的影响力提升,及中国—非盟关系的改善理解为刺激欧盟调整对非政策和欧盟—非盟关系转变的主要动力,[①] 认为中国在非洲影响力的崛起对欧盟及其对非政策带来了显著影响。另一种观点认为,中国在非洲的影响力提升无疑代表了国际发展领域的一个重大事件,但并不是欧盟非洲政策演变的一个根本转折点。欧盟对非洲重新产生兴趣,并非中国在非洲大陆表现出新的自信的结果,而是欧盟成为全球行为体的雄心以及随之而来的寻求一致对外的共同外交政策的结果。[②] 无论是上述哪一种原因都能看出欧盟对非洲地区的重视。这份重视既来自于历史、文化、语言等"非洲情结"的延续,更来自于欧盟作为一个规范性力量和地缘政治力量想要在国际事务中展示影响力和话语权的强烈意愿。

二十多年来,欧盟一直试图与非洲达成经济伙伴关系协议(EPA)。原则上,这些协议应该在区域基础上签署,但由于区域内不同的经济利益,以及非洲担心在公平竞争环境中与欧盟企业竞争的能力不足,非洲国家并未积极参与。并且,经济伙伴关系协议没有为最不发达国家提供额外的市场准入标准。如果欧盟与个别成员国签署附带协议,这可能会破坏地区经济共同体的共同关税,并加剧分歧和紧张局势。因此,欧盟与非洲贸易协定进展并不顺畅。2010年11月在的黎波里举行的非盟峰会上,欧盟委员会主席巴罗佐(José Manuel Barroso)引用了一句古老的非

[①] Bernt Berger, "China's Engagement in Africa: Can the EU Sit Back?", *South African Journal of International Affairs*, Vol. 13, No. 1, 2006, pp. 115 – 127; Daniel Bach, "The European Union and China in Africa", in Sanusha Naidu and Kweku Ampiah, eds., *Crouching Tiger, Hidden Dragon? Africa and China*, Scottsville: University of KwaZulu-Natal Press, 2008, pp. 278 – 293; . Łukasz Fijałkowski, "China's 'Soft Power' in Africa?", *Journal of Contemporary African Studies*, Vol. 29, No. 2, 2011, pp. 223 – 232.

[②] Maurizio Carbone, "The European Union and China's Rise in Africa: Competing Visions, External Coherence and Trilateral Cooperation", *Journal of Contemporary African Studies*, Vol. 29, No. 2, 2011, pp. 203 – 221.

洲谚语——"想走快,就独行。但如果你想走得远,就和别人一起走"①,以此向非洲国家传递欧非联合的意愿。② 2007 年 12 月在里斯本举行的峰会上通过的《非洲—欧盟联合战略》(Joint Africa-EU Strategy, JAES)似乎是朝着建立互惠互利的欧盟—非洲关系迈出的最具体的积极步骤。③ JAES 作为一个雄心勃勃的操作框架,其中传递了确保非洲和欧洲各利益相关方共同获益的信号,在欧盟的表述中,该战略将能够克服长期主导欧洲—非洲伙伴关系的传统援助国—受援国关系的弊病。这一联合战略还有助于在非洲和欧洲共同感兴趣的所有关键领域加强大陆层面的政治对话。欧盟一直是非洲领导的维和行动,以及非洲联盟委员会和非洲大陆区域经济共同体(RECs)在和平与安全领域能力发展的主要支持者。欧盟还承诺在现有或正在建设中的泛非和平与安全及治理架构的基础上,改善其资助机制,以支持非盟在非洲危机局势中扮演调解人的角色。非洲和欧洲也在努力探索气候变化、能源和科学、信息社会和空间等双方共同感兴趣的新领域和合作,并通过设立新的机制,扩大和加强两个区域之间的对话,包括委员会之间的定期会议、欧洲—非洲三方部长级会议和技术专家会议等。

中国对中欧非三方合作持开放态度,但是这种合作要想成熟持久运作,需要良好的环境,也需要相互信任和理解。目前欧盟内部存在诸多对中国及其实践的指责、批评,为中欧对非合作开展增添了很多负面因素。同时,中欧之间的差异除了表现在规范、价值等方面,还表现在具体的路径选择中。比如,欧盟和中国有着对于发展、和平与安全等相同的目标,但是二者策略大不相同。一方面,欧盟被视为宣传南北关系的动力,支持经济、社会和政治发展的综合模式,特别强调人权和民主治

---

① "想走快,就独行。但如果你想走得远,就和别人一起走"的原文是:If you want to go fast, walk alone. But if you want to go far, walk together with others。

② African Union, "Closing remarks by President Barroso following the Africa-EU Summit", November 30, 2010, https://africa - eu - partnership. org/en/stay - informed/news/closing - remarks - president - barroso - following - africa - eu - summit.

③ Council of the European Union, "The Africa-EU Strategic Partnership: A Joint Africa-EU Strategy", December 9, 2007, https://www.consilium.europa.eu/uedocs/cms _ data/docs/pressdata/en/er/97496. pdf.

理。另一方面，中国被视为促进南南合作的动力，提出了基于互利、平等和不干涉政治事务原则的框架。选择采取何种战略并不容易，因为这可能会影响欧盟在国际政治中的野心，尤其是与中国的整体关系，以及欧盟对国际发展的态度。

此外，欧盟内部存在的三种相互竞争愿景，这对其与中国进行建设性接触的能力产生了负面影响，一是，欧盟委员会坚持的欧盟作为一个有影响力的全球行为体的愿望；二是，欧洲议会表达的基于价值理念的发展政策的偏好，其中夹杂着"家长式的色彩"（paternalistic overtones）；三是，欧盟理事会体现出的成员国情绪的反应，如担心欧洲将失去其作为非洲主要伙伴的"合法"地位。① 因此，欧盟的对非政策很难在实践中保持协调一致，而非洲和其他行为体在面对这一情况时也困扰于如何与欧盟开展更加有效的第三方合作。部分成员国（如法国、德国、荷兰和比利时）与中国保持着关于非洲发展的定期双边会议。部分欧洲企业，特别是在基础设施部门经营的企业，也会向欧盟决策机构施加压力，但这主要是经由成员国进行的反馈。即使是竞争激烈的规范框架和对人权或民主等问题存在的不同理解，也不应妨碍中欧双方在共同关心和需要的具体领域的职能合作。更重要的是，为了创造"双赢解决方案"，无论是中国还是欧盟，都必须将非洲视为中欧互动的合作伙伴，而不是单纯受益者；这也要求非洲领导人去积极制定联合战略，与外部行为体进行建设性接触。②

未来中国—非盟合作及中非关系开展将面临更为激烈的大国竞争的挑战，外部的不确定性也将因此增加。中国与其他大国关系的变化也将作用于大国在非洲地区的竞争，因此，中国需要根据大国关系的发展而对中国—非盟关系做出适时调整。中国除了要加强自身发展建设外，还需要在国际社会中争取更多的伙伴支持。中国发展对非关系始终坚持不

---

① Maurizio Carbone, "The European Union and China's rise in Africa: Competing Visions, External Coherence and Trilateral Cooperation", *Journal of Contemporary African Studies*, Vol. 29, No. 2, 2011, pp. 203 – 221.

② Dominik Kopiński, "China and the European Union in Africa. Partners or competitors?, *Journal of Contemporary African Studies*, Vol. 32, No. 1, 2014, pp. 144 – 147.

排斥、不针对任何"第三方"这一原则,同时强调国际合作必须在"非洲提出、非洲同意、非洲主导"的原则下进行。① 在涉非三方合作方面,中国已经经历了从"被动应对"向"主动塑造"的转变。② 目前,中国已与美国、欧盟、法国、英国、德国、日本、印度、俄罗斯等国开展了非洲事务磋商,以联合国 2030 年可持续发展议程和非洲《2063 年议程》目标为合作重点,加强在经济发展、和平与安全、社会治理、文化教育等领域的合作。中国"真心支持非洲合作伙伴多元化,乐见国际社会加大对非投入","分享发展机遇,共促包容性增长"。③ 中国也希望能够以积极、开放、包容的态度同其他国家及国际和地区组织探讨在非洲开展三方或多方合作的可行性路径,共同为非洲实现和平、稳定、发展做出贡献。④

---

① 王毅:《中方愿在"非洲提出、非洲同意、非洲主导"原则下与各方开展合作》,新华网,2015 年 11 月 26 日,http://www.xinhuanet.com/world/2015-11/26/c_1117269545.htm。
② 张春:《涉非三方合作:中国何以作为?》,《西亚非洲》2017 年第 3 期。
③ 李克强:《开创中非合作更加美好的未来》,《人民日报》2014 年 5 月 6 日第 2 版。
④ 《中国对非洲政策文件》,新华社,2015 年 12 月 5 日,http://www.gov.cn/xinwen/2015-12/05/content_5020197.htm。

结　　论

　　时间记载着国际关系发展的次序，空间见证了国际关系发展的方位。[①] 中国外交战略是在时间逻辑和空间逻辑演变中的产物。中国构建新型国际关系蕴含着丰富的空间思维，从大国外交到周边外交再到发展中国家外交，构成了中国外交战略的三维空间格局（见图1）。"一带一路"倡议在推进过程中面临多样性的行为体，其具有不同的发展水平、不同的文化传统、不同的制度能力和不同的发展道路等差异。在推进"一带一路"建设过程中，中国积极发展全球伙伴关系，扩大同各国的利益交汇点。一方面，按照"亲诚惠容"理念和"与邻为善、以邻为伴"周边外交方针深化同周边国家关系；另一方面，秉持正确义利观和"真实亲诚"理念加强同发展中国家团结合作。与此同时，中国致力于推进大国协调和合作，构建总体稳定、均衡发展的大国关系框架。中国与地区一体化组织的关系需要从中国外交战略的全局和整体高度加以筹划。

　　2021年9月，习近平主席在第七十六届联合国大会一般性辩论上提出全球发展倡议；2022年4月，习近平主席在参加博鳌亚洲论坛年会时首次提出全球安全倡议；2023年3月，习近平主席在出席中国共产党与世界政党高层对话会时提出全球文明倡议，构成了中国主动塑造中国与世界关系的重要理念，进一步丰富和拓展了构建人类命运共同体的实践路径。这与"一带一路"倡议共同为国际社会提供国际公共产品，注入稳定性的力量，共同应对全球挑战，实现世界和平安全与繁荣发展。

---

① 袁伟华：《时间与空间：新型国际关系中的时空观》，《世界经济与政治》2016年第3期。

中国全方位外交布局

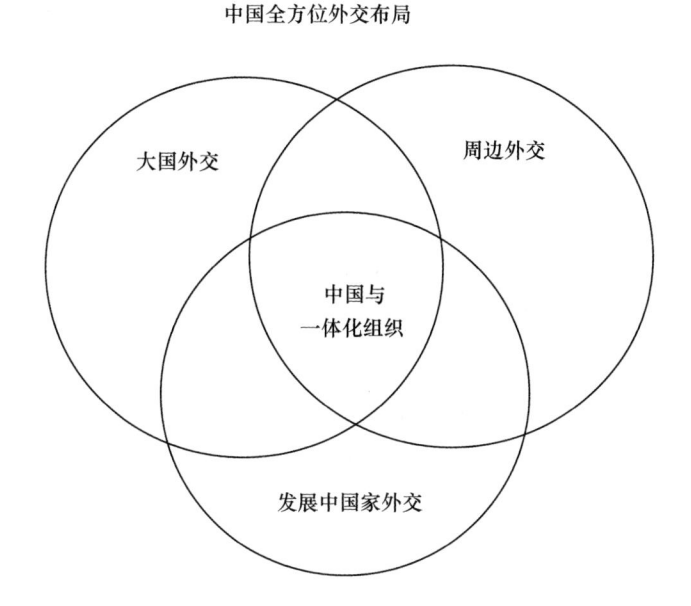

图1　中国与地区一体化组织关系的三重逻辑

资料来源：笔者自制。

一　中国与地区一体化组织关系的三重逻辑

中国的外交战略布局是"大国是关键，周边是首要，发展中国家是基础，多边是重要舞台"。中国在国家、地区和全球层面开展伙伴关系，并采取差异化的策略。比如，在发展中国家地区，坚持奉行正确义利观；在周边地区，遵循"亲诚惠容"理念；在欧洲地区，推进和平、增长、改革、文明四大伙伴关系。中国开展一体化组织的外交政策既注重整体布局又突出重点，既多点开花又精准发力，发挥了综合性的积极效应，推动全球治理体系朝着更加公正合理的方向发展。因此，中国与地区一体化组织的外交关系既包括了中国与地区多边主义组织的交往，也服务于中国与大国、周边和发展中国家的双边关系。

（一）大国外交逻辑

"一带一路"倡议与中国运筹大国关系互为依托。推动共建"一带一路"需要大国的理解与支持，只有构建和平共处、总体稳定、均衡发展的大国关系格局,才能确保"一带一路"顺利推进和高质量发展;共建"一带一路"也为中国推进大国协调与合作提供了一个互利合作、增进互信的平台。促进大国协调和良性互动,构建新型国际关系,形成全方位、多层次、立体化的外交布局,为中国发展营造良好外部条件。

欧盟是当今世界的重要一极,是中国的全面战略伙伴。中国致力于推进中欧和平、增长、改革、文明四大伙伴关系建设,将中欧两大力量、两大市场、两大文明结合起来,提升中欧全面战略伙伴关系的全球影响力。中国坚定支持欧洲一体化进程,支持欧盟实现团结和壮大,支持欧洲在国际事务中发挥更重要作用。中欧将进一步深化合作,携手维护多边主义,为世界注入更多稳定因素。近年来,欧洲的中国观发生变化,在接触、合作的主线下,制度性竞争是部分欧洲政客和智库审视中欧关系的关键词,但是中欧保持密切高层往来,和平、增长、改革、文明四大伙伴关系建设稳步推进,双方共同捍卫多边主义和自由贸易,共同推动完善全球治理。2020 年,中国首次和欧盟相互成为第一大贸易伙伴,首次成为全球最大外资流入国、欧盟最大贸易伙伴。

在中美战略博弈深度调整时期,中国与欧盟在彼此外交战略中的地位不断提升,欧盟也成为中国特色大国外交理念与大国外交实践的重要对象。中欧作为最具代表性的新兴市场国家和发达国家集团,对构建多极世界拥有重要的战略共识,是维护世界和平的两大力量。正如 2014 年中国对欧盟政策文件中强调,"加强与发展中欧关系是中国推动建立长期稳定健康发展的新型大国关系的重要组成部分"[①]。中欧关系的协调和良性互动有助于推动构建"和平共处、总体稳定、均衡发展"的大国关系格局。中欧关系不仅深受中美关系的影响,也具有强大的内生动力。当前,世界又一次站在历史的十字路口,中欧全面战略伙伴关系的战略意义日益重要,愈发需要从战略高度和长远角度看待和发展中欧关系。

(二)周边外交逻辑

中国视周边为安身立命之所、发展繁荣之基,始终将周边置于对外

---

① 《中国对欧盟政策文件:深化互利共赢的中欧全面战略伙伴关系》,外交部,2014 年 4 月 2 日,https://www.fmprc.gov.cn/web/ziliao_674904/tytj_674911/zcwj_674915/t1143397.shtml。

交往的首要位置，以促进周边和平、稳定、发展为己任。中国践行"亲诚惠容"理念和与邻为善、以邻为伴的周边外交方针，继续与周边国家增进互信互助，推进互联互通，深化互利合作，维护和平安宁，让中国发展成果更多惠及周边，为构建周边命运共同体汇聚力量，始终做周边区域合作引领者、地区和平发展守望者。随着中国国家实力的提升，中国在主动塑造周边秩序和改善周边环境的能力随之也提升。中国的周边地区战略是中国对外政策的内容之一。

中国周边地区战略需要满足国家主权、安全、发展利益。尤其是安全是一个国家的核心利益，中国周边安全是中国周边地区战略的核心与保障。中国周边地区战略经历了从"搁置争议、共同开发"，到"与邻为善、以邻为伴""睦邻、安邻、富邻"，再到"亲诚惠容"的转变。在"总体国家安全观"的指导下，中国开展周边地区安全战略需要将作为解决安全问题坚强后盾的硬实力与解决经济发展问题的软实力结合起来，即将安全战略、地区路径与经济一体化紧密连接在一起。温和的军事战略是中国开展周边地区战略的基础条件，地区路径是中国开展周边地区安全战略的指导思路，经济一体化是中国开展周边地区安全战略的具体实践。基于此，这三个路径共同为实现中国的地区战略目标与国家总体战略目标服务。中国周边地区战略的经济一体化路径蕴含着政治、经济、外交和安全政策等涵义。经济一体化战略包含如下目标，经济发展中互利共赢；确保自身经济增长；消除"中国威胁论"的理念；实现祖国统一大业；增进国际关系，特别是其周边区域的国际关系。

东盟是中国周边外交的优先方向。一方面，东盟在地区及全球事务中的作用及影响日益扩大；另一方面，中国与东盟关系已发展成为世界睦邻友好的典范。30年以来，中国—东盟关系成为东盟同对话伙伴关系中最具活力、最富内涵、最为互利的关系之一。近期，美国加紧布局东南亚地区，将东南亚视为新的地区战略支点，东南亚地区的地缘战略重要性日益凸显。面对周边环境的新变化、新挑战，尤其是美国介入中国周边地区的力度不断上升，中国进一步强调周边在发展大局和外交全局中的重要地位。面对大国战略竞争，大多数东盟国家不愿被迫在中美间选边站队，欲维护以东盟为中心的区域合作架构。中国也支持在不断演变的区域架构中加强东盟中心地位。

近年来,"一带一路"倡议和亚洲基础设施投资银行表明中国希望通过多边合作的路径来推进与周边地区的外交关系。中国在高质量实施《区域全面经济伙伴关系协定》(RCEP)的同时,将持续推进加入《全面与进步跨太平洋全面伙伴关系协定》(CPTPP)。中国推动"一带一路"倡议同东盟印太展望开展互利合作。此外,中国已经成为许多亚洲国家的首要贸易伙伴,并在很大程度上成为区域经济活动的枢纽。这些国家往往与中国政治和外交关系较好,且有共同走向经济一体化的愿景,双方的产业和进出口商品互补性较强,且有一定的市场规模和贸易辐射作用。在这个过程中,中国与东盟致力于以经济合作与互信推动政治合作与互信,增进两者之间的互信和合作共赢。

(三)发展中国家外交逻辑

中国与发展中国家的关系是中国外交格局的基础,从第三世界构想到发展中国家是基础,再到中国与发展中国家的整体合作外交,发展中国家的基础性地位进一步提升。发展中国家地位(Developing Country Status)是联合国、世界贸易组织、世界银行等多边框架普遍设置的条款。确立一国的发展中国家地位,意味着该国在贸易、金融、气候等多边框架下获得一系列政策优惠。但是,随着中国快速发展,发达国家与发展中国家的实力对比出现明显变化;在这种情况下,发达国家对多边框架下发展中国家地位及其优惠待遇的争议日趋上升。尽管有一些声音不承认中国的发展中国家地位,但中国"永远是发展中国家阵营的一员"[1]。中国坚持发展中国家地位,一是,因为中国还处在社会主义初级阶段,中国人均国民收入和人类发展指数排名仍不高;二是,因为中国与发展中国家的历史进程、发展任务拥有较大相似之处,战略利益有较大重叠之处。正如"一带一路"倡议是支持多边主义、促进世界经济增长、助力南南合作的重大倡议,体现了全新的合作理念和合作模式。[2]

---

[1] 王毅:《中国永远和发展中国家同呼吸共命运》,外交部,2021年7月20日,https://www.fmprc.gov.cn/web/wjbzhd/t1893525.shtml。

[2] 《王毅出席"一带一路"国际合作高峰论坛咨询委员会会议》,外交部,2020年12月19日,https://www.fmprc.gov.cn/web/wjbzhd/t1841378.shtml。

广大发展中国家是中国和平发展的同路人,拥有深厚的合作基础,共同致力于国际关系民主化和经济全球化。中国秉持"真实亲诚"理念和正确义利观,加强与发展中国家团结合作。中国同发展中国家集体对话机制实现全覆盖,各方向合作实现全覆盖。中国不断构建更加紧密的中非命运共同体,不断深化平等互利、共同发展的中拉全面合作伙伴关系,不断深化全面合作、共同发展、面向未来的中阿战略伙伴关系,为南南合作注入新动力。在这个过程中,中国推动同非洲、阿拉伯、拉美等发展中国家友好合作关系迈上新台阶,同非盟、阿盟、拉共体等地区组织联系更加紧密。具体来看,中非友好合作换挡提速,发展战略加快对接,开辟了南南合作的广阔空间;中阿建立全面合作、共同发展、面向未来的战略伙伴关系,合作机制日臻成熟;中拉政治互信不断夯实,互利合作提质升级,共同建设新时代平等、互利、创新、开放、惠民的中拉关系。① 因此,"巩固和加强同广大发展中国家的友好合作是我国外交工作的基石"。同时,这也反映了"中国在参与国际组织或制度的活动中,把自己定位为发展中国家的一员,支持和维护发展中国家的正当要求和利益"②。

中国的发展中国家定位将推动双方关系深化发展,不仅体现在中国加大向发展中国家的务实合作力度,还体现在中国与发展中国共同推进国际秩序更加公平正义。中国的资金、技术满足并且契合发展中国家的经济发展水平,有助于提升发展中国家的现代化和工业化,实现中国与发展中国家的互补合作与良性发展。中国与发展中国家共同推动将发展问题置于国际议程的突出位置,使得中国与发展中国家获得更多的发言权,打破西方垄断的国际秩序与全球治理格局。

总的来看,在中国与一体化组织对接与互动过程中,需要明确中国外交政策的优先方向,这涉及优先关注的议程设置,如"一带一路"倡

---

① 外交部党委:《推进新时代中国特色大国外交的科学指南》,2020年10月22日,http://www.npc.gov.cn/npc/c30834/202010/8e1477dec24c4a519bc1a0875544286d.shtml。

② 王毅:《中国始终是发展中国家一员,始终为发展中国家仗义执言——在77国集团第37届外长年会上的发言》,外交部,2013年9月26日,https://www.fmprc.gov.cn/web/ziliao_674904/zyjh_674906/t1081866.shtml。

议的基础设施建设、经贸合作、民心互通等。根据对象的性质、特征、相关历史经验，中国采取灵活、多样和务实的外交战略。因此，我们需要聚焦一体化组织的差异和一体化组织的政策领域的差异，思考何种一体化组织、何种政策议题、何种外部因素更有可能推进中国"一带一路"倡议以及中国整体外交战略。"一带一路"倡议贯穿亚欧非三个大陆，中国—东盟、中国—欧盟、中国—非盟等多边合作机制成为"一带一路"倡议推进的重要平台与路径。中国应根据一体化组织的特点、参与模式来制定有针对性的机制，提高"一带一路"倡议与一体化组织的对接效率与质量。

"一带一路"倡议和"人类命运共同体"理念都需要在一个巨大的、多层级的、相互交织的空间场域中实现。"一带一路"倡议将世界不同地区的不同国家、地区一体化组织和国家集团吸纳到同一个相互作用的轨道中。在这个过程中，一方面，中国对接许多地区一体化组织；另一方面，中国也向外界提供一种跨地区发展模式，将基础设施、贸易、资金、政策和民心联通起来，逐步形成区域大合作格局。三种取向的一体化组织外交追求的价值目标不同，将外交手段运用于一体化组织外交的作用方向也不尽相同，因而对中国总体战略的影响也有明显区别。需要说明的是，中国对外战略的"地区主义"转向并不否定国家的特色地位，也不排斥将双边外交作为中国外交的重要内容，而是将双边外交与多边外交、区域多边主义与全球多边主义有机结合，使其更有效地服务于外交战略。统筹协调双边外交与多边外交是中国积极发展全球伙伴关系的重要手段，以此来推动大国关系、周边外交和发展中国家合作全面深入发展。

二 中国与地区一体化组织共建"一带一路"的思路

中国积极参与和对接地区一体化组织的政策倡议，在多边制度框架下互动，并在互动过程中获得影响力，塑造中国推进"一带一路"倡议的地区乃至全球环境。中国参与和对接地区一体化组织的多层级架构，发挥积极的、建设性的、合作性的角色。中国与地区一体化组织的多边合作机制不仅包括中国与周边地区合作组织的外交关系，还包括中国与距离较远的地区组织的外交关系。地区一体化组织外交的实践承载了中国多边外交的发展和新型国际关系的构建。中国与一体化组织外交关系的最佳发展路径是从利益共同体过渡到责任共同体，最后迈向命运共同体。在实践中，地区一体化组织不仅可以成为"一带一路"框架下中国与地区、国家和全球互动的重要平台，还可以为"一带一路"倡议提供多边、双边合作重要纽带。在推进和完善与地区一体化组织的过程中，中国需要遵循以下几点思路。

(一) 坚持长期性与阶段性、原则性和灵活性的原则

我们在开展地区一体化组织外交政策时，需要确立一个总体的战略导向。如果没有战略层面的考虑，我们将在与一体化组织进一步接触时缺乏连续性与战略性，这与我们的外交总体战略和对外经济政策的优先次序存在不明晰的定位。同时，如果缺乏一个连续性的政策定位，一体化组织的决策者将对我们的政策立场持迟疑态度，他者（包括美国、俄罗斯等）获得的政策信号也是不明晰的，反过来不利于我们开展与一体化组织的合作。中国与一体化组织的经贸关系、人文交流发展较快，组织内成员越来越依赖中国，但是如果没有稳定和有章可循的合作，一体化组织的民众和精英就无法真正理解中国建立的战略性合作关系，也无法真正与中国开展长期有效的合作。我们在与一体化组织打交道时，要坚决维护中国国家利益，不能被一体化组织、一体化组织成员国及其域外大国的复杂关系牵着鼻子走。一体化组织有强烈愿望，期望根据自己的文化历史传统建设自己的政治制度与社会生活，摆脱被控制的情绪深嵌于一体化组织的制度建设和政策制定过程中。我们既需要避免一体化组织对我们的排斥心理，也要避免成为一体化组织及其内部成员国之间的博弈工具，同时可利用一体化组织内部的竞争性，通过大棒与胡萝卜的策略来开展"双边 + 多边"合作。

"一带一路"建设需要关注长期的态度变化，需要耐心和周密的计划。随着行为体互动使合法化策略得到成功，某一合法性问题会得以解决，但这不是一劳永逸的，从长时段看，新一轮的合法化策略会随着互动的持续而出现。国际合法性在秩序变迁与秩序重塑过程中有重要作用，而保证国际合法性需要合法化策略的开展。在当前国际社会，主要大国

承载着人类文明与创新的共同愿景，这就导致了规范与话语权的竞争。制度变迁的过程包括五个阶段，即产生关于特定制度安排的观念；政治动员；行为体围绕规则制定权展开争夺；创建规则；使规则合法、稳定并进一步被复制。"一带一路"倡议作为新兴的全球治理理念，合法性仍是其存在的前提之一。如何获得和提升"一带一路"的合法性是中国必然面对的课题。中国既要力争"一带一路"倡议获得更多的承认（无论是内部还是外部），也要应对"一带一路"获得承认之后的规范扩散对合法性的巩固问题。

（二）遵循功能主义逻辑

我们需关注中国与地区一体化组织关系的溢出效应。一是，中国与一体化组织的关系可能会外溢到中国与一体化组织成员国的关系，也可能会外溢到中国与域外大国在某一个地区的合作或竞争关系。二是，中国与一体化组织的关系可能会外溢到政府或企业的合作关系。中国与一体化组织共建"一带一路"倡议，国家政府、地方政府和企业间协同合作，推进中国与其他地区互联互通的发展。"一带一路"倡议依赖私人市场参与者来实施政治举措。在整个生产过程中，中间体必须在不同的组成子公司之间来回运输。三是，中国与一体化组织的关系可能会从某一个议题外溢到另一个议题，比如从基础设施互联互通项目外溢到经贸合作议题，或者外溢到资金合作等议题。跨地区、跨国家的基础设施项目可以降低货物、人员、商品的自由流动成本，并带来新的投资流动和跨境交易，增加对融资和其他类型服务的需求。跨地区、跨国家的流动水平的提高将增加对跨地区、跨国家的规则协调和监管的需求。"一带一路"共建国家将通过加强政策协调不断适应需求，甚至逐渐采取一些超国家政策制定，将全球主义与地区主义结合起来，进一步推进更大范围、更高水平和更高层次的全球和地区合作。

没有地区成员的参与、认同和相互支持，一个地区是不可能发展并实现一体化的。中国开展周边地区战略的落脚点在经济一体化，但是经济安全、民众安全和环境安全是密不可分的。这四个问题都是相互关联的，也应该一并解决。首先，经济发展需要推动投资、提高区域贸易、创造财富、创造就业机会、吸引投资、加强基础设施建设、培育工业发展、加快贸易的流动、开发人力资源以促进区域经济等。其次，民众安全以及人力资源储备也必不可少，因为如果人民不受教育并陷于贫困、无以为生，一个国家将难以形成国内的消费主导型经济以及一个有竞争力的市场。因而，如果区域内国家的政府可以在其国内实现包容性的增长，这个区域的"集体增长"也会随后跟上。如果管理得当，务实和全面合作也会溢出到其余领域的合作。最后，不处理好非传统安全（自然灾害以及环境污染）的共同挑战，环境安全将受到极大影响，地区将难以生存和发展。总体而言，一个地区的发展、一个国家的运转离不开经济的良好运行。当经济正常运转，民众安全与环境安全等其他议题就会更加重视，社会公平、正义也相应得以凸显。但是发展是第一要务，只有发展、改革，才能保证地区和国家稳定，才会实现合作与全面安全。

（三）共同但有区别地对待对象地区的特点

"一带一路"建设与全球治理合作需要中国加强与一体化组织的互动与合作。中国全面和深入开展与地区一体化组织的外交关系，利用地区一体化组织的杠杆作用发挥自身的经济、政治等能力提升全球治理的效用，塑造地区乃至世界秩序的轨迹。

中国建设"一带一路"受目标对象国或地区的影响，主要源于对象地区及其成员国的社会结构与政治制度。中国尊重彼此主权、尊严和领土完整，尊重彼此发展道路和社会制度，尊重彼此核心利益和重大关切。但"一带一路"倡议的受众超过100个国家，"一带一路"倡议的开展受到一些因素的影响。"一带一路"建设遇到具有不同合作强度和政治意愿的对象国，一方面，受到相对自主发展进程的影响；另一方面，受到较为强大力量的规范偏好影响。考虑到"一带一路"共建国家的异质性，以及差异性一体化趋势加强，相关地区和国家对公共产品的需求也不尽相同，区域公共产品的需求呈现差异性、多重性甚至重叠性的特征。"一带一路"对象国的差异性可能带来"一带一路"建设的多速发展，但是多速必须控制在"一带一路"建设的宏观大局之中。其一，中国差异化的方式需要基于一体化组织的法律规则所规定的权限划分，按照不同权限范围开展对接合作。其二，中国与不同发展水平、需求和优先事项的国家进行接触，并在手段层面确定对象国的需求与层级。其三，中国可以通过双边和区域合作来提升中国的国际影响力，但不能被多样化和差异化的需求所套牢，丧失中国的战略自主性。

考虑到参与"一带一路"倡议的国家与地区的复杂性与多样性，中国在开展"一带一路"倡议时，应该重视不同的合作机制。具体而言，合作机制包括强制性机制、理性计算机制、社会化机制、劝说机制、学习与模仿机制等。强制性机制是中国不采取也不提倡的合作机制，一方面，因为中国提出的和平共处五项原则，强调国家间的平等关系，而不是等级制关系；另一方面，因为"一带一路"倡议不带有条件性的框架，对象国也并不是遵循与服从"一带一路"倡议。理性计算机制是通过正面或负面诱因使得对象国能够参与"一带一路"倡议，既通过资金投入和经济合作来吸引，也可以通过构建新型大国关系来实现，比如对象国积极加入"一带一路"倡议，因为能够解决其国内的某些特定问题。社会化机制涉及观念的内化、认同的改变和社会的认可。"一带一路"建设取决于社会支持的适当程度，也取决于具体行动取得的合法性支持。学习和模仿机制是对象国更为主动地参与和接受"一带一路"倡议规制与规范等，这是通过更为非直接性的手段施展合法化策略。中国并不主动扩散"一带一路"倡议，而是依赖对象国的需求，认可"一带一路"倡议具有适当性，从而遵守"一带一路"的政策、制度设计等。因此，中国开展一体化组织外交的过程，综合运用多层平台支撑，要处理好多边、地区、小多边、双边平台的关系，因为全球、区域、国内公共产品存在竞争性和互补性。

（四）提升战略沟通韧性

韧性指的是"个人、家庭、社区、国家或一个地区抵御、适应和迅速从压力和冲击中恢复的能力"。战略沟通韧性指的是战略沟通需要战略定力和选择。在"一带一路"实践中要关注战略沟通韧性是因为对这一倡议及其实践存在多种解读，如地缘政治或地缘经济倡议；缓解部分行业（钢铁、建筑业）产能过剩的挑战，提升中国在全球价值链的地位；促进互联互通，促进贸易和投资以及保证共同发展；中国的新全球化战略，宏大的经济发展战略；一个包容性全球化的新模式；品牌良好的地缘政治项目；规则制定者或改变者；重振欧亚一体化的举措等。为了保持"一带一路"倡议的说服力和连贯性，战略沟通必须适应中国的战略框架。框架指的是选择和显要性，是为了促进特定的问题定义、因果解释、道德评价或建议，框架是战略传播信息的关键组成部分，因为它们是媒体报道的一个组成部分，并影响到公正的解读和看法。战略框架是一种行为，传播者利用消息框架，通过包含和关注某个主题的某些元素，同时排除其他方面，来创建突出的特征。成功的沟通框架需要与沟通手段和信息最终状态相符合。换句话说，可信的发展模式是一个好的宣传策略。

中国在开展地区一体化组织外交时，需要有效处理三对关系。首先，需要处理国家实力与国家形象之间的关系。中国基于国家实力地位提供相应的、有针对性的公共产品，提高所在地区和国家的好感度，继而提升国家形象。其次，需要处理能力与期望之间的关系。随着中国国家实力的提升，塑造地区环境的能力不断增强，相应的国内及域内国家对中国的期望呈现正相关性，希望中国能够承担相应的国际责任。但是在供给区域公共产品时，既要协调中国多层次公共产品供给，又要重视与一体化组织及其中大国的合作，增强公共产品的合法性，并稀释需求期望未实现时的反弹情绪。反之，结果与努力可能不成比例，结果与期望的差距可能被拉大。最后，需要处理各种权力手段的关系。中国与一体化组织外交关系的开展过程中应注意硬实力与软实力的交互使用，将国际政治和经济中的硬实力和软实力结合。中国需要积极利用国际规范演进的机遇期，构建中国和平发展的有利国际环境，提升自身国际话语权。我们需要遵循人文先行、经济支撑、政治引领辅助的原则。在"一带一路"倡议背景下，经济交往与文化交往成为中国"走出去"与"引进来"的两个引擎，也成为中国外交战略推进的重要载体。文化的发展与经济的发展融为一体，将中国关于国际秩序的理解与中国作为经济大国结合在一起。因此，经济与文化战略对接得越自然，两者就都越能实现"低成本、高效率"，这样不仅在资源上可以实现节约、互补和共享，还可以使中国故事、中国理念讲得更顺理成章、自然而然。

（五）坚持循序渐进的过程

地区战略作为中国外交战略全局的一部分，要以国家的大战略目标为起点，努力处理好地区战略与全局战略的关系，以及地区战略与全局战略的部分之间的关系。在当前中国崛起的历史阶段，对地区战略的重视将为中国和平崛起以及国际社会的和平转变提供空间平台，中国与周边地区保持较高的文化相通性、经济联系性和地缘的密切性，周边地区国家更容易接受中国提出的理念，中国更易于施展其影响力。

在中国融入国际社会的历史时空背景下，中国对外战略开展的平台和逻辑起点需要重新定位。从时间上看，既需要宏大的历史视野，又需要具有现实的应变能力；从空间上看，既需要全球理念和眼光，也需要地区视野和关怀。基于此，中国对外战略的展开，必须有与中国的全球战略相契合、相包容的地区战略，地区战略的提出既具有理论必然性，亦具有现实必要性。宏大的历史视野赋予中国外交与国际战略设计的特定时空观，将有助于诠释中国外交战略的变迁与演进，把握中国外交战略的历史与现状的脉络，进而检验外交战略的逻辑性及连续性。

从宏大历史视野上讲，人类的整合史经由小到大、由地区向全球的过程所标示，与此相似的是，"修身、齐家、治国、平天下"理念的延传体现了事物发展的逻辑与互为条件性，强调由小及大的运作过程。任何国家的发展都应从周边展开，然后由周边扩展到全球，最终获得影响力，这既是应然性问题亦是实然性结论。英、美等全球大国都是将自身周边环境置于均势状态或者和平状态，然后才将势力伸展到全球层面。值得注意的是，类似德国、日本和印度等国家也试图凭借这一渠道来实现其国家目标，但并未与周边地区达成良性互动，最终以失败而告终。追其原因，国际社会的限制、周边国家的认知、国家战略的选取都对此施加了影响。因此，中国在当前面临复杂严峻的国际环境的特定时段，为了分流外部压力、满足内部期望，应从坚持由小及大、循序渐进的过程。

"一带一路"不仅是一个倡议，将国际政治和经济中的硬实力和软实力结合起来，"一带一路"还是一个平台，为中国提供全球治理和建设国际秩序的路径。中国与地区一体组织的关系从地区扩展到全球，从周边地区延伸到其他地区，逐步形成（跨）地区合作的局面。在这个过程中，"一带一路"建设推动中国在国际社会中的良好认知，循序渐进地引导国际关系发展，推进经济秩序、政治秩序、安全秩序、文化秩序和生态秩序的创新与完善，最后实现人类命运共同体的构建。

总之，地区一体化组织是中国推进"一带一路"倡议和全方位外交战略的重要平台依托，是衔接双边外交与多边外交的纽带，也是服务于中国与大国、周边国家和发展中国家的合作对象。中国与地区一体化组织共建"一带一路"倡议的研究拓展了中国双边外交与国际组织外交的理论维度，深化了中国与地区一体化组织外交关系研究的理论视野，也丰富了"一带一路"合作伙伴关系的实践内涵。为此，地区一体化组织有望进一步成为共建"一带一路"进入高质量发展新阶段的重要合作伙伴，衔接推进双边、区域和多边合作，进一步服务于促进和完善中国特色大国外交、改革和发展全球治理体系和推动构建人类命运共同体。在共建"一带一路"倡议迈向下一个金色十年的历史时空背景下，深入研究"一带一路"倡议与地区一体化组织的对接合作将为全球发展开辟新空间，为国际合作搭建新框架，为世界和平创造新动能，为文明互鉴开辟新平台。

参考文献

一 中文文献

专著

陈乐民:《战后西欧国际关系史》(1945—1990),生活·新知·读书三联书店2014年版。

陈乐民、周弘:《欧洲文明的进程》,生活·新知·读书三联书店2003年版。

陈玉刚:《国家与超国家:欧洲一体化理论比较研究》,上海人民出版社2001年版。

陈志敏等:《中国、美国与欧洲:新三边关系中的合作与竞争》,上海人民出版社2011年版。

陈志瑞、周桂银、石斌等编:《开放的国际社会:国际关系研究中的英国学派》,北京大学出版社2014年版。

秦亚青:《关系与过程:中国国际关系理论的文化建构》,上海人民出版社2012年版。

宋伟:《捍卫霸权利益:美国地区一体化战略的演变》,北京大学出版社2014年版。

邢瑞磊:《比较地区主义:概念与理论演化》,中国政法大学出版社2014年版。

徐弃郁:《脆弱的崛起:大战略与德意志帝国的命运》,新华出版社2014年版。

张洁:《中国周边安全形势评估(2015):"一带一路"与周边战略》,社会科学文献出版社 2015 年版。

张丽华：《国际组织概论》，科学出版社 2015 年版。

赵汀阳：《天下的当代性：世界秩序的实践与想象》，中信出版社 2016 年版。

周弘主编：《中欧关系研究报告：盘点战略伙伴关系十年》，社科文献出版社 2013 年版。

［英］安特耶·维纳、［德］托马斯·迪兹：《欧洲一体化理论》，朱立群等译，世界知识出版社 2009 年版。

［英］巴里·布赞、［丹］奥利·维夫：《地区安全复合体与国际安全结构》，潘忠岐、孙霞、胡勇、郑力译，上海人民出版社 2009 年版。

［英］马克·伦纳德：《为什么欧洲会领跑 21 世纪?》，廖海燕译，上海三联书店 2009 年版。

［美］布赖恩·克洛泽：《戴高乐传》，西安外语学院英语系、四川师范学院外语系、广西大学外语系、南开大学外文系译，商务印书馆 1978 年版。

［美］杰里米·里夫金：《欧洲梦：21 世纪人类发展的新梦想》，杨治宜译，重庆出版社 2006 年版。

期刊论文

毕世鸿、马丹丹：《中国在东南亚的国家角色构建及面临的角色冲突》，《南洋问题研究》2021 年第 1 期。

毕世鸿、屈婕：《东盟国家对"一带一路"倡议的认知及其应对探析：基于非对称相互依赖视角》，《太平洋学报》2021 年第 4 期。

曹云华：《东盟对中美博弈的认知及其在区域合作中的角色》，《当代世界》2020 年第 12 期。

蔡一鸣：《差异性与区域经济集团的一体化程度及其规模》，《国际贸易问题》2006 年第 9 期。

陈朋亲：《论国际组织外交与"一带一路"建设》，《云南大学学报（社会科学版)》2019 年第 4 期。

耿协峰：《重塑亚洲观念：新地区主义研究的中国视角》，《外交评论》

2018年第2期。

耿协峰：《地区主义的本质特征：多样性及其在亚太的表现》，《国际经济评论》2022年第1期。

公为明：《"中"：一个中国政治与国际政治的联合分析》，《世界经济与政治》2020年第2期。

何怀宏：《从现代认同到承认的政治：身份政治的一个思想溯源》，《当代美国评论》2019年第2期。

贺凯、冯惠云：《中国崛起与国际秩序转型：一种类型化分析》，《当代亚太》2020年第3期。

贺来：《超越"一"与"多"关系的难局：一种实践哲学的解决方案》，《中国人民大学学报》2015年第5期。

扈大威：《中国整体合作外交评析——兼谈中国—中东欧国家合作》，《国际问题研究》2015年第6期。

胡锐军：《政治冲突与政治秩序的博弈及耦合》，《经济社会体制比较》2013年第2期。

胡晓：《地区主义视角下的欧洲与东亚一体化比较》，《学术月刊》2012年第6期。

胡潇：《空间的社会逻辑—关于马克思恩格斯空间理论的思考》，《中国社会科学》2013年第1期。

季玲：《关系性安全与东盟的实践》，《世界经济与政治》2020年第9期。

江瑞平：《世界百年变局与中国经济外交》，《外交评论》2020年第6期。

李晓燕：《中国国际组织外交的历史发展与自主创新》，《东北亚论坛》2020年第2期。

李向阳：《"一带一路"：区域主义还是多边主义？》，《世界经济与政治》2018年第3期。

刘华云：《政治平等与多元民主：达尔的政治平等观》，《学术月刊》2015年第6期。

刘鸿武、杨惠：《非洲一体化历史进程之百年审视及其理论辨析》，《西亚非洲》2015 年第 2 期。

刘宏松：《中国的国际组织外交：态度、行为与成效》，《国际观察》2009 年第 6 期。

刘文波：《新时代提升中国"一带一路"倡议国际塑造力的进展与路径》，《吉林大学社会科学学报》2020 年第 5 期。

龙静：《中国与发展中地区整体外交：现状评估与未来展望》，《国际展望》2017 年第 2 期。

卢光盛、王子奇：《后疫情时代中国与东盟合作的前景与挑战》，《当代世界》2020 年第 8 期。

卢静：《全球治理：地区主义与其治理的视角》，《教学与研究》2008 年第 4 期。

蒙培元：《朱熹关于世界的统一性与多样性："理一分殊说"》，《北京大学学报（哲学社会科学版）》2008 年第 3 期。

马荣久：《中国提升地区制度性话语权的路径探析》，《山东大学学报（哲学社会科学版）》2019 年第 3 期。

马涛、陈曦：《"一带一路"包容性全球价值链的构建——公共产品供求关系的视角》，《世界经济与政治》2020 年第 4 期。

聂文娟：《中美东南亚地区秩序理念的比较及地区秩序的演变趋势分析》，《当代亚太》2020 年第 6 期。

庞中英：《地区化、地区性与地区主义：论东亚地区主义》，《世界经济与政治》2003 年第 11 期。

祁怀高：《中国发展理念的全球共享与国际组织的作用》，《国际观察》2014 年第 6 期。

秦亚青：《全球治理失灵与秩序理念的重建》，《世界经济与政治》2013 年第 4 期。

仇发华：《结构性地区主义与开放性地区主义——西欧与东亚的比较》，《当代亚太》2011 年第 2 期。

尚会鹏：《从"国际政治"到"国际关系"：审视世界强联结时代的国际关系本体论》，《世界经济与政治》2020 年第 2 期。

沈铭辉、沈陈：《机制供给与"一带一路"发展合作》，《外交评论》2021

年第 1 期。

苏长和：《世界秩序之争的"一"与"和"》，《世界经济与政治》2015 年第 1 期。

苏长和：《发现中国新外交—多边国际制度与中国外交新思维》，《世界经济与政治》2005 年第 4 期。

苏浩：《东亚开放地区主义的演进与中国的作用》，《世界经济与政治》2006 年第 9 期。

孙德刚：《合而治之：论新时代中国的整体外交》，《世界经济与政治》2020 年第 4 期。

唐士其：《全球化与地域性》，《欧洲研究》2006 年第 3 期。

唐士其：《政治中的差异与平等》，《政治学研究》2018 年第 2 期。

唐士其：《中道与权量：中国传统智慧与施特劳斯眼中的古典理性主义》，《国际政治研究》2011 年第 2 期。

陶季邑：《美国学术界关于冷战后中国全面参与国际组织战略的研究述评》，《国际论坛》2010 年第 6 期。

谭康林：《一致性与差异性的均衡：对约翰·奥尔森欧洲一体化研究的述评》，《太平洋学报》2009 年第 6 期。

王传剑、张佳：《"印太战略"下"东盟中心地位"面临的挑战及其重构》，《国际观察》2021 年第 3 期。

王帆：《复杂系统思维的整体观与中国外交战略规划》，《世界经济与政治》2013 年第 9 期。

王国平：《东盟与东亚新地区主义》，《当代亚太》2007 年第 7 期。

王慧芝、曾爱平：《拉美与非洲地区经济一体化比较：基于历史的考察》，《拉丁美洲研究》2020 年第 4 期。

王玲：《世界各国参与国际组织的比较研究》，《世界经济与政治》2006 年第 11 期。

王勤、赵雪霏：《论中国—东盟自贸区与共建"一带一路"》，《厦门大学学报（哲学社会科学版）》2020 年第 5 期。

王晓红：《寻求统一性与多样性之间的平衡：全球化视野下的文化选择》，《山东社会科学》2006 年第 5 期。

王维伟:《国际组织对"一带一路"建设的参与》,《现代国际关系》2017年第5期。

王学玉:《地区政治与国际关系研究》,《世界经济与政治》2010年第4期。

王志:《比较地区主义:理论进展与挑战》,《国际论坛》2017年第6期。

魏玲:《发展地区主义与东亚合作》,《国别和区域研究》2019年第1期。

吴晓明:《马克思的现实观与中国道路》,《中国社会科学》2014年第10期。

吴泽林:《亚洲区域合作的互联互通:一个初步的分析框架》,《世界经济与政治》2016年第6期。

夏路:《区域国际组织理论研究评述—组织结构的视角》,《政治学研究》2013年第3期。

谢伏瞻:《论新工业革命加速拓展与全球治理变革方向》,《经济研究》2019年第7期。

熊李力:《中国对外战略中的专业性国际组织:三重维度的角色分析》,《社会科学研究》2014年第4期。

徐秀军:《地区主义与地区秩序构建:一种分析框架》,《当代亚太》2010年第2期。

薛力:《新冠疫情与中国周边外交方略调整》,《东南亚研究》2020年第5期。

阎学通:《从韬光养晦到奋发有为》,《国际政治科学》2014年第4期。

杨美姣:《后冷战时期对冲战略探究:以菲律宾、马来西亚和老挝为例》,《国际政治研究》2020年第6期。

杨颖、韩景云:《论中国与国际组织的关系演进历程》,《社科纵横》2015年第31期。

袁伟华:《时间与空间:新型国际关系中的时空观》,《世界经济与政治》2016年第3期。

曾向红、陈亚州:《上海合作组织命运共同体:一项研究议题》,《世界经济与政治》2020 年第 1 期。

张弛：《竞争性地区主义与亚洲合作的现状及未来》，《东北亚论坛》2021 年第 2 期。

张春：《"一带一路"高质量发展观的建构》，《国际展望》2020 年第 4 期。

张发林：《化解"一带一路"威胁论：国际议程设置分析》，《南开学报（哲学社会科学版）》2019 年第 1 期。

张贵洪：《论当代中国特色国际组织外交的主要特点：以世界卫生组织为例》，《国际观察》2020 年第 4 期。

张洁：《东盟中心主义重构与中国—东盟关系的发展》，《国际问题研究》2021 年第 3 期。

张云：《地区性国际组织与地区治理：东盟的东亚国际秩序观与中国—东盟—美国关系》，《南洋问题研究》2018 年第 1 期。

张云：《国际关系中的区域治理：理论建构与比较分析》，《中国社会科学》2019 年第 7 期。

张云：《新冠疫情下全球治理的区域转向与中国的战略选项》，《当代亚太》2020 年第 3 期。

张伟玉、王丽：《国际信誉、国家实力与东南亚战略选择》，《国际政治科学》2021 年第 1 期。

张蕴岭：《中国—东盟对话 30 年：携手共创合作文明》，《国际问题研究》2021 年第 3 期。

赵洪：《"一带一路"倡议与中国—东盟关系》，《边界与海洋研究》2019 年第 1 期。

郑先武：《区域间治理模式论析》，《世界经济与政治》2014 年第 11 期。

郑先武：《构建区域间合作"中国模式"——中非合作论坛进程评析》，《社会科学》2010 年第 6 期。

朱磊、陈迎：《"一带一路"倡议对接 2030 年可持续发展议程：内涵、目标与路径》，《世界经济与政治》2019 年第 4 期。

朱立群、聂文娟：《国际关系理论研究的"实践转向"》，《世界经济与政治》2010 年第 8 期。

朱立群:《欧洲一体化理论:研究问题、路径与特点》,《国际政治研究》2008 年第 4 期。

[波黑] 娜塔莎·马里奇、魏玲:《务实制度主义:中国与中东欧国家的合作》,《世界经济与政治》2018 年第 7 期。

[美] 鲁道夫·宾尼:《欧洲认同的历史起源》,郭灵凤译,《欧洲研究》2006 年第 1 期。

二 英文文献

专著

Alastair Iain Johnston, *Social States: China in International Institutions*, Princeton University Press, 2012.

Alex Warleigh-Lack, Nick Robinson and Ben Rosamond, *New Regionalism and the European Union: Dialogues, Comparisons and New Research Directions*, Routledge, 2011.

Alfred Gerstl and Ute Wallenböck, *China's Belt and Road Initiative: Strategic and Economic Impacts on Central Asia, Southeast Asia and Central Eastern Europe*, Abingdon: Routledge, 2020.

Amitav Acharya and Alastair Iain Johnston, *Crafting Cooperation: Regional International Institutions in Comparative Perspective*, Cambridge: Cambridge University Press, 2007.

Ariel I. Ahram, Patrick Köllner and Rudra Sil, *Methodological Rationales and Cross-Regional Applications*, Oxford: Oxford University Press, 2018.

Arnfinn Jorgensen-Dahl, *Regional Organization and Order in South-East Asia*, The Macmillan Press, 2016.

Bela Balassa, *The Theory of Economic Integration*, Routledge, 1962.

Bertrand Fort and Douglas Webber, *Regional Integration in East Asia and Europe: Convergence or divergence?* London and New York: Routledge, 2006.

Beth A. Simmons and Richard H. Steinberg, *International Law and International Relations*, Cambridge University Press, 2006.

Björn Hettne, András Inotai and Osvaldo Sunkel, *Globalism and the New Regionalism, Palgrave Macmillan, 1999.

David Shambaugh, *China and the World*, Oxford Scholarship, 2020.

David Vital, *The Survival of Small States: Studies in Small Power-Great Power Conflict*, New York: Oxford University Press, 1971.

Emilian Kavalski, *China and the Global Politics of Regionalization*, Ashgate Publishing Limited, 2009.

Etel Solingen, *Comparative Regionalism: Economics and Security*, Routledge, 2014.

Fanny M. Cheung and Ying-yi Hong, *Regional Connection under the Belt and Road Initiative: The Prospects for Economic and Financial Cooperation*, London and New York: Routeldge, 2019.

Federiga Bindi, *Europe and America: The End of the Transatlantic Relationship?*, Washington, DC: Brookings Institution Press, 2019.

Fredrik Söderbaum and Timothy M. Shaw, *Theories of New Regionalism: A Palgrave Macmillan Reader*, Palgrave Macmillan, 2003.

Gary P. Sampson and Stephen Woolcock, *Regionalism, Multilateralism, and Economic Integration: The Recent Experience*, United Nations University Press, 2003.

Geir Lundestad, *Empire by Integration, The United States and European Integration, 1945 – 1997*, Oxford: Oxford University Press, 1998.

Immanuel Wallerstein, *World System Analysis: An Introduction*, Durham and London: Duke University Press, 2004.

Jacob Katz Cogan, Ian Hurd and Ian Johnstone, *The Oxford Handbook of International Organizations*, Oxford University Press, 2016.

James P. Muldoon, *The New Dynamics of Multilateralism Diplomacy, International Organizations, and Global Governance*, New York: Routledge, 2011.

Jeremy Garlick, *The Impact of China's Belt and Road Initiative: From Asia to Europe*, Abingdon: Routledge, 2021.

John Ruggie, *Multilateralism Matters: The Theory and Praxis on an International Form*, New York: Columbia University Press, 1993.

Joseph S. Nye, *Peace in Parts: Integration and Conflict in Regional Organization*, Boston: Little, Brown, 1971.

Louis Brennan and Philomaena Murray, *Drivers of Integration and Regionalism in Europe and Asia: Comparative Perspectives*, London and New York: Routledge, 2015.

Luk Van Langenhove, *Building Regions: The Regionalization of the World Order*, London and New York: Routledge, 2016.

Mario Telò, *European Union and New Regionalism: Regional Actors and Global Governance in Post-hegemonic Era*, Ashgate Publishing, 2013.

Mario Telò, *State, Globalization and Multilateralism: The Challenges of Institutionalizing Regionalism*, Springer, 2012.

Peter Frankopan, *The New Silk Roads: The Present and Future of the World*, London: Bloomsbury, 2018.

Philippe De Lombaerde, Antoni Estevadeordal and Kati Suominen, *Governing Regional Integration for Development: Monitoring Experiences, Methods and Prospects*, Ashgate Publishing Limited, 2008.

Philippe De Lombaerde, *Assessment and Measurement of Regional Integration*, London and New York: Routledge, 2006.

Philippe De Lombaerde, *Multilateralism, Regionalism and Bilateralism in Trade and Investment*, Springer, 2007.

Richard T. Griffiths, *Revitalising the Silk Road: China's Belt and Road Initiative*, Leiden: HIPE Publications, 2017.

Robert W. MacDonald, *The league of Arab States: A Study in Dynamics of Regional Organization*, Princeton University Press, 2016.

Rudra Sil and Peter J. Katzenstein, *Beyond Paradigms: Analytic Eclecticism in the Study of World Politics*, Basingstoke: Palgrave Macmillan, 2010.

Samuel Barkin, *International Organization: Theory and Institutions*, Palgrave, 2013.

Sebastian Krapohl, *Regional Integration in the Global South External Influence on Economic Cooperation in ASEAN, MERCOSUR and SADC*, Palgrave Macmillan, 2017.

Shaun Breslin, Christopher W. Hughes, Nicola Phillips and Ben Rosamond, *New Regionalisms in the Global Political Economy: Theories and Cases*, London and New York: Routledge, 2002.

Steven F. Jackson, *China's Regional Relations in Comparative Perspective: From Harmonious Neighbors to Strategic Partners*, Routledge, 2020.

Tanja A. Börzel and Thomas Risse, *The Oxford Handbook of Comparative Regionalism*, Oxford: Oxford University Press, 2016.

Thomas Christiansen, Emil Kirchner and Philomena Murray, *The Plagrave Handbook of EU-ASIA Relations*, Palgrave Macmillan, 2013.

Thomas G. Weiss and Rorden Wilkinson, *International Organization and Global Governance*, Routledge, 2014.

Thomas Weiss, *Global Governance: Why? What? Whither?* Cambridge and Malden: Polity, 2013.

Thomas W. Robinson and David Shambaugh, *China's International Organizational Behavior, Chinese Foreign Policy: Theory and Practice*, Oxford: Oxford University Press, 1994.

Tonny Berms Knudsen and Cornelia Navari, *International Organization in the Anarchical Society: The Institutional Structure of World Order*, Palgrave, 2019.

Winfried Loth, *Building Europe: A History of European Unification*, Berlin/Boston: De Gruyter/Oldenbourg, 2015.

Wlater Mattli, *The Logic of Regional Integration: Europe and Beyond*, Cambridge University Press, 1999.

Zhang Yongjin and Greg Austin, *Power and Responsibility in Chinese Foreign Policy*, Australian National University, 2013.

期刊论文

Alberta Sbragia, "Review Article: Comparative Regionalism: What Might It Be?" *Journal of Common Market Studies*, Vol. 46, No. S1, 2008.

Alex Warleigh-Lack, "Towards a ConceptualFramework for Regionalisation: Bridging 'New Regionalism' and 'Integration Theory'", *Review of Interna-

tional Political Economy, Vol. 13, No. 5, 2006.

Alex Warleigh - Lack and Luk Van Langenhove, "Rethinking EU Studies: The Contribution of Comparative Regionalism", *Journal of European Integration*, Vol. 32, No. 6, 2010.

Alex Warleigh-Lack, "Differentiated integration in the European Union: towards a comparative regionalism perspective", *Journal of European Public Policy*, Vol. 22, No. 6, 2015.

Amitav Acharya, "Comparative Regionalism: A Field Whose Time has Come?", *The International Spectator*, Vol. 47, No. 1, 2012.

Amitav Acharya, "The Emerging Regional Architecture of World Politics", *World Politics*, Vol. 59, No. 4, 2007.

Andrés Malamud, "Latin American Regionalism and EU Studies", *Journal of European Integration*, Vol. 32, No. 6, 2010.

Anja Jetschke and Tobias Lenz, "Does Regionalism Diffuse? A New Research Agenda for the Study of Regional Organizations", *Journal of European Public Policy*, Vol. 20, No. 4, 2013.

Anna Ohanyan, The Global Political Economy of Fractured Regions, *Global Governance*, Vol. 24, No. 3, 2018.

Blessing E. N. Thom-Otuya, "Strengthening African Union for African Integration: An African Scholars Perspective", *Africa Research Review*, Vol. 8, No. 2, 2014.

Björn Hettne and Fredrik Söderbaum, "Theorising the Rise of Regionness", *New Political Economy*, Vol. 5, No. 3, 2000.

Daniel C. Thomas, "Beyond Identity: Membership Norms and Regional Organization", *European Journal of International Relations*, 2016.

David Coen and Tom Pegram, "Wanted: A Third Generation of Global Governance Research", *Governance*, Vol. 28, No. 4, 2015.

Dorette Corbey, "Dialectical Functionalism: Stagnation as a Booster of European Integration", *International Organization*, Vol. 49, No. 2, 1995.

Edward D. Mansfield and Helen V. Milner, "The New Wave of Regionalism",

International Organization, Vol. 53, No. 3, 1999.

Elaine Romanelli, "The Evolution of New Organizational Forms", *Annu. Rev. Sociol.*, No. 17, 1991.

Gaspare M. Gennaand Philippe De Lombaerde, "The Small N Methodological Challenges of Analyzing Regional Integration", *Journal of European Integration*, Vol. 32, No. 6, 2010.

Giovanni Barbieri, "Regionalism, globalism and complexity: a stimulus towards global IR?", *Third World Thematics*, Vol. 4, No. 6, 2019.

Jack Donnelly, "The Elements of the Structures of International Systems", *International Organization*, Vol. 66, No. 3, 2012.

Jacob J. Lew, Gary Roughead, "Jennifer Hillman and David Sacks, China's Belt and Road: Implications for the United States", *Council on Foreign Relations*, No. 79, 2021.

Jakub Jakóbowski, "Chinese-led Regional Multilateralism in Central and Eastern Europe, Africa and Latin America: 16 + 1, FOCAC, and CCF", *Journal of Contemporary China*, Vol. 27, No. 113, 2018.

Jaume Aurell, "Practicing theory and theorizing practice", *Rethinking History*, Vol. 24, No. 2, 2000.

Jeremy Garlick, "The Regional Impacts of China's Belt and Road Initiative", *Journal of Current Chinese Affairs*, Vol. 49, No. 1, 2020.

Joseph S. Nye, "Comparative Regional Integration: Concept and Measurement", *International Organization*, Vol. 22, No. 4, 1968.

Liesbet Hooghe and Gary Marks, "Grand theories of European integration in the twenty-first century", *Journal of European Public Policy*, Vol. 26, No. 6, 2019.

Louise Fawcett and Helene Gandois, "Regionalism in Africa and the Middle East: Implications for EU Studies", *Journal of European Integration*, Vol. 32, No. 6, 2010.

Mark Beeson, "Rethinking Regionalism: Europe and East Asia in Comparative Historical Perspective", *Journal of European Public Policy*, Vol. 12, No. 6, 2005.

Mark D. Raschke, "The Role of Regional Organizations in US Security Strategy: An Opportunity to Lead Among Partners", *US Naval War College*, 2014.

Michael Zürn, "Contested Global Governance", *Global Policy*, Vol. 9, No. 1, 2018.

Peter J. Katzenstein, "Regionalism in Comparative Perspective", *Cooperation and Conflict*, Vol. 31, No. 2, 1996.

Peter J. Katzenstein, "Regionalism and Asia", *New Political Economy*, Vol. 5, No. 3, 2000.

Philippe De Lombaerde and Luk Van Langenhove, "Indicators of Regional Integration: Conceptual and Methodological Issues", *UNU-CRIS Occasional Papers*, 2004/15.

Philomena Murray, "Comparative Regional Integration in the EU and East Asia: Moving beyond Integration Snobbery", *International Politics*, Vol. 47, No. 3/4, 2010.

Pía Riggirozzi, "Region, Regionness and Regionalism in Latin America: Towards a New Synthesis", *New Political Economy*, Vol. 17, No. 4, 2012.

Sara Van Hoeymissen, "Regional Organizations in China's Security Strategy for Africa: The Sense of Supporting 'Africa Solutions to African Problems'", *Journal of Current Chinese Affairs*, 2011, Vol. 40, No. 3.

Shaun Breslin and Richard Higgott, "Studying Regions: Learning from the Old, Constructing the New", *New Political Economy*, Vol. 5, No. 3, 2000.

Shaun Breslin, "Comparative Theory, China, and the future of East Asian regionalism (s)", *Review of International Studies*, Vol. 36, No. 3, 2010.

Tanja A. Börzel and Thomas Risse, "Grand Theories of Integration and the Challenges of Comparative Regionalism", *Journal of European Public Policy*, Vol. 26, No. 8, 2019.

Richard Shapcott, "Beyond Understanding: Comparative Political Theory and Cosmopolitan Political Thought: a Research Agenda", *European Journal of Political Theory*, Vol. 19, No. 1, 2020.

Vincent Pouliot, "Multilateralism as an End in Itself", *International Studies Perspectives*, No. 12, 2011.